LE DROIT ÉLECTORAL

PENDANT

La Révolution Française

PAR

Pierre VENAULT de LARDINIÈRE,

Docteur en Droit

Avocat à la Cour d'Appel de Poitiers

POITIERS

IMPRIMERIE DU « COURRIER DE LA VIENNE »

22, Rue des Basses-Treilles, 22

1912

LE DROIT ÉLECTORAL

PENDANT

La Révolution Française

LE DROIT ÉLECTORAL

PENDANT

La Révolution Française

PAR

Pierre VENAULT de LARDINIÈRE,

Docteur en Droit

Avocat à la Cour d'Appel de Poitiers

———————————◆〇◆———————————

POITIERS

IMPRIMERIE DU « COURRIER DE LA VIENNE »

22, Rue des Basses-Treilles, 22

1912

BIBLIOGRAPHIE

F. A. Aulard. — *Histoire politique de la Révolution française.* — Paris. Armand Colin 1905. gr. in-8°.

F. A. Aulard. — *Paris pendant la réaction thermidorienne et sous le Directoire.* — Paris. Cerf 1898-1902. 5 vol. gr. in-8°.

F. A. Aulard. — *Etudes et leçons sur la Révolution française.* — Paris. Alcan 1893, in-12 5 séries.

F. A. Aulard. — *La Société des Jacobins.* Recueil de documents pour l'histoire du club des Jacobins de Paris. T. I. 1789-1790. in-8°.

Duguit. — *Manuel de droit public.* 1907.

H. Martin. — *Histoire de la France depuis 1789 jusqu'à nos jours.* — Paris. Furne. 1878-1890. 8 vol. in-8°.

Lavisse et Rambaud. — *Histoire générale du IVᵉ siècle à nos jours.* Paris. Armand Colin 1904. 12 vol. in-8°. T. VIII. *La Révolution française.*

Buchez et Roux. — *Histoire parlementaire de la Révolution française.* — Paris. Paulin 1838. 40 vol.

Gazette nationale ou Moniteur universel. — 1789. — 1790. — 1791. — 1792. — 1793. — An III.

Jean-Jacques Rousseau. — *Œuvres complètes.* Paris. Baudouin 1826. 25 vol.

Montesquieu. — *Œuvres publiées par* **Parelle.** Paris. Lefèvre 1826. T. II. *Esprit des lois.*

Archives parlementaires. — 1ʳᵉ série 1787 à 1799. Paris. Imprimerie et librairie administratives des chemins de fer 1897.

G. D. Weil. — *Les élections législatives depuis 1789.*

Etienne Charavay. — *Assemblée électorale de Paris* : 18 novembre 1790 — 17 brumaire an II. Paris. Cerf. 1890-1905. 3 vol. gr. in-8°.

Revue de la Révolution française, dirigée par **Auguste Dide** jusqu'en 1886, puis ensuite par **F. A. Aulard.** T. XIV, XV, XVII, XXX.

Taine. — *Les origines de la France contemporaine.* — Paris. Hachette 1882. 4 vol. in-8°.

Mortimer-Ternaux. — *Histoire de la Terreur.* — Paris. Lévy 1868-1869, 7 vol. in-8°.

Thiers. — *Histoire de la Révolution.* Paris. Furne 1842. 10 vol. in-8°.

Thibaudeau. — *Mémoires.* Paris. Champion 1875. in-8°.

Lamartine. — *Histoire des Girondins.* Paris. Furne 1847. 8 vol. in 8°.

Duguit et Monnier. — *Les Constitutions et les principales lois politiques de la France depuis 1789.* Paris. Pichon. 1908. in-16.

INTRODUCTION

Longtemps l'on a dit et l'on a cru que la Révolution française avait été l'œuvre de quelques grands
esprits du xviii° siècle, et que la République, aboutissement logique de cette Révolution, était née de la
plume des philosophes.

Sans doute, l'influence de Voltaire, d'Holbach,
Diderot, Helvétius, Grimm, Rousseau est indéniable,
mais, malgré cette influence, nous ne pouvons pas
considérer la Révolution comme étant exclusivement
l'œuvre des philosophes du xviii° siècle. Elle est
autre chose qu'un fait passager dans notre histoire.
Une révolte peut naître spontanément d'une cause
imprévue ; une révolution est fatalement l'œuvre du
temps ; elle est avant tout le résultat de l'évolution. Or,
cette évolution, qui est l'œuvre du temps, se manifestant dans les mœurs et dans les idées, aboutit en
1789 au plus effroyable remaniement de l'ordre social
en France.

Si nous examinons, en effet, la société française au
xviii° siècle, nous la trouvons profondément modifiée
au point de vue social, philosophique et économique.

Au point de vue social, la noblesse, si forte et
si chevaleresque à ses origines, si brillante sous
Louis XIV, voit son prestige peu à peu contrebalancé

par celui de la bourgeoisie. Les fêtes de Versailles coûtaient cher, en effet, et les grandes familles s'étaient ruinées pour plaire au roi, chacune d'elles cherchant à éclipser la splendeur des autres. La haute noblesse avait abandonné ses terres hypothéquées, pour vivre à la cour, et le plus grand malheur pour un grand seigneur était celui d'être exilé dans sa maison des champs.

Il devait naturellement découler de cet état de choses une diminution du prestige de la noblesse. Celle-ci manquait à son double rôle de protection et de direction, et comme à chaque fois qu'une institution ne remplit pas son rôle elle meurt, la noblesse courait à sa perte.

En face de cette noblesse affaiblie, la bourgeoisie se dresse, envieuse et n'aspirant qu'à renverser sa rivale. Enrichi par le commerce et la finance, possédant au plus haut degré l'esprit du négoce et de la spéculation, le tiers-état possède la plus grande partie de la fortune mobilière de la nation, et tend à acquérir aussi la fortune immobilière, en achetant aux nobles leurs terres hypothéquées. Le bourgeois désormais vit la vie large des seigneurs ; le bien-être et le luxe ne sont plus l'apanage des hautes classes ; ils ont pénétré dans la bourgeoisie et ce nouvel état de choses rapprochant la bourgeoisie de la noblesse aboutira au nivellement des classes ou tout au moins au nivellement des classes hautes et des classes moyennes. Voltaire en fait lui-même la constatation : « L'industrie augmente tous les jours, dit-il ; à voir le luxe des particuliers, ce nombre prodigieux de maisons agréables bâties dans Paris et dans les provinces, cette quantité d'équipages, ces commodités, ces recherches qu'on appelle luxe, on croirait que l'opulence est vingt fois plus grande

qu'autrefois. Tout cela est le fruit d'un travail ingénieux, encore plus que de la richesse..... Le moyen
ordre s'est enrichi par l'industrie..... Les gains du
commerce ont augmenté. Il s'est trouvé moins d'opulence qu'autrefois chez les grands et plus dans le
moyen ordre, et cela a mis moins de distance entre
les hommes. Il n'y avait autrefois d'autre ressource
pour les petits que de servir les grands ; aujourd'hui,
l'industrie a ouvert mille chemins qu'on ne connaissait pas il y a cent ans ».

Un autre fait non moins important découle de
celui-ci. La cour et le roi deviennent tributaires du
tiers-état. Puisque c'est ce dernier qui possède la
fortune mobilière, c'est à lui qu'on s'adresse dans
les moments de gêne. Les plus grands seigneurs empruntent à la bourgeoisie à dix ou douze pour cent ;
de même le roi. Dès lors, puisque c'est avec l'argent
de la bourgeoisie que vont les affaires de l'Etat, elle
tient à en surveiller l'administration et à exercer son
contrôle sur la gestion des affaires publiques.

Elles sont donc bien profondes, les modifications
survenues dans l'ordre social. L'homme du tiers-état
ne se distingue plus du seigneur. La noblesse s'est
abaissée peu à peu vers la bourgeoisie ; celle-ci est
montée peu à peu vers la noblesse, et cherche tout
naturellement à supplanter celle-là ou tout au moins
à l'égaler dans l'exercice des fonctions publiques.

Quant au peuple, privé de la direction de ses chefs
naturels qui ont abandonné la campagne, surchargé
d'impôts, tyrannisé par les intendants, son caractère
s'est aigri au contact de la misère ; il en est arrivé à
mépriser les nobles, qu'il ne connaît plus, à haïr les
bourgeois, qu'il connaît trop, car ils lui font trop sentir
leur fortune nouvelle. Il aime encore la monarchie

sous laquelle il a toujours vécu, le roi, qui est le représentant séculaire de la nation, mais il est prêt à s'insurger contre les nobles et les bourgeois auxquels il attribue toute sa misère.

A cet état de choses nouveau, nivellement des classes, égalité de fait précédant l'égalité en droit, correspond la désagrégation sociale la plus complète.

L'immoralité la plus grande règne partout, depuis la cour jusqu'aux basses classes. Nous ne sommes pas encore éloignés, en 1789, des saturnales du Parc aux Cerfs, et si Louis XVI mène une vie sans reproches, cet exemple royal n'est guère suivi des seigneurs ni des bourgeois. Un air de volupté et d'immoralité avait soufflé depuis un siècle ; la corruption était partout et comme conséquence de cette corruption, l'irréligion la plus grande régnait dans toutes les parties de la société. Il suffit de lire les « Mémoires » de Madame d'Epinay pour être écœuré de la vie mondaine au xviiie siècle ; il suffit de lire le récit des soupers offerts par Mademoiselle Quinault, l'ancienne actrice de la Comédie-Française, pour se rendre compte de la décadence des mœurs et des idées à la fin du règne de Louis XV. C'est le paganisme antique qui réapparaît. Toutes les maximes de morale chrétienne y sont violées ouvertement ; la femme n'apparaît plus comme la compagne légitime de l'homme, mais comme un instrument utile fait pour servir. Dès lors, la débauche devient universelle. Mais, la morale chrétienne n'est pas une morale indépendante comme celle de Kant ; elle a pour fondement la religion ; il était donc tout naturel que, rejetant la morale chrétienne, la société corrompue du xviiie siècle ne voulût point accepter une religion qui lui servait de base. Sans doute, l'on assiste encore aux offices, mais ce n'est qu'un reste de superstition ; le sentiment religieux n'existe plus.

Cette diminution du sentiment religieux devait amener fatalement une diminution du sentiment monarchique et du principe d'autorité. La doctrine monarchique reposait, en effet, sur la théorie du droit divin ; or, cette théorie devait suivre naturellement la marche du sentiment religieux. Celui-ci diminuant, le principe monarchique diminua lui aussi d'intensité.

C'est au milieu de cette immense perturbation sociale que naquirent les philosophes. On a dit que c'étaient eux qui avaient créé le mouvement philosophique au xviiie siècle. En réalité, ils furent de leur époque. Nourris, imprégnés de cet air d'immoralité et d'irréligion qui effaçait, les unes après les autres, toutes nos vieilles traditions nationales, ils saturèrent leurs écrits des doctrines nouvelles, mais n'inventèrent rien. Leurs ouvrages ne sont que la mise en œuvre de l'état d'esprit latent au xviiie siècle.

Ils eurent cependant, sur le mouvement révolutionnaire, une influence considérable. Ils vulgarisèrent, en effet, des idées peu claires pour beaucoup de gens. Voltaire, dont l'esprit sarcastique et sceptique concordait bien avec celui des hautes classes, sut faire passer chez elles les idées antireligieuses ; il sut également faire des adeptes à la théorie de la Constitution anglaise qu'il avait eu le loisir d'étudier durant son exil en Angleterre, et nous trouverons chez nos premiers constituants des défenseurs de la Monarchie constitutionnelle.

Rousseau, dont le caractère concordait mieux que celui de Voltaire avec le caractère populaire, fut l'homme de la bourgeoisie et du peuple. Il exposa, dans ce style éclatant qui fait de lui le premier des romantiques, les idées d'égalité et de liberté qui devaient servir bientôt de base à la Déclaration des droits et que le peuple et la bourgeoisie acceptèrent sans les vérifier, par la seule raison qu'elles flattaient leurs passions.

Dans le domaine économique, les idées avaient eu elles aussi leur évolution. Le système mercantile, déjà violemment attaqué par Boisguillebert au début du xviiᵉ siècle, était à la fin complètement tombé en désuétude. Quesnay, Mercier de la Rivière, Dupont de Nemours avaient pour doctrine que le capital était composé du revenu net du propriétaire foncier. Ces idées étaient déjà une révolution, si on les compare à celles du mercantilisme. Sans doute les physiocrates ne niaient pas l'utilité de l'industrie et du commerce, mais pour eux le commerce et l'industrie ne faisaient que transporter ou transformer la richesse sans la créer. Quesnay avait prouvé que l'agriculture était la source de toute richesse. Rousseau, en faisant vibrer le sentiment de la nature, avait réveillé en France le goût de la vie rustique. Aussi devant ce mouvement physiocratique, l'agriculture reprit-elle une vie nouvelle et fut-elle remise en honneur, elle qui avait tant déchu depuis un siècle. Ces idées de l'école physio-cratique, nous les trouverons invoquées par nos constituants ; nous trouverons des hommes qui récla-meront le droit de vote pour les seuls propriétaires fonciers.

Ainsi, si nous nous plaçons en 1789, au moment de la convocation des États généraux, nous trouvons la révolution partout dans les esprits et dans les mœurs. L'état social n'est plus le même ; la bourgeoisie tend à se rapprocher de la noblesse et à se substituer à elle. Les idées religieuses et politiques ne sont plus les mêmes. L'immoralité a fait disparaître tout sentiment religieux et logiquement l'ancien régime fondé sur la théorie du droit divin devait disparaître lui aussi. Les idées de liberté et d'égalité, faisant leur apparition dans un monde qui n'était pas fait pour les comprendre, allaient servir de prétexte à l'anarchie la plus complète qui ait jamais existé. Les idées de liberté économique, invoquées par l'école physiocratique, renversaient toutes les idées alors en honneur en matière économique.

L'ancien régime, sapé par sa base, allait s'écrouler tout d'un coup, et de ses ruines fumantes, la bourgeoisie allait sortir victorieuse de la noblesse, heureuse de se trouver classe dirigeante, cherchant à faire la Révolution à son profit et à donner à la France une Constitution dans laquelle elle comptait inscrire une législation électorale qui pût la maintenir éternellement au pouvoir.

CHAPITRE PREMIER

Le droit électoral
de l'Assemblée Constituante

I. Préliminaires. L'Assemblée Constituante. Influences philosophiques doctrinales et économiques. — II. Droit électoral. Discussion et vote du projet de Constitution. — III. Indifférence du peuple à l'égard de la législation électorale de la Constituante. Attaques jacobines contre la Constitution de 1791. — IV. Réunion en une même Constitution de tous les décrets constitutionnels de l'Assemblée. Suppression de la condition du marc d'argent. — V. Appréciations sur le droit électoral contenu dans la Constitution du 3 septembre 1791.

Une opinion fort répandue dans les premières années du xixe siècle tendait à considérer les constituants de 1789 comme des êtres supérieurs, grands comme les événements mêmes qui les avaient fait naître. Il ne faudrait pas croire, cependant, que l'Assemblée nationale fut constituée de toutes les supériorités intellectuelles et morales et si parmi les députés aux Etats généraux, certains méritent la considération que la France contemporaine témoigna pour l'Assemblée tout entière, c'est au centre de cette Assemblée que nous les trouvons, dans le « marais », pour employer l'expression dédaigneuse des partis extrêmes de la Constituante.

Parmi eux se rangeaient Mounier, La Fayette, Lally-Tollendal, Siéyès, hommes modérés, d'esprit réfléchi, qui ne songeaient qu'à établir en France la Constitution anglaise. Mirabeau, « satyre colossal et fangeux »,

dit Taine, avait une intelligence supérieure. Son
visage énorme et couturé de petite vérole présentait
la laideur la plus imposante qui fut jamais et semblait
donner à la puissance oratoire de ce tribun, dont l'é-
loquence subjuguait les foules, un attrait et une force
qui devaient maîtriser l'Assemblée tout entière.

Parmi les orateurs de la droite, de Cazalès et l'abbé
Maury se signalaient. Ceux de la gauche étaient Barnave, Duport et Lameth.

A l'extrême-gauche enfin. nous trouvons Robespierre dont l'heure n'est pas encore venue. Son rôle
en 1789 est bien effacé, la minorité qu'il représente
au sein de la Constituante étant encore trop faible
pour pouvoir exercer une action quelconque.

C'est aux députés du centre que nous devons l'é-
laboration de notre première Constitution française et
encore l'initiative de cette Constitution ne leur appar-
tient-elle pas. Les députés aux Etats généraux arrivèrent en effet chargés de mandats impératifs. Ces
mandats étaient contenus dans les cahiers des paroisses
et ceux-ci étaient l'œuvre d'une génération profondément admiratrice de J.-J. Rousseau, qui réclamait
l'élaboration d'une Constitution ayant pour base les
principes formulés par le philosophe de Genève.

Les constituants eux aussi connaissaient le « Contrat Social » ; mais ils avaient également lu les
ouvrages de Voltaire et leurs esprits se trouvaient
imbus de principes opposés : les uns, qui leur com-
mandaient de faire participer le peuple à l'exercice
du gouvernement ; les autres, qui leur conseillaient
de reléguer ce même peuple au ban de la société ;
étrange assemblage d'idées contradictoires qui devaient
influencer les décrets de la Constituante.

L'attitude de l'Assemblée est indécise au début de la

Révolution ; la Constituante hésite, car l'orientation des événements est difficile à prévoir avant le 14 juillet. Les vieilles armées royales, fortement disciplinées, sont à la disposition du roi. Louis XVI n'a qu'à leur donner un ordre pour en être obéi et vaincre toute résistance à ses projets. D'autre part, les hésitations du monarque, son manque de décision enhardissent le peuple et les constituants se demandent si cette indécision n'amènera pas la chute du pouvoir royal. En présence d'un prince qui a la force, mais n'ose agir ; en présence d'une populace qui est la minorité, mais s'enhardit devant l'inaction du pouvoir central, l'Assemblée songe au but secret vers lequel vont ses espérances et qui n'est autre que la constitution de la bourgeoisie en classe dirigeante au détriment des ordres privilégiés. Pour y parvenir, elle inaugura cette politique dangereuse que Decazes devait appeler plus tard le « jeu de bascule », politique qui fait parfois la force d'un gouvernement, mais qui finit presque toujours par en causer la chute. Tantôt s'appuyer sur le peuple pour résister à la noblesse et à la cour, tantôt prendre des mesures contre ce même peuple pour mettre obstacle à ses prétentions, telle fut, pendant toute la durée de son mandat, la tactique de l'Assemblée nationale.

La Constitution que l'Assemblée avait pour mission d'élaborer lui fut un moyen tout naturel d'éloigner à la fois de l'exercice du gouvernement : le clergé, la noblesse et le peuple.

Cette Constitution peut être considérée, en effet, comme une application des principes philosophiques du XVIII° siècle, comme une machine de guerre contre la cour et comme un système de défense contre le peuple.

Les philosophes avaient nié la royauté de droit
divin ; ils avaient érigé en dogme le principe de la
souveraineté nationale. La déclaration des droits avait
consacré ce principe. La Constitution française devait
en être l'application. Elle fut incomplète. En effet,
bien que les constituants aient consacré le principe de
la souveraineté nationale, ils ne jugèrent point à propos d'établir la République ni le suffrage universel
qui lui sert de base. Ils voulaient conserver la monarchie, mais en établissant auprès du roi une assemblée
composée de députés ayant pour mission de légi-
férer.

Mais quelles seraient les conditions pour être éligible ? Quelles seraient celles pour être électeur ?
Devait-on exiger un cens qui eût restreint le nombre
des électeurs, ou, au contraire, établir un suffrage
presque universel en n'exceptant du droit de vote que
les mendiants et les vagabonds ?

Ce dernier système, préconisé par l'Assemblée, ne
devait aboutir que sous la Convention et le régime censitaire allait être inscrit dans la Constitution de 1791,

Pour établir ce régime, l'Assemblée constituante
imagina l'idée de mandat représentatif, se séparant
ainsi de Jean-Jacques Rousseau.

En effet, après avoir déclaré, conformément au Con-
tral Social : « la souveraineté est une, indivisible, inaliénable et imprescriptible. — Elle appartient à la
nation, aucune section du peuple ni aucun individu
ne peut s'en attribuer l'exercice (1) », l'Assemblée
déclara que « la nation de qui seule émane tous les
pouvoirs ne peut les exercer que par délégation. — La

(1) Constitution de 1791, titre III, art. 7.

Constitution est représentative ; les représentants sont
le Corps législatif et le roi (1). »

La souveraineté n'était donc plus « une, indivisible
et inaliénable » puisqu'elle se trouvait attribuée à trois
personnes : la nation qui est titulaire de la souveraineté, le corps législatif qui fait les lois, le roi qui en a
l'exécution.

L'Assemblée avait ses raisons pour rompre ainsi
avec la Déclaration des droits et le décret primitivement rendu qui devait former l'article 7 du titre III de
la Constitution de 1791.

Certains membres éminents de l'Assemblée, Siéyès,
par exemple, avaient étudié l' « esprit des lois ».
Montesquieu s'était montré, dans le livre 11 chapitre 6
de cet ouvrage, partisan de la séparation des trois
pouvoirs et avait décrit à ce sujet la Constitution anglaise pour laquelle il témoignait une grande sympathie. Cette Constitution était, aux yeux de l'abbé Siéyès,
un idéal dont il voulait que l'Assemblée nationale dotât
la France.

Une autre cause, dictée celle-ci par l'ambition,
avait poussé la bourgeoisie à rompre avec Rousseau.

Elle voulait profiter de la Révolution pour substituer aux privilèges de la noblesse et du clergé, ceux
de la bourgeoisie représentative.

Enfin, en 1789, les idées de l'école physiocratique
étaient fort en honneur et les apôtres de la Révolution
eux-mêmes, tels que Mably et Condorcet, avaient soutenu l'opinion émise par Turgot que « les seuls propriétaires étaient les seuls représentants du pays. »
Mably disait à sa suite : « Admirez avec moi l'auteur

(1) Constitution de 1791, titre III, art. 3.

de la nature qui semble n'avoir destiné ou plutôt qui n'a destiné cette lie de l'humanité (les prolétaires), à ne servir que de lest au vaisseau de la société (1). »

Ces idées, qui eurent une grande influence sur les décisions de l'Assemblée, nous les trouvons très clairement exprimées dans les ouvrages et les lettres de l'abbé Morellet (2).

L'abbé Morellet était un défenseur passionné de la liberté ; mais il défendait encore davantage les privilèges de la propriété, d'autant plus que la chute de l'ancien régime lui avait fait perdre presque toute sa fortune qu'il avait mise en viager.

A ses yeux, le non propriétaire devrait être compté pour rien. Une nation, en effet, « n'est pas autre chose que les chefs de famille et propriétaires » ; elle ne comprend pas : « les fermiers des propriétaires, les avocats, les manufacturiers, les journaliers, les domestiques (3) ».

La légitimité de la propriété lui paraît, du reste, indiscutable. « Le droit de propriété, dit-il, dont la conservation a été le motif premier ou du moins principal de la réunion des hommes en un corps social », est « antérieur à la société elle-même (4) ».

« Il est encore évident que les propriétaires sont par là même des hommes indépendants ou du moins les plus indépendants que la société puisse fournir à une nouvelle Assemblée nationale. » Aussi Morellet est-il un admirateur du parlement d'Angleterre, non parce

---

(1) MABLY. — *Essai sur la Constitution des Assemblées provinciales.*
(2) Mémoires de l'abbé Morellet et Lettres à Lord Shelburne.
(3) Lettres à Shelburne p. 58-59.
(4) *Réfutation du dialogue sur le commerce des blés.* — Correspondance avec Grimm. Tome IX, p. 822.

qu'il est conforme aux doctrines de Montesquieu, mais parce qu'il est composé de propriétaires. Cette sympathie pour le parlement britannique nous paraît rapprocher Morellet de l'abbé Siéyès, simple coïncidence que des différences profondes dans le caractère et dans l'esprit rendaient illusoire.

Pour Siéyès, le Tiers-Etat est la partie la plus intéressante de la nation française ; pour Morellet, les propriétaires occupent le premier rang. Celui-ci profite même du moment où l'abbé Siéyès vient de faire paraître sa brochure : « Qu'est-ce que le Tiers-Etat ? » pour écrire ses impressions à Lord Shelburne. Il lui écrivait ainsi le 22 juin 1789 : « Je trouve notre Tiers-Etat dont j'ai toujours été et je suis toujours le défenseur, aujourd'hui un peu outré dans ses vues et dans ses principes. Ces messieurs croient que toute question est décidée et tout droit déterminé quand on a compté les têtes et il me semble que c'est là la théorie de peuples nomades ou chasseurs chez lesquels la propriété n'est pas encore établie, mais qu'elle ne saurait convenir à une société où la propriété est une loi fondamentale.......... Ne trouvez-vous pas étrange qu'une Assemblée hors de laquelle sont les possesseurs de plus de la moitié des propriétés de France qui sont dans les mains de la noblesse, du clergé, des princes, se déclare sans façon l'Assemblée nationale, et s'attribue le droit de décider du sort de la propriété nationale en établissant d'ailleurs ce principe incontestable que nul impôt ne doit être établi et perçu que du consentement de ceux qui le payent ? » (1)

C'est sous l'influence de ces impulsions philoso-

---

(1) Correspondance avec Shelburne, p. 215-217.

phiques, doctrinales, économiques, que l'Assemblée va entreprendre son œuvre de Constitution. Elle n'admettra qu'une seule Assemblée dans la crainte qu'une Chambre haute ne soit une pépinière d'aristocratie. Mais, de même qu'elle écartera du gouvernement les ordres privilégiés, elle en écartera aussi la plus grande partie du peuple et le régime censitaire, que consacrera la Constitution de 1791, fera de la bourgeoisie la seule classe dirigeante ; elle deviendra une classe politiquement privilégiée.

Ce n'est cependant qu'après les premiers événements révolutionnaires que la politique de la Constituante va s'affirmer.

Avant le 14 juillet 1789, avons-nous dit, l'Assemblée nationale n'a aucune tendance bien marquée Elle fait comme tout le monde : le roi, la cour, le peuple, elle hésite, et nous ne pouvons guère trouver qu'une protestation contre l'idée de « placer l'autorité arbitraire dans la multitude. » Cette vague protestation se trouve dans le rapport fait par Mounier, au nom du comité de Constitution, le 9 juillet 1789.

La bourgeoisie voulait ménager le peuple dont elle avait besoin pour renverser l'ancien régime. La Monarchie était encore fort puissante et nul doute que si Louis XVI eût été un roi énergique et décidé, au lieu d'être le monarque hésitant et faible que l'histoire nous fait connaître, il eût pu vaincre la révolution ou plutôt la diriger en donnant à la France, parmi toutes les réformes demandées, celles qui étaient légitimes.

Ce n'est pas que le Tiers-Etat en voulût à Louis XVI des abus dont il avait souffert. Personne du reste, même dans le peuple, ne songeait à faire le moindre reproche au monarque légitime que tout le monde respectait encore et que l'on devait nommer

bientôt : « le restaurateur de la liberté en France. »
Mais, toute la responsabilité incombait devant l'opinion à la cour et aux privilégiés. Les intendants surtout étaient honnis et les basses classes ne songeaient qu'à débarrasser le roi de ses conseillers habituels d'où venait, disait-on, tout le mal.

C'est donc le ministère, la cour, le gouvernement qui sont impopulaires. C'est, en un mot, l'ancien régime tout entier que l'on songe à renverser, et du reste les agitations du peuple sont significatives.

Dès 1788, il suffit qu'un parlement refuse d'enregistrer les édits fiscaux, pour qu'il trouve dans le peuple un puissant soutien et une émeute à son service. Au mois de février 1789, Necker avoue « qu'il n'y a plus d'obéissance nulle part et qu'on n'est pas même sûr des troupes ».

Le peuple refuse de payer les taxes alimentaires ; dans de nombreuses contrées, les magasins de blés sont pillés, et les intendants doivent faire appel à la force armée pour faire respecter les arrêts et règlements. Ce n'est pas seulement la bourgeoisie qui s'insurge ainsi contre l'ordre social ; c'est le peuple aussi ; c'est même la populace, cette dernière assise d'un peuple que l'on rencontre partout et toujours prête à tous les désordres, à toutes les émeutes qui peuvent lui permettre d'acquérir par la brutalité le pain qu'elle fut incapable de gagner par le travail. Cette populace, qui reste dans l'ombre tant qu'un pays est soumis à un gouvernement fort, nous la voyons s'agiter et jouer un rôle dès que ce gouvernement perd sa puissance. C'est elle qui surgit au bas Empire romain ; c'est encore elle qui profite de la minorité de Louis XIV pour causer les désordres de la Fronde ; nous la retrouvons enfin au moment de la réunion des Etats Généraux.

C'est du reste sur cette population flottante que s'exerce l'influence des agitateurs qui abondent toujours pendant les périodes révolutionnaires. Or, au mois de juin 1789, ceux-ci sont en permanence et poussent la foule aux coups de main. C'est surtout au Palais-Royal que Camille Desmoulins fait ses harangues et cherche à préparer un coup d'Etat. « Dans cette enceinte, dit Taine, protégée par les privilèges de la maison d'Orléans, la police n'ose entrer, la parole est libre, et le public qui en use semble choisi exprès pour en abuser. — C'est le public qui convient à un pareil lieu. Centre de la prostitution, du jeu, de l'oisiveté et des brochures, le Palais-Royal attire à lui toute cette population sans racines qui flotte dans une grande ville, et qui, n'ayant ni métier, ni ménage, ne vit que pour la curiosité ou pour le plaisir, habitués des cafés, coureurs de tripots, aventuriers et déclassés, enfants perdus ou surnuméraires de la littérature, de l'art et du barreau, clercs de procureurs, étudiants des écoles, badauds, flâneurs, étrangers et habitants d'hôtels garnis ; on dit que ceux-ci sont quarante mille à Paris..... Il n'y a point de place ici pour les abeilles industrieuses et rangées ; c'est le rendez-vous des frelons politiques et littéraires (1).

Cette lie de la société, que Camille Desmoulins avait tout entière dans sa main, devait être rendue célèbre par la prise de la Bastille qui fut son œuvre. Le renvoi de Necker servit de prétexte à Desmoulins pour préparer l'émeute ; le 13 juillet, une armée, composée de toute la basse plèbe de la capitale, se met

---

(1) TAINE. — *Les Origines de la France contemporaine*. Hachette, 1887. — *La Révolution*, tome 1, p. 41 et 42.

aux ordres de son chef. Le 14 juillet, la Bastille est prise.

Si quelqu'un eût alors dû se réjouir de cet événement, c'eût été assurément la noblesse qui avait visité plus souvent que le peuple les cachots de la Bastille. Mais, cette vieille forteresse féodale était, aux yeux du peuple et de la bourgeoisie, l'incarnation de l'ancien régime, et c'est ce qui explique l'enthousiasme populaire qui suivit la prise de la Bastille.

Cet événement eut une influence capitale sur la politique de l'Assemblée nationale et l'attitude de celle-ci changea complètement.

L'ancien régime détruit, la Constituante n'avait plus à craindre la cour qui le représentait. Elle ne redoutait donc plus d'obstacles du côté de la royauté.

Louis XVI, il est vrai, demeurait toujours le monarque chéri qui semblait devoir régénérer la France. La Révolution de juillet 1789, Révolution qui s'étendit bientôt à toute la nation, ne fut pas dirigée contre le roi, mais contre les ordres privilégiés, et les constituants ne songèrent pas plus après qu'avant le 14 juillet à détruire la royauté. Les décrets du 4 août proclamèrent même Louis XVI : « Restaurateur de la liberté française. »

Mais, si le roi conservait, après ces événements, son autorité nominale, la souveraineté venait de passer en fait des mains du monarque à celles de la nation, et le peuple venait ainsi d'appliquer consciemment ou inconsciemment les principes de Jean-Jacques Rousseau.

Cet état de choses fut consacré par l'Assemblée Constituante dans les décrets des 4 et 10 août 1789 et par la Déclaration des droits. Mais, à partir de ce moment, l'Assemblée, croyant ne plus avoir besoin du peuple, puisqu'elle était souveraine maîtresse, crai-

gnant d'autre part que la déclaration qu'elle avait
opposée au despotisme d'en haut ne favorisât le despotisme d'en bas, commença à considérer comme fort
praticable l'idée d'écarter de la vie politique la partie
la plus pauvre du peuple.

§ II. — *Droit électoral. Discussion et vote du projet de
Constitution.*

Dès les 20 et 21 juillet, Siéyès avait lu au Comité
de Constitution un travail intitulé : « Préliminaires
de la Constitution, reconnaissance et exposition rai-
sonnée des Droits de l'Homme et du Citoyen », où
il distinguait les droits naturels et civils, qu'il appelait
droits passifs, des droits politiques qu'il appelait
droits actifs. « Tous les habitants d'un pays, disait-
il, doivent y jouir des droits de citoyen passif ; tous
ont droit à la protection de leur personne, de leur
propriété, de leur liberté, etc., mais tous n'ont pas
droit à prendre une part active dans la formation des
pouvoirs publics ; tous ne sont pas citoyens actifs.
Les femmes, du moins dans l'état actuel, les enfants,
les étrangers, ceux encore qui ne contribuent en rien
à soutenir l'établissement public, ne doivent pas influer
activement sur la chose publique. Tous peuvent jouir
des avantages de la société ; mais ceux-là seuls qui
contribuent à l'établissement public, sont comme les
vrais actionnaires de la grande entreprise sociale. Eux
seuls sont les véritables citoyens actifs, les véritables
membres de l'association. »

C'est à partir du 20 octobre que l'Assemblée commence à discuter les articles de la Constitution. Les
événements qui s'étaient passés depuis le 14 juillet

avaient, du reste, fortifié l'Assemblée dans son idée
d'écarter le peuple du gouvernement.

« Lorsque, dit Taine, dans un édifice, la maîtresse
poutre a fléchi, les craquements se suivent et se mul-
tiplient, et les solives secondaires s'abattent une à une,
faute de l'appui qui les portait. Pareillement, l'autorité
du roi étant brisée, tous les pouvoirs qu'il a délégués
tombent à terre. Intendants, parlements, commandants, militaires, grands prévôts, officiers d'administration, de justice et de police, dans chaque province
et dans chaque emploi, les gardiens de l'ordre et de la
propriété, instruits par le meurtre de M. de Launay,
par la prison de M. de Bezenval, par la fuite du ma-
réchal de Broglie, par l'assassinat de Foulon et de
Berthier, savent ce qu'il en coûte de remplir leur
office, et, de peur qu'ils n'en ignorent, les insurrections locales viennent sur place leur mettre la main
au collet » (1).

Ces insurrections populaires sont nombreuses : à
Rennes, à Besançon, les intendants sont fort maltraités
et leurs maisons mises au pillage ; en Alsace, les prévôts sont mis en fuite et le gouverneur Morris pouvait
écrire, le 31 juillet 1789 : « Ce pays est actuellement
aussi prêt de l'anarchie qu'une société peut en appro-
cher sans se dissoudre. »

Ces émeutes semblent, il est vrai, trouver leur raison d'être dans la famine qui menace de nombreuses
régions et surexcite l'imagination populaire. Partout
l'on croit voir des accapareurs qui gardent le blé dans
leurs greniers et privent ainsi le peuple du pain qui

(1) *Origines de la France contemporaine. La Révolation*, tome I,
p. 71.

lui est dû. Tel propriétaire, tel négociant passent pour
des êtres infâmes qui complotent contre le peuple, et
celui-ci, qui n'a plus pour sa défense de gouvernement
protecteur, puisqu'au 14 juillet tout gouvernement fut
détruit par lui, le peuple va se défendre lui-même
contre ces ennemis imaginaires.

Mais, ses moyens de défense se réduisent à l'émeute :
les châteaux sont incendiés, les blés pillés, les marchands de grains massacrés : et ces insurrections ne
font qu'accroître la misère générale en semant le
désordre dans tout le pays. Le blé devient de plus en
plus rare ; son prix augmente au point que la paie
journalière d'un ouvrier suffit à peine à lui en procurer
une livre.

Alors, ne pouvant s'en prendre aux propriétaires ni
aux marchands de grains, puisqu'il n'y a plus de
grains à piller, la populace, qui ne songe pas que le
mal peut venir d'elle-même, va en accuser le roi, la
reine surtout, et le 6 octobre, c'est sous l'escorte de
quelques centaines d'hommes immondes et de femmes
débauchées que la famille royale quittera Versailles
pour la dernière fois.

Ces journées des 5 et 6 octobre 1789, couronne-
ment de trois mois d'émeutes, n'étaient pas seulement
dirigées contre la cour, mais aussi contre l'Assemblée
nationale. Celle-ci sentit qu'il était temps d'arrêter ce
flot qui grandissait sans cesse. Le 22 juin, elle avait
subi déjà les violences populaires dans la personne de
plusieurs de ses membres, entre autres de d'Epré-
mesnil et de l'abbé Maury ; les derniers événements
lui firent craindre pour sa puissance et son autorité
et ceux-là ne faisaient que la fortifier pleinement dans
ses désirs et dans ses vues.

C'est donc sous l'influence de ces événements ;

c'est également sous l'influence directe de l'émeute du
21 octobre que la Constituante ouvrit, le 22 octobre 1789, la discussion sur le projet de Constitution
présenté par le comité.

Le 29 septembre, Thouret fit à l'Assemblée son
rapport sur le plan de Constitution présenté par
Mounier le 31 août et dans lequel il était dit que
« pour avoir le droit d'élire, il faudrait être domicilié
depuis une année dans le lieu où se fait l'élection, et
y payer une imposition directe égale au prix de
trois journées de travail. » Quant à l'éligibilité, il voulait que pour être éligible au « Corps Législatif », on
eût « depuis une année, une propriété foncière dans le
royaume ».

Thouret, dans son rapport sur le plan de Constitution, demandait pour être citoyen actif, la condition
de trois journées de travail ; pour être éligible à
l'Assemblée de la commune et à celle du département,
la condition de dix journées de travail ; pour être éligible à l'Assemblée nationale, la condition de payer
une contribution directe égale à la valeur d'un marc
d'argent.

Le 20 octobre s'ouvrit le débat sur les conditions
requises pour être citoyen actif.

Quant aux qualités d'éligibilité proposées par le
comité, la première : être Français, et la seconde : être
majeur, furent décrétées par l'Assemblée, dans la
séance du 22 octobre. Des divergences d'opinion se
produisirent au sujet de l'âge de la majorité. Chape-
lier demandait la fixation de la majorité à 21 ans ;
Lepelletier de Saint-Fargeau était partisan de la majorité de 25 ans ». La Constituante se conforma à cette
opinion et la deuxième qualité d'éligibilité fut ainsi
votée : « être âgé de 25 ans ».

La troisième qualité proposée par le comité : « être domicilié dans le canton au moins depuis un an », est ensuite, après discussion, décrétée en ces termes par l'Assemblée : « être domicilié au moins depuis un an dans l'arrondissement de l'Assemblée primaire ».

Ces trois premières conditions d'éligibilité avaient été votées presque sans discussion et si quelques discours, quelques interpellations eurent lieu à leur égard, nous ne pouvons trouver de discussions aussi vives que celles qui précédèrent le vote de la quatrième condition. Le comité l'avait présentée ainsi : « payer une imposition directe de la valeur de trois journées de travail. »

Après lecture de cette condition d'éligibilité, l'abbé Grégoire, qui redoute l'aristocratie des riches, déclare que, pour être électeur ou éligible dans une Assemblée primaire, il suffit « d'être bon citoyen, d'avoir un jugement sain et un cœur français. »

Duport juge que cette condition est une des plus importantes que l'Assemblée ait à décider, car, dit-il aux constituants : « Il faut savoir à qui vous accorderez, à qui vous refuserez la qualité de citoyen. Cet article compte pour quelque chose la fortune, qui n'est rien dans l'ordre de la nature. Il est contraire à la Déclaration des droits. »

Duport invoquait ainsi contre la quatrième condition d'éligibilité les principes de Jean-Jacques Rousseau qui réclamait pour tous les citoyens le droit de participer à la souveraineté, et la Déclaration des droits écrite sous l'influence des principes philosophiques du xviii° siècle.

Le projet présenté par le comité de Constitution violait, en effet, ouvertement l'article 3 de cette Déclaration.

Du reste, cet argument, invoqué par Duport, fut
après lui repris en ces termes par Robespierre : « Tous
les citoyens, quels qu'ils soient, dit-il, ont droit de
prétendre à tous les degrés de représentation. Rien
n'est plus conforme à votre Déclaration des droits
devant laquelle tout privilège, toute distinction, toute
exception doivent disparaître. La Constitution établit
que la souveraineté réside dans le peuple, dans tous
les individus du peuple. Chaque individu a donc droit
de concourir à la loi par laquelle il est obligé et à l'administration de la chose publique qui est la sienne,
Sinon il n'est pas vrai que tous les hommes sont
égaux en droit, que tout homme est citoyen. »

Dupont juge que « pour être éligible la seule question est de savoir si l'on paraît avoir les qualités
suffisantes aux yeux des électeurs. » Puis, continuant
son discours, il émet une théorie bien conforme aux
idées physiocratiques dont il était un adepte : « Pour
être électeur, dit-il, il faut avoir une propriété, il faut
avoir un manoir. Les affaires d'administration concernent les propriétés, les secours dus aux pauvres,
etc. Nul n'y a d'intérêt que celui qui est propriétaire.
..... Les propriétaires seuls peuvent être électeurs. »

Cette thèse est aussitôt combattue par Defermont.
A ses yeux, « la société ne doit pas être soumise aux
propriétaires, ou bien on donnerait naissance à l'aristocratie des riches, qui sont moins nombreux que les
pauvres. Comment d'ailleurs ceux-ci pourraient-ils se
soumettre à des lois auxquelles ils n'auraient pas
concouru » ?

Les avis étaient donc partagés au sein de la Constituante, et l'Assemblée semblait hésiter encore à violer
l'article 3 de sa Déclaration des droits et à reléguer
au second plan la masse du peuple qui l'avait rendue

toute puissante. Mais, les paroles de Robespierre, Grégoire, Duport et Defermont ne trouvèrent point d'écho et Démeunier prit la parole pour défendre le projet du comité contre les attaques dont il venait d'être l'objet : « En n'exigeant aucune contribution, dit-il, on admettrait les mendiants aux Assemblées primaires, car ils ne payent pas de tribut à l'Etat ; pourrait-on, d'ailleurs, penser qu'ils fussent à l'abri de la corruption ? L'exclusion des pauvres dont on a tant parlé n'est qu'accidentelle : elle deviendra un objet d'émulation pour les artisans, et ce sera encore le moindre avantage que l'administration puisse en retirer. Je ne puis admettre l'évaluation de l'imposition par une ou deux onces d'argent. Celle qui serait faite d'après un nombre de journées de travail deviendrait plus exacte pour les divers pays du royaume, où le prix des journées varie avec la valeur des propriétés ».

L'Assemblée s'associa pleinement à ces raisons qui déterminèrent l'adoption de la quatrième condition d'éligibilité, en ces termes : « payer une contribution directe de la valeur locale de trois journées de travail ».

Ce décret, bien qu'il fût ouvertement contraire aux principes précédemment admis par la Constituante, quoiqu'il éloignât des affaires publiques la majeure partie de la population, ne souleva cependant guère de protestations ni à l'intérieur de l'Assemblée nationale ni au dehors.

Le droit de vote était chose si nouvelle pour tout le monde, l'électorat était si peu dans les mœurs que le régime censitaire paraissait être alors une concession énorme du pouvoir et semblait le seul régime possible. Robespierre et Duport ne représentaient qu'une bien faible minorité et le manque de protestations contre l'Assemblée était pour celle-ci l'assurance que l'opinion publique était en sa faveur. Les événements eux-mêmes semblaient approuver les décrets qui écartaient de l'électorat la populace qui, après les journées des 5 et 6 octobre, venait encore de faire l'émeute du 21, la veille même de la séance de l'Assemblée nationale.

D'après cette première loi électorale, il fallait donc, pour être électeur du premier degré : être Français, âgé de 25 ans, être domicilié dans la ville ou dans le canton depuis un an (1), être inscrit au tableau civique. Pour pouvoir être inscrit au tableau civique, les citoyens devaient prêter publiquement, à l'administration du district et entre les mains de celui qui présidait, le serment de maintenir de tout leur pouvoir la Constitution du royaume, d'être fidèles à la nation, à la loi et au roi et de remplir avec zèle et courage les fonctions civiles et politiques qui leur sont confiées.

Enfin, les citoyens devaient payer dans un lieu quelconque du royaume une contribution directe au moins égale à la valeur de trois journées de travail et en représenter la quittance.

L'on ne s'entendit pas tout d'abord sur l'application de cette quatrième condition. Un décret des 2-3 février 1790 vint même y porter atteinte en la supprimant pour certains départements.

Quant au taux de la journée de travail, il variait suivant les provinces. Aussi, laissa-t-on aux municipalités le soin de fixer le taux de la journée de travail. Mais, la fixation n'en était pas toujours très équitable. Certaines municipalités, dans le but de restreindre le droit de suffrage, fixèrent au-dessus du prix moyen de la

(1) Lettres patentes du 10 avril 1790.

journée de travail, le taux que les citoyens devaient
payer pour être électeur. Ainsi, le comité de Soissons
fixa à 20 sols la journée de travail, alors que le prix
moyen était de 12 sols (1).

D'autres municipalités, et ce furent les plus nombreuses, tendaient au contraire à démocratiser le droit
de suffrage.

Aussi, devant ces exagérations, un décret de l'Assemblée nationale et des observations du comité de
Constitution, vinrent-ils donner aux municipalités des
indications précises pour la fixation du taux. Le 15
janvier 1790, le décret suivant fut rendu : « L'Assemblée nationale, considérant que, forcée d'imposer quelque condition à la qualité de citoyen actif, elle a dû
rendre au peuple ces conditions aussi faciles à remplir
qu'il est possible, que le prix des trois journées de
travail, exigées pour être citoyen actif, ne doit pas être
fixé sur les journées d'industrie, susceptibles de beaucoup de variations, mais sur celles employées au travail
de la terre, a décrété que, dans la fixation du prix de la
journée de travail à ce point de vue, on ne pourrait
excéder la somme de 20 sols. »

Le 30 mars 1790, des instructions et observations
du comité de Constitution vinrent décider « que si les
municipalités peuvent évaluer les journées de travail
à un prix inférieur à 20 sols, elles ne doivent pas abaisser ridiculement ce prix, pour augmenter leur influence. »

Le maximum de la journée de travail était ainsi
fixé à 20 sols. Mais, les municipalités ne pouvaient
abaisser ce taux d'une manière ridicule et, dans le cas

(1) *Hist. pol. de la Rév. Fr.*, AULARD, p. 64.

où elles l'auraient fixé au-dessous de 10 sols, les commissaires à l'assemblée primaire devaient en rendre compte à l'Assemblée nationale.

La question des trois journées de travail fut en 1790, l'objet d'un remaniement partiel. Le nouveau comité de Constitution voulait démocratiser le suffrage. Aussi dans la séance du 23 octobre 1790, après avoir entendu Defermont qui proposait de permettre aux ouvriers manœuvres de payer volontairement la valeur de trois journées de travail afin de devenir ainsi électeurs du premier degré ; après avoir entendu également Robespierre, et Rœderer qui proposait, contrairement à Defermont, d'exclure le plus d'ouvriers possible, l'Assemblée vota le décret suivant : « La contribution des trois journées de travail sera payée par tous ceux qui auront quelques richesses foncières ou mobilières, ou qui, réduits à leur travail journalier, exercent quelque profession qui leur procure un salaire plus fort que celui arrêté par le département pour la journée de travail dans le territoire de la municipalité. »

Ce décret, qui devint l'article 13 du titre II de la loi du 13 janvier 1791, élargissait ainsi un peu la base primitivement fixée.

Les conditions requises pour être admis à voter au premier degré ayant été fixées par la Constituante, le comité de Constitution s'occupa alors de régler les conditions d'éligibilité. C'est le 28 octobre 1789 que s'ouvrit la discussion sur le texte du comité. Celui-ci demandait le paiement d'une contribution égale à la valeur locale de 10 journées de travail pour les candidats aux élections municipales, aux assemblées de départements et de districts, et pour être nommé électeur par les assemblées primaires.

L'Assemblée adopta, presque sans discussion, la

rédaction du comité au sujet des conditions requises pour ces élections. Mais il n'en fut pas de même pour les conditions d'éligibilité à l'Assemblée nationale.

Le nouveau comité proposait la valeur d'un marc d'argent, c'est-à-dire environ 54 francs de notre monnaie. C'est alors que s'élevèrent des discussions nombreuses et parfois vives et tumultueuses.

Aussitôt après la lecture de ce projet, Pétion de Villeneuve monte à la tribune et, après avoir dit qu'il avait été « longtemps dans le doute sur la question de savoir si un représentant doit payer une contribution directe », il continue en ces termes : « Dès que vous avez épuré vos assemblées primaires, dès que vous avez déterminé ceux qui peuvent être électeurs, dès que vous les avez jugés capables de faire un bon choix, je vous demande si vous devez mettre des entraves à ce choix, si vous devez, en quelque sorte, leur retirer la confiance que vous leur avez accordée : tout homme qui a des talents et qui n'a pas de fortune, doit être éligible si les électeurs le jugent capable.........

Je me résume et je dis qu'il suffit de remplir toutes les conditions pour être électeur et que l'électeur doit être libre dans son choix ; je dis qu'on doit laisser à la confiance le choix de la vertu. »

Ramel de Nogaret demande que l'article excepte les fils de famille dont les pères paient l'imposition exigée, et Desmeuniers admet cet amendement.

De Cazalès demande que l'on exige une propriété foncière de 1200 livres, car, dit-il : « tous les impôts portant sur les propriétaires, serait-il juste d'appeler ceux qui ne possèdent rien à fixer ce que doivent payer ceux qui possèdent ? » Et à l'appui de ses paroles il cite l'exemple de l'Angleterre où il faut payer 7.200 livres pour arriver à la Chambre des Communes.

Barère combat cette opinion. « Si vous n'admettez
que les propriétaires, dit-il, vous éloignez un grand
nombre de citoyens : et que deviennent alors l'industrie et les arts ? » Il combat aussi la fixation de la
contribution par la valeur du marc d'argent, car c'est
une valeur variable : « Il serait plus convenable, dit-
il, de la fixer à 50 journées de travail ».

Target fait remarquer, pour réfuter l'exemple de
l'Angleterre cité par de Cazalès, que « les dix-neuf
vingtièmes de la nation ne possèdent aucune propriété :
ainsi, en en exigeant une, vous excluez presque la
totalité des Français : en Angleterre, au contraire, le
plus grand nombre est propriétaire ; et d'ailleurs, la
source de l'excès qu'on vous a indiqué, se trouve dans
la féodalité qui y est encore vivante. Si vous imitez ce
funeste exemple, l'avantage de la fortune donnera
naissance à une aristocratie nouvelle, et vous rétablirez
les distinctions que vous avez voulu détruire. J'adopte
l'amendement relatif aux fils de famille. »

Pison du Galland demande que les conditions de
propriété soient ainsi exprimées : « posséder une propriété territoriale quelconque ».

Enfin, un orateur, dont le nom ne nous a pas été
conservé, propose de substituer au marc d'argent six
cents livres pesant de blé et Prieur voudrait que l'on
substituât la confiance au marc d'argent.

Ces divers orateurs entendus, l'Assemblée se dis-
posa à délibérer. Mirabeau demanda alors la priorité
pour l'amendement de Prieur au sujet de la substi-
tution de la confiance au marc d'argent, « parce que,
dit Mirabeau, selon moi, il est seul au principe. »
Cet amendement fut rejeté par la Constituante, qui
mit aux voix celui de Pison du Galland, ainsi conçu :
« Outre la contribution équivalente à un marc d'ar-

gent, avoir une propriété foncière quelconque ».

Cet amendement, adopté à une grosse majorité, souleva de vives protestations. Mirabeau, l'abbé Grégoire, Garat, Pétion montent à la tribune pour réclamer contre le décret du marc d'argent. « Vous venez de faire une mauvaise loi », s'écrie Mirabeau. Mais, la majorité de la Constituante ne se laisse pas ébranler par ces protestations ; la parole est refusée successivement à tous les orateurs et l'on se dispose à passer à un autre article.

Pétion demande alors que le décret soit lu en entier et l'Assemblée décide qu'il a été régulièrement porté comme il suit : « Pour être éligible à l'Assemblée nationale, il faudra payer une contribution directe équivalente à un marc d'argent, et avoir une propriété quelconque. »

L'amendement de Barère, rédigé en articles séparés, est lu ensuite pour être discuté. Il est ainsi conçu : « Seront exceptés du présent article les fils de famille dont les pères possèdent une propriété foncière quelconque et payent une contribution prescrite. » La discussion est alors ouverte sur cet article.

Rewbell le rejette.

Garat le jeune déclare que, par ce décret, toute une province, la sienne, se trouve exclue, les pères de famille étant fort peu riches.

Pour Robespierre, « faire une exception en faveur des fils de famille, c'est une exception sans motif ; car les fils qui, en pays de droit écrit, ne possèdent rien, sont dans le même cas que les citoyens sans propriété ».

Pison du Galland repousse cet amendement comme contraire à l'égalité. « Les fils de famille, dit-il, peuvent, selon la loi romaine, acquérir dans certains cas, et alors ils deviendront éligibles. Si un père payant 5o livres d'impositions, pouvait donner cette qualité à 5 enfants, il s'en suivrait qu'une somme de 10 livres rendrait un fils de famille éligible, tandis que la loi refuserait cette qualité à un citoyen imposé à 48 livres. »

De Boufflers propose alors cet amendement : « Un père de famille pourra rendre éligible autant d'enfants que son imposition comprendra de fois la valeur d'un marc d'argent ».

La discussion immédiate sur cet amendement est réclamée par de la Chèze, Ramel de Nogaret, Mirabeau. Sans cela, dit ce dernier : « les fils de famille diraient : les législateurs n'ont pas prononcé, à cause de l'évidence de notre droit. »

Charles de Lameth demande alors « l'ajournement d'une délibération nouvelle sur les décrets, parce que le désordre de la discussion présente donne lieu à celui de la délibération ».

La séance se termine alors au milieu du désordre général par une vive protestation de Garat l'aîné contre le décret du marc d'argent : « Vous avez, dit-il, dans le tumulte, rendu un décret qui établit l'aristocratie des riches ; on demande que vous épuriez ce décret dans le calme ».

La majorité de l'Assemblée se hâta alors de clore la séance en décidant que « toutes choses restant en état sont remises à lundi prochain ».

La séance n'eut pas lieu au jour dit, mais le mardi 3 novembre, après des débats fort tumultueux sur la question de savoir à quel point devait être reprise la délibération, l'Assemblée déclara comme régulièrement et définitivement rendus tous les décrets qui y ont été portés.

Royer-Collard disait en 1831 : « Deux fois la

démocratie a régné en souveraine dans notre gouvernement ; c'est l'égalité politique qui a été savamment organisée dans la Constitution de 1791 et dans celle de l'an III ». Profonde et double erreur qui nous étonne de la part du profond penseur que fut Royer-Collard, car non plus dans la Constitution de l'an III que dans celle de 1791, l'égalité politique ne fut admise. Bien au contraire, les conditions de trois journées de travail, dix journées, marc d'argent, furent votées dans le but d'établir l'inégalité politique et d'attribuer à la fortune une place prépondérante dans les affaires publiques. La majorité de l'Assemblée était donc arrivée à ses fins ; la bourgeoisie devenait classe politiquement privilégiée et l'aristocratie de la richesse venait de remplacer celle de la naissance.

§ III. — *Indifférence du peuple pour la législation électorale de la Constituante. — Attaques jacobines contre la Constitution de 1791.*

Cependant, bien que le peuple fut écarté ainsi systématiquement des affaires publiques, on ne peut trouver chez lui de courant bien marqué contre le régime censitaire et les paroles véhémentes de Mirabeau, de Robespierre, de l'abbé Grégoire, ne trouvèrent d'écho ni à Paris ni en province. La raison en est que le peuple n'avait pas encore l'habitude de prendre part à la vie publique ; il en avait toujours été tenu à l'écart et si parfois, très rarement, il fut appelé à élire des députés aux États généraux, il considérait ce fait comme une chose exceptionnelle et ne se croyait nullement le droit de prendre une part constante au gouvernement. L'habitude, qui « est une seconde nature », avait fait de la masse populaire un élément passif ; il fallait une nouvelle et longue habitude pour en faire un élément actif.

Ce n'est guère que chez les publicistes et les esprits exaltés que nous pouvons constater quelque protestation contre le décret du marc d'argent.

C'est ainsi que Loustalot, dans les « Révolutions de Paris », attaque violemment l'Assemblée nationale : « Voilà donc, dit-il, l'aristocratie des riches consacrée par un décret national..... D'un seul mot, on prive le tiers de la nation de la faculté de représenter la nation, en sorte que les deux tiers se trouvent invités à se préférer à la patrie, à faillir, et à se jouer de l'opinion publique...... Il ne se formera donc point d'esprit public, et le patriotisme expirera dans son berceau.

On rira peut-être de ma prédiction. La voici toutefois : avant 10 ans, cet article nous ramènera sous le joug du despotisme, ou il causera une révolution qui aura pour objet les lois agraires. L'unique titre, le titre éternel à l'éligibilité, est, et sera toujours, quoi qu'on fasse, la confiance de ceux qui doivent être représentés.......

Quoi l'auteur du Contrat Social n'aurait pas été éligible ! Quoi ! nos plus dignes députés actuels ne seront plus éligibles ! Quoi ! cette précieuse portion de citoyens qui ne doit qu'à la médiocrité ses talents, son amour pour l'étude, pour les recherches profondes, ne sera pas éligible ?.......

Quoique cette loi ait à peu près tous les inconvénients, sans avoir absolument rien d'utile qui les compense, il sera difficile qu'elle soit revue dans les législatures suivantes, composées de députés au marc d'argent ; elles ne consentiront point à ruiner leur propre aristocratie. »

Marat protesta lui aussi contre les décrets, au moment des élections municipales du 4 juillet 1790.

Dans le faubourg Saint-Antoine, le décret qui conférait le titre de citoyen actif réduisait plus de 30.000 citoyens actifs à moins de 200 électeurs. Marat en prit occasion pour attaquer l'Assemblée et envoya aux « citoyens infortunés des faubourgs » une adresse conçue en ces termes : « Il n'est aucune puissance sous le ciel. mes chers compatriotes, qui soit autorisée à vous enlever vos droits de citoyens, nommés ridiculement, droits de citoyens actifs. La Déclaration des droits de l'homme porte, article IV, que tous les citoyens sont également admissibles à toutes les dignités, places ou emplois, sans autre distinction que celle de leurs vertus ou de leurs talents.....

Les seules qualités qui doivent caractériser le citoyen admissible dans les affaires publiques, c'est d'avoir un domicile fixe, afin de n'être pas réputé étranger, passant ou vagabond ; d'avoir l'âge de 25 ans, afin d'être présumé instruit et raisonnable, et d'avoir de bonnes mœurs, afin de n'être pas suspect de vénalité et de corruption ».

Marat continue en disant que le décret qui exige une contribution directe des électeurs est nul puisqu'il est postérieur à la « Déclaration des droits » qu'il viole et que celle-ci est « la base inébranlable de la Constitution ».

« Allez en corps, dit-il en terminant, vous faire inscrire dans vos districts respectifs ; il ne s'y trouvera parmi les commissaires aucun homme assez peu raisonnable pour contester vos titres, si vous avez le courage de ne pas souffrir qu'on vous compte pour rien ».

Cette adresse n'était du reste pas, pour Marat, la

seule forme de son mécontentement. Il avait déjà
manifesté celui-ci au moment où le décret du marc
d'argent allait être voté par l'Assemblée nationale.
Marat se déclarait alors dans « l'Ami du peuple »,
partisan du suffrage universel ; mais il voulait cependant y apporter une légère restriction en écartant du
vote « les prélats, les financiers, les membres des
Parlements, les pensionnaires du prince, ses officiers
et leurs créatures ».

Au moment des élections municipales du 4 juillet,
Loustalot s'était prononcé à peu près dans le même
sens. Il déclarait, en effet, que : « le décret de l'Assemblée nationale qui fixe la qualité de l'électeur et de
l'éligible sur sa contribution à l'impôt, est le plus
inconséquent qu'elle ait rendu ; que le peuple l'a
cassé de fait dans plus des trois quarts de la France ;
qu'il serait beau, qu'il serait digne de la commune de
Paris de donner l'exemple général de regarder ce
règlement comme non avenu, et d'admettre à toutes les places sous la seule condition du domicile
actuel, etc., etc.

Camille Desmoulins se joignait lui aussi à Loustalot et à Marat, et s'exprimait ainsi dans les « Révolutions de France et de Brabant », avec la violence qui
lui était coutumière : « Il vient (le décret du marc
d'argent), de constituer la France en gouvernement
aristocratique et c'est la plus grande victoire que les
mauvais citoyens aient remporté à l'Assemblée nationale. Pour faire sentir toute l'absurdité de ce décret,
il suffit de dire que Jean-Jacques Rousseau, Cor-
neille. Mably n'auraient pas été éligibles... »

Ces quelques réclamations, pour violentes qu'elles
fussent, n'émurent pas le peuple et c'est à peine si l'on
trouve, pour les corroborer, une adresse des districts

réclamant contre le décret du marc d'argent et une
pétition des ouvriers du faubourg Saint-Antoine pro-
testant contre la distinction en actifs et en passifs.

Ce n'est qu'au bout de quelques mois que les réclamations contre le régime censitaire devinrent plus
fortes et plus nombreuses. Les chefs de parti réussis-
saient peu à peu à faire croire au peuple, surtout aux
ouvriers parisiens, que c'étaient eux qui faisaient la
Révolution, et qu'on les privait du droit de suffrage,
eux qui étaient les héros du 14 juillet. Marat écrivait
dans son journal, le 30 juin 1790 : « Il est certain que
la Révolution est due à l'insurrection du petit peuple
et il n'est pas moins certain que la prise de la Bastille
est principalement due à 10.000 pauvres ouvriers du
faubourg Saint-Antoine..... Qu'aurons-nous gagné
à détruire l'aristocratie des nobles, si elle est remplacée
par l'aristocratie des riches » ?

C'est surtout au moment de la mise en œuvre du
nouveau régime électoral pour les élections municipales de 1790, que s'élevèrent les protestations populaires. Les citoyens passifs, privés du droit de vote,
se trouvaient fort nombreux et, dans certaines communes, il fallut même abaisser la valeur de la journée
de travail, pour se procurer des éligibles.

Les citoyens passifs n'étaient du reste pas les seuls
qui fussent atteints par les décrets de l'Assemblée
nationale. Une partie de la bourgeoisie se trouvait
lésée elle aussi par le décret du marc d'argent. En
effet, l'Assemblée, pour évaluer le revenu net de chaque
contribuable, avait pris comme critérium le loyer, et
ce système fut appliqué dans la loi du 18 avril 1790,
qui réglait les contributions directes de la ville de
Paris. Pour payer une contribution directe de 50 livres,
(à peu près la valeur du marc d'argent), il fallait payer

un loyer de 750 livres. Or, on pouvait être fort bien logé à moins. Beaucoup de bourgeois, qui payaient un loyer inférieur à 750 livres, se trouvaient donc, de ce fait, exclus de l'éligibilité.

Aussi, la commune de Paris s'émut et Condorcet déposa en son nom une protestation sur le bureau de la Constituante.

L'Assemblée demeurait antidémocratique et l'adresse resta sans réponse.

Le mouvement de protestation s'accentua cependant pendant l'année 1790. Quelques bourgeois, mécontents de se trouver exclus de l'éligibilité, se formèrent en parti démocrate, avec Robespierre pour chef. Celui-ci publia en avril 1791, en brochure, un discours à l'Assemblée nationale, que du reste il n'avait pas prononcé. Ce discours formait le programme du parti des bourgeois dissidents qui avaient demandé à Robespierre de se mettre à leur tête. Celui-ci réclamait le suffrage universel, sous prétexte que tout citoyen est propriétaire. Le pauvre n'est-il pas propriétaire des grossiers habits qui le couvrent ? Le pauvre n'a-t-il pas sa liberté, sa vie, que les lois protègent, et n'est-il pas intéressé de la sorte au maintien des lois ? Robespierre rappelle que les élus du Tiers furent élus à un suffrage presque universel (1) ; et il termine ainsi : « J'atteste tous ceux que l'instinct d'une âme noble et sensible a rapprochés de lui et rendus dignes de connaître et d'aimer l'égalité, qu'en général il n'y a rien d'aussi juste et d'aussi bon que le peuple, toutes les fois qu'il n'est point irrité par l'excès de l'oppression ; qu'il est reconnaissant des plus faibles égards

---

(1) Aulard. — *Histoire politique de la Révolution française*, p. 99 et 100.

qu'on lui témoigne, du moindre bien qu'on lui fait, du mal même qu'on ne lui fait pas, que c'est chez lui qu'on trouve, sous des dehors grossiers, des âmes franches et droites, un bon sens et une énergie que l'on chercherait longtemps en vain dans la classe qui le dédaigne. »

« Cet écrit, dit M. Aulard, eut un grand retentissement. On le lut à la tribune des Cordeliers, le 21 avril 1791. Ce club en vota la publication nouvelle « par les voies de l'impression et de l'affiche ». Il invita toutes les sociétés patriotiques à faire lire dans leurs séances « cette production d'un esprit juste et d'une âme pure », il engagea les « pères de famille à inculquer ces principes à leurs épouses et à leurs enfants ». Et la Société des Indigents félicita Robespierre dans une adresse enthousiaste » (1).

Il semble que ce soit de là, que date l'immense popularité de Robespierre. Il devient, en effet, le chef de la Révolution et, sous sa direction, le mouvement démocratique s'accroît.

En juin 1791, le Club des Cordeliers, à la suite de deux discours de René de Girardin, prend un arrêté pour demander non seulement la suppression du marc d'argent, mais la soumission de toutes les lois à venir, à la ratification du peuple.

En juin 1791, au moment de la convocation des Assemblées primaires, plusieurs sections se prononcent elles aussi en faveur du suffrage universel.

Mais ces manifestations démocratiques ne représentaient qu'une faible partie du peuple français ; l'immense majorité était encore dévouée à la monar-

---

(1) AULARD. — *Histoire politique de la Révolution française*, p. 100.

chie. La nuit du 20 au 21 juin, pendant laquelle Louis XVI chercha à gagner la frontière avec la famille royale, vint précipiter les événements et donner à la fois de la défiance au peuple envers le roi, et de la hardiesse aux chefs du parti démocratique.

Ce fut avec une véritable stupeur que le peuple parisien apprit, le matin du 21 juin, la fuite à Varennes ; il lui semblait que la nation, privée de son chef héréditaire, dût être livrée à l'anarchie, et la crainte de dangers qui paraissaient alors devoir fondre sur la France plongea les parisiens dans l'angoisse et dans la peur.

Mais, presqu'aussitôt, le premier moment de panique passé, la nouvelle de l'arrestation de Louis XVI à Varennes parvient à la capitale. La France respire alors ; les dangers prévus tout à l'heure semblent maintenant conjurés et Paris tout entier s'apprête, au milieu d'une joie débordante, à fêter le retour du roi.

Ces deux sentiments de crainte d'abord, de joie ensuite, qui se manifestèrent le 21 juin, montrent bien à quel point la France était encore royaliste.

Cependant, l'Assemblée devient hésitante devant cet acte imprévu, et au milieu du désarroi général, les chefs du parti démocratique s'efforcent de créer un courant populaire en faveur du suffrage universel. Le Club des Cordeliers demande la suppression de la royauté ; Condorcet devient le théoricien de la République et l'Assemblée nationale reçoit du Club des Jacobins, de Montpellier, une pétition demandant l'établissement de la République.

La Constituante se contenta de décréter que, jusqu'à nouvel ordre, l'acceptation et la sanction du roi seraient inutiles pour la mise à exécution des décrets de l'Assemblée. Le roi était suspendu de ses fonctions et les ministres n'étaient plus soumis à ses ordres, mais à ceux de la Constituante. Celle-ci ne voulait cependant pas établir la République et, le 14 septembre 1791, Louis XVI fut remis sur le trône, après avoir prêté serment à la Constitution revisée.

Depuis le 21 juin 1791 jusqu'au 14 septembre, une République de fait avait donc existé. Pendant ces trois mois, l'Assemblée avait gouverné en dehors du roi et peut-être cet essai de gouvernement républicain contribua-t-il à faire germer dans le peuple l'idée que la France pouvait être gouvernée sans monarque et à accélérer le mouvement en faveur du suffrage universel.

Ce mouvement qui grandissait de jour en jour dans la populace, l'Assemblée voulut l'entraver, et c'est pour cela qu'elle s'empressa d'innocenter Louis XVI de la fuite à Varennes et qu'elle le remit sur le trône le 14 septembre 1791.

La Constituante eut peur, en effet. Elle eut peur pour le roi, elle qui était encore monarchique ; elle eut peur pour elle-même, elle qui avait établi le régime bourgeois, et l'on entendit Le Bois Desguays déclarer, en entendant parler de l'adoption d'un gouvernement républicain : « Il est ridicule de dénoncer une opinion individuelle aussi folle, aussi extravagante que celle qui est faite, dans cette affiche, d'établir un gouvernement républicain. »

Mais, des pétitions émanées des sections affluaient nombreuses à l'Assemblée ; c'est surtout au moment où se posait la question de savoir ce que l'on ferait de Louis XVI, que s'agitèrent les démocrates. Ceux-ci demandaient que l'on en référât à la nation pour décider du sort du roi.

Tandis que les Jacobins pétitionnaient sans relâche

et que Danton déclarait « que jamais les rois n'ont
traité de bonne foi avec les peuples qui ont voulu
recouvrer leur liberté », l'Assemblée ne songeait qu'à
innocenter Louis XVI et voter le projet déposé en ce
sens, le 13 juillet, par Muguet de Nanthou.

Le décret est voté. A cette nouvelle, les Jacobins
rédigent, le 17 juillet, au matin, une pétition pour
réclamer contre ce décret. Ils demandent à l'Assemblée nationale « de prendre en considération que le
délit de Louis XVI est prouvé, que ce roi a abdiqué ;
de recevoir son abdication et de convoquer un nouveau
pouvoir constituant pour procéder, d'une manière
vraiment nationale, au jugement du coupable, et surtout au remplacement et à l'organisation d'un nouveau
pouvoir exécutif.» Cette pétition est portée au Champ-
de-Mars sur l'Autel de la Patrie et une manifestation
est organisée contre la monarchie et l'Assemblée qui
vient d'innocenter Louis XVI, ce qui indique un prochain rétablissement de la royauté.

L'Assemblée n'a que deux partis à prendre : céder
ou écraser l'émeute. Mais elle est énergique ; les
troupes lui sont dévouées et c'est le dernier parti
qu'elle adopte, le seul du reste capable de la maintenir
au pouvoir. La loi martiale est proclamée, et La
Fayette ouvre le feu, qui fait une centaine de victimes.

Après ce coup d'Etat, les hommes de 1789, vont se
trouver désormais divisés en deux partis : la bourgeoisie et le peuple. C'est le début de cette lutte sanglante, semée de victoires bourgeoises et de représailles
populaires, période révolutionnaire où tout gouvernement est détruit, où chaque individu est son maître,
où chaque parti croit voir dans le parti adverse des
ennemis qu'il doit renverser et détruire s'il ne veut
être détruit lui-même. Dans la pensée populaire, la

bourgeoisie va se trouver confondue avec les hommes de l'ancien régime, les fautes des privilégiés retomberont sur la tête des constituants d'abord et des modérés quand la Législative et la Convention se trouveront au pouvoir. Les fautes de la bourgeoisie, on en rendra responsables le clergé, la noblesse, le roi enfin, et Louis XVI, dans son procès, se verra accusé de faits dont il est complètement innocent. Quiconque ne fait pas partie de la populace se trouvera confondu par celle-ci dans une même mésestime dont la Terreur sera un épisode sanglant jusqu'au jour où la France, abreuvée de carnage, se donnera un maître pour la régénérer.

Aussitôt après l'affaire du Champ-de-Mars, l'Assemblée, qui voulait profiter de sa victoire, se préoccupa de renforcer le régime bourgeois, tout en le rendant plus populaire. Deux élections du reste avaient inquiété l'Assemblée nationale et ne répondaient pas du tout au but qu'avaient eu les constituants en établissant le régime censitaire. En octobre 1790, au moment où des élections avaient lieu pour la ville de Paris, la plupart des citoyens actifs ne votèrent pas, soit que les élections ne fussent pas encore assez dans les mœurs, soit que la crainte retînt chez eux les électeurs. Ce furent surtout les sections qui prirent part au vote, et les démocrates firent passer un bon nombre de leurs candidats. De même, l'année suivante, les électeurs se prononcèrent encore en faveur de la démocratie.

§ IV. — *Réunion en une même Constitution de tous les décrets constitutionnels de l'Assemblée. — Suppression de la condition du marc d'argent.*

Tous ces symptômes d'événements alarmants pour

la France et défavorables à l'Assemblée firent que la
Constituante chercha un moyen de fortifier le régime
bourgeois.

Une occasion se présentait. Réunir en une même
Constitution tous les décrets constitutionnels de l'Assemblée était une œuvre fort utile, sinon indispensable.
Un comité fut nommé à cet effet, et profita de la tâche
qu'on lui confiait pour reviser la Constitution.

La condition du marc d'argent, si impopulaire, fit
l'objet d'un rapport de Thouret, le 5 août 1791. Il
proposait d'abolir cette condition, mais en augmentant
la contribution exigée pour être électeur. Le régime
censitaire se trouvait donc, de ce fait, aggravé, et le cens
reporté sur les électeurs du second degré. D'après la
proposition faite par Thouret, le 11 août, la contribution nécessaire pour pouvoir être élu par les Assemblées
primaires, devait être portée de 10 à 40 journées de
travail. Il est vrai que nulle condition n'était exigée
pour être éligible à l'Assemblée nationale, mais comme,
en réalité, les électeurs du second degré choisissaient
les députés parmi eux, le régime censitaire, loin de se
trouver diminué, n'était qu'aggravé.

Robespierre et Pétion s'aperçurent de la manœuvre
de l'Assemblée et crurent pouvoir la déjouer en demandant le maintien de la Constitution, de telle sorte que
les plus farouches démocrates devinrent conservateurs.
L'on entendit même Robespierre se prononcer pour
le *statu quo*. Mais, dans un discours remarquable
Barnave soutint le projet du comité. Il déclara que ce
n'étaient pas les ouvriers, les laboureurs, les artisans
honnêtes, qu'il voulait priver du droit de suffrage,
mais les politiciens de métier, les libellistes, les jour-
nalistes, et le 27 août 1791, l'article supprimant le
décret du marc d'argent et établissant de nouvelles

conditions fut ainsi voté : « Tous les citoyens actifs, quel que soit leur état, profession ou contribution, pourront être élus représentants de la nation ».

Le reste du décret devint l'article 7 de la section II du titre III de la Constitution du 3 septembre 1791. Il est ainsi conçu : « Nul ne pourra être nommé électeur, s'il ne réunit aux conditions nécessaires pour être citoyen actif, savoir : — Dans les villes au-dessus de six mille âmes, celle d'être propriétaire ou usufruitier d'un bien évalué sur les rôles de contribution à un revenu égal à la valeur locale de deux cents journées de travail, ou d'être locataire d'une habitation évaluée sur les mêmes rôles, à un revenu égal à la valeur de cent cinquante journées de travail ; — dans les villes au-dessous de 6.000 âmes, celle d'être propriétaire ou usufruitier d'un bien évalué sur les rôles de contribution à un revenu égal à la valeur locale de cent cinquante journées de travail, où d'être locataire d'une habitation évaluée sur les mêmes rôles à un revenu égal à la valeur de cent journées de travail ; — et dans les campagnes, celle d'être propriétaire ou usufruitier d'un bien évalué sur les rôles de contribution à un revenu égal à la valeur locale de cent cinquante journées de travail ; — ou d'être fermier ou métayer de biens évalués sur les mêmes rôles à la valeur de quatre cents journées de travail.

A l'égard de ceux qui seront en même temps propriétaires ou usufruitiers d'une part, et locataires, fermiers ou métayers de l'autre, leurs facultés à ces divers titres seront cumulées jusqu'au taux nécessaire pour établir leur éligibilité ».

Mais, si ces conditions étaient nécessaires pour être électeur, aucune n'était exigée pour être élu représentant de la nation. L'Assemblée avait en effet voté :

« Tous les citoyens actifs, quel que soit leur état, profession ou contribution, pourront être élus représentants de la Nation (1) ».

Quelques restrictions cependant étaient apportées à cet article : « Seront néanmoins obligés d'opter, les ministres et les autres agents du Pouvoir exécutif révocables à volonté, les commissaires de la Trésorerie nationale, les percepteurs et receveurs des contributions directes, les préposés à la perception et aux régies des contributions indirectes et des domaines nationaux, et ceux qui, sous quelque dénomination que ce soit, sont attachés à des emplois de la maison militaire et civile du roi (2) ».

'« L'exercice des fonctions judiciaires sera incompatible avec celles de représentant de la Nation, pendant toute la durée de la législature. — Les juges seront remplacés par leurs suppléants, et le roi pourvoira par des brevets de commission au remplacement de ses commissaires auprès des tribunaux (3) ».

En faisant ces quelques restrictions au sujet des agents du pouvoir exécutif et des juges, l'Assemblée nationale avait eu pour but d'éviter qu'un représentant de la nation pût réunir entre ses mains les trois pouvoirs, exécutif, législatif, judiciaire, et la Constituante venait ainsi d'appliquer un des principes chers à Montesquieu.

En dehors des conditions requises pour être citoyen actif et pour être électeur, l'Assemblée, qui avait eu à cœur de ne commettre aucun oubli dans son œuvre de Constitution, avait fixé, dans la loi du 22 décembre

---

(1) Const. du 3 septembre 1791, titre III, chap. I, section III, art. 3.
(2)　　　　　—　　　　　titre III, chap. I, section III, art. 4.
(3)　　　　　—　　　　　art. 5.

1789 la durée du mandat législatif, l'époque de la
formation des Assemblées primaires et le nombre des
électeurs qui devront être élus.

Cette section I de la loi du 22 décembre 1789 forme,
dans la Constitution du 3 septembre 1791, la section
II du chapitre I du titre III.

« Pour former l'Assemblée nationale législative,
les citoyens actifs se réuniront tous les deux ans en
Assemblées primaires dans les villes et dans les cantons. — Les Assemblées primaires se formeront de
plein droit le second dimanche de mars, si elles n'ont
pas été convoquées plus tôt par les fonctionnaires
publics déterminés par la loi (1) ».

« Les Assemblées primaires nommeront des électeurs en proportion du nombre des citoyens actifs
domiciliés dans la ville ou le canton. — Il sera nommé
un électeur à raison de cent citoyens actifs présents,
ou non, à l'Assemblée. — Il en sera nommé deux
depuis cent cinquante et un jusqu'à deux cent cinquante, et ainsi de suite (2) ».

L'idée de mandat représentatif dont nous venons
de voir l'application ne concernait pas seulement les
députés à l'Assemblée nationale. La Constituante qui
avait imaginé ce mandat l'avait appliqué également à
la situation des juges et des administrateurs de département et de district. Ces juges et ces administrateurs,
jadis sous la dépendance du roi qui en avait la nomination, devaient être désormais élus par le peuple.
« La justice sera rendue gratuitement par des juges
élus à temps par le peuple, et institués par des lettres-

---

(1) Const. du 3 septembre 1791, titre III, chap. I, section II, art. I.
(2)   —   art. 6.

patentes du roi, qui ne pourra les refuser. — Ils ne pourront être, ni destitués que pour forfaiture dûment jugée, ni suspendus que pour une accusation admise. — L'accusateur public sera nommé par le peuple (1) ».

De même, les administrateurs de département et les sous-administrateurs de districts devaient être élus par le peuple. Mais, l'Assemblée Constituante avait fait entre eux et les juges une distinction fondamentale. En effet, tandis que les juges étaient assimilés aux députés, à titre de représentants de la nation, les administrateurs et les sous-administrateurs n'étaient considérés que comme de simples agents : « Les administrateurs n'ont aucun caractère de représentation. — Ils sont des agents élus à temps par le peuple, pour exercer, sous la surveillance et l'autorité du roi, les fonctions administratives (2) ».

§ V. — *Appréciation sur le droit électoral contenu dans la Constitution du 3 septembre 1791.*

Cette Constitution du 3 septembre 1791, qui fut l'œuvre principale de l'Assemblée nationale, nous apparaît sous l'aspect d'une transaction entre le passé et le présent, entre le passé qui est l'ancien régime, avec la royauté de droit divin, et le présent qui tend vers le gouvernement populaire. Contre le passé, la Constituante a rejeté le dogme du droit divin et proclamé le principe de la souveraineté nationale. En faveur du présent elle a mis en œuvre le Contrat social et composé la Déclaration des droits de l'homme.

---

(1) Const. du 3 sept. 1791, titre III, chap. V, art. 2.
(2) — titre III, chap. IV, section II, art. 2.

4

Contre le passé encore, elle consacra le principe de
la séparation des pouvoirs, à la suite de Montesquieu
dont elle subit toujours l'influence. Il ne faut pas que
les trois pouvoirs soient réunis, avait dit l'auteur de
l'esprit des lois, « parce qu'on peut craindre que le
même monarque ou le Sénat ne fassent des lois tyran-
niques, pour les exécuter tyranniquement (1) ».

L'Assemblée nationale déclara, conformément à
cette opinion : « Le pouvoir législatif est délégué à
une Assemblée nationale composée de représentants
temporaires, librement élus par le peuple, pour être
exercé par elle, avec la sanction du roi, de la manière
qui sera déterminée ci-après (2). Le gouvernement est
monarchique ; le pouvoir exécutif est délégué au roi,
pour être exercé sous son autorité, par des ministres
et autres agents responsables, de la manière qui sera
déterminée ci-après (3).

Le pouvoir judiciaire est délégué à des juges élus à
temps par le peuple (4). »

Comme Montesquieu encore, l'Assemblée pensa
que « le grand avantage des représentants, c'est qu'ils
sont capables de discuter les affaires. Le peuple n'y
est point du tout propre : ce qui forme un des grands
inconvénients de la démocratie » ; elle imagina donc
la théorie du mandat représentatif qui devait jouer un
si grand rôle dans notre histoire contemporaine, et
rompit ainsi avec Rousseau.

Mais contrairement à Montesquieu, partisan des
deux Chambres, la Constituante ne voulut qu'une

(1) MONTESQUIEU, *Esprit des lois.*
(2) Const. de 1791, titre III, art. 3.
(3) — — art. 4.
(4) — — art. 5.

Chambre unique, dans la crainte que le clergé et la noblesse ne prissent de nouveau une part prépondérante au gouvernement.

Le despotisme du peuple l'effraya davantage encore, et c'est dans ce double but d'éloigner à la fois du gouvernement les ordres privilégiés et la populace, que l'Assemblée nationale vota le régime censitaire qui établissait la bourgeoisie en classe politiquement privilégiée et fit, en quelque sorte, de ceux qui la composaient les véritables représentants nés du pays.

Chose étrange, ce ne furent pas les ordres privilégiés qui essayèrent de résister à ce nouvel état de choses ; et cependant, noblesse et clergé étaient dépouillés d'une grande partie de leurs biens et privés de leurs privilèges séculaires que leur avaient mérités leurs services envers la France et la monarchie. Or, comme le dit Taine : « Jamais aristocratie n'a souffert sa dépossession avec tant de patience, et n'a moins employé de force pour défendre ses prérogatives, ou même ses propriétés (1) ».

C'est avec une patience et un dévouement dignes de tous les éloges, que cette aristocratie accepte les mesures prises contre elle. Pour trouver au contraire des murmures et des actes contre les décrets de l'Assemblée nationale, c'est au milieu de la populace qu'il nous faut pénétrer.

Nous avons vu plus haut les excès de cette multitude et ses réclamations contre le régime censitaire, nous n'avons point à y revenir. Or, dès que l'ancien régime est renversé, le système censitaire nous semble le seul qui fût possible pour la France de 1789.

L'établissement du suffrage universel, en effet, eût provoqué peut-être une crise politique qui aurait eu sans doute sa répercussion sur les faits économiques et sociaux. Le peuple n'avait jamais été initié à l'exercice du gouvernement, et son ignorance en cette matière était évidente. Le travailleur des champs et l'ouvrier des villes, trop absorbés par leurs travaux journaliers, ne pouvaient s'occuper de politique. Ceci est fatalement le privilège des gens aisés qui peuvent y consacrer le temps dont ils n'ont pas besoin.

En 1789 enfin, le peuple était sous la domination des agitateurs du Palais-Royal. Leurs discours, qui tendaient à la destruction de tout ordre social, avaient su faire de cette populace malléable, une sorte de troupeau, docile à leurs conseils. Dès lors, confier au peuple le soin de choisir les députés à l'Assemblée nationale, c'eût été le charger d'une mission qu'il n'aurait accomplie qu'avec passion et sous la pression violente des clubs.

Nous n'avons pas à discuter ici si la destruction complète de l'ancien régime fut utile ou nuisible à la nation ; mais, ce fait une fois accompli, la Constituante agit d'une manière fort sage en établissant le régime censitaire que la situation même des diverses classes de la société rendait, au début de la Révolution, absolument indispensable pour que le pouvoir législatif fût confié à des hommes intègres.

Mais si l'Assemblée eut raison d'établir la Constitution de 1791 telle que nous la connaissons, elle commit, avant de se séparer, un acte qui ne manqua peut-être pas de générosité, mais qui fut assurément une faute politique. Elle déclara inéligibles, à la prochaine législature, les membres de l'Assemblée Constituante.

C'est dans la séance du 16 mai 1791, que l'Assemblée nationale vota ce décret, à la suite d'un discours de Robespierre. Thouret ayant posé la question

de savoir si les membres de l'Assemblée actuelle
seront éligibles à la prochaine législature, Robespierre
demanda que l'Assemblée votât pour la négative, et
s'efforça d'appuyer son opinion par un discours
pathétique qui fut longuement applaudi : « Quelle
autorité imposante, disait-il, va donner à votre Constitution le sacrifice que vous ferez vous-mêmes des
plus grands honneurs auxquels un citoyen puisse
prétendre ! » Robespierre continua en disant qu'il est
impossible « qu'une nation de 23 millions d'hommes
soit réduite à l'impossibilité de trouver 720 défenseurs
dignes de recevoir et de conserver le dépôt sacré de
ses droits. »....... Je me défierais de ceux qui, pendant quatre ans, resteraient en butte aux caresses,
aux séductions royales, à la séduction de leur propre
pouvoir, enfin à toutes les tentations de l'orgueil ou
de la cupidité. »

Enfin, comme dernier argument, Robespierre invo-
qua la lassitude des membres eux-mêmes de l'Assemblée.

Ce discours décida du vote de la Constituante et
la non-réélection des députés actuels à la prochaine
législature fut votée presque à l'unanimité.

Ce fut une faute. L'Assemblée privait ainsi la France
d'un certain nombre d'hommes de valeur, d'autant
plus capables de veiller à l'application de la Constitution qu'ils en étaient eux-mêmes les auteurs. Elle
enlevait à la nation des hommes sages et modérés,
assurés de leur réélection, pour livrer le pouvoir
exécutif à l'inconnu.

Peut-être un sentiment de générosité, auquel nous
croyons, parce qu'il est bien français, détermina-t-il
le vote des constituants. Nous croyons aussi au dernier
argument de Robespierre. Après un travail sans relâche

de deux années, les membres de l'Assemblée devaient éprouver le besoin de s'éloigner, pendant quelque temps au moins, des affaires publiques.

Le 3o septembre 1791, l'Assemblée Constituante avait terminé son œuvre ; mais, c'est sous de tristes auspices qu'elle fermait ses travaux. Dans les provinces, la famine était imminente, faute de circulation des grains. Les paysans, ne sachant à qui s'en prendre, accusaient les nobles de leur malheur, pillaient leurs châteaux et menaçaient leurs personnes. Chacun s'armait contre ses voisins, la suspicion était partout, tristes augures d'une guerre civile que l'excitation des esprits et les menées des agitateurs publics semblaient devoir rendre terrible et sans merci.

CHAPITRE II

Les Élections de 1791

I. Élections du premier degré. — II. Élections du second degré.

Les 27 et 28 mai 1791, l'Assemblée nationale ren-
dit un décret par lequel les citoyens actifs se trouvaient convoqués à l'effet de se réunir pour nommer
les électeurs du second degré. « Les procureurs généraux syndics des départements, y était-il dit, enjoindront aux procureurs syndics des districts de réunir
en Assemblées primaires, du 12 au 15 juin de la
présente année, les citoyens actifs de tout le royaume,
pour nommer de nouveaux électeurs » (1).

C'était la première application du droit électoral de
la Constituante et grande était l'appréhension de la
France qui se demandait quels résultats donnerait
cette mise en œuvre de notre Constitution.

Ce décret des 27 et 28 mai fut sanctionné par
Louis XVI le 29, et, le 7 juin, des affiches portant
l'avis de convocation du procureur de la commune
couvrirent les murs de la capitale. Dans les 48 sections
de Paris et dans les 16 cantons, cet avis fut, de plus,
publié à son de trompe afin que nul ne pût ignorer
la réunion prochaine des Assemblées primaires.

C'est le 16 juin, vers 9 heures du matin, que se
réunirent les citoyens actifs. La nomination du bureau,
composé du président, du secrétaire et de trois scru-

---

(1) Décret des 27 et 28 mai 1791, titre I, art. 1.

tateurs occupa la première séance des Assemblées primaires. Les jours suivants, les citoyens actifs votèrent « au moyen du scrutin de liste simple et en trois tours, si cela était nécessaire » (1), conformément au décret du 27 mai.

L'événement du 21 juin, la fuite de Louis XVI, son arrestation à Varennes produisirent à Paris et dans la France tout entière une impression considérable, dont la répercussion s'étendit aux Assemblées primaires. Devant cet événement imprévu, les électeurs hésitaient sur le parti à prendre et leurs votes mal assurés se ressentent visiblement de leur état d'esprit. Plusieurs Assemblées jugèrent même à propos d'interrompre momentanément leurs travaux pour ne les reprendre que lors de la rentrée du roi à Paris.

L'opinion publique, surexcitée déjà par les derniers événements, par l'attitude de la Cour, par celle de l'Assemblée Constituante qui, déconcertée, hésitante sur le parti à prendre, veut à tout prix conserver la monarchie, le régime bourgeois qu'elle vient d'établir, et tremble cependant devant la populace qu'elle hait, mais qu'elle sent toujours prête à l'émeute, l'opinion publique s'est émue au plus haut point et se passionne pour les opérations électorales dont va dépendre la composition de la nouvelle législature. Les places et les jardins publics, les cafés, les clubs, le Palais-Royal résonnent des discours violents d'orateurs d'occasion. Avocats sans cause, littérateurs de bas étage, les ratés débauchés, tout ce que Paris contenait de nullités et de gens véreux, trouvaient dans les élections un prétexte pour venir en public exhaler leurs haines et leurs

---

(1) Décret du 27 mai, titre II, art. 4.

désirs. Chaque candidat est jugé, apprécié par ces rhéteurs sans talent, devant lesquels ne trouvent grâce que les seuls candidats propres à accélérer le mouvement révolutionnaire et à soutenir les revendications de la populace.

Les esprits fermentent, à l'audition de ces discours qui, à défaut de talent, ne manquent point de véhémence ; la bourgeoisie elle-même en subit l'influence et ce peuple de France, si uni jadis, se divise peu à peu en partis qui se formeront désormais une politique particulière au grand préjudice de la politique générale de l'Etat.

Chaque parti a ses lieux de réunion et ses journaux ; ceux-ci se répandent de plus en plus et l'avidité avec laquelle ils sont lus et recherchés témoignent bien de l'état d'esprit parisien au mois de juin de l'année 1791.

Ces feuilles publiques du reste n'étaient pas faites pour calmer les esprits et les polémiques les plus vives s'y trouvent engagées. C'est ainsi que Marat publiait, le 19 juin, dans l' « Ami du Peuple » (1) un article ainsi intitulé : « Tableau des membres pourris de la section du Théâtre Français, réunis en société antipatriotique pour nommer des suppôts, de l'ancien régime électeurs des membres de la nouvelle législature. »

Les appréciations de ces journaux ne sont évidemment pas toutes dignes de foi, surtout en ce qui concerne les candidatures aux élections, et les appréciations des publicistes sur telle ou telle nomination ; mais ils nous donnent toutefois une idée assez exacte de l'ensemble des opérations électorales. C'est ainsi que, dans son « Courrier des 83 départements, Gorsas

(1) *L'Ami du Peuple*, n. 494.

nous apprend que l'intrigue, les cabales, l'esprit de parti s'insinuaient dans les Assemblées primaires. » Le 19 juin 1791, il écrivait : « On fait courir publiquement des listes, des cartes, on achète même des suffrages » (1).

Quoi qu'il en soit de toutes ces menées et de toutes ces cabales, le parti modéré faisait triompher aux élections du premier degré un grand nombre de ses candidats, et tout semblait indiquer que la majorité lui appartiendrait à l'Assemblée nationale. Mais, si le parti constitutionnel conservait encore la majorité des sièges, les « patriotes » semblaient devoir former une minorité qui ne serait pas à dédaigner. Les Jacobins avaient fait passer au scrutin bon nombre de leurs candidats et l'on remarquait parmi eux : Danton, Brissot, Fabre d'Eglantine, Dubois de Crancé, Camille Desmoulins, futurs Conventionnels qui devaient jouer pendant la Terreur un rôle si terrible.

Cette application du régime censitaire, cher à la Constituante, ne répondait donc pas entièrement aux désirs de celle-ci. Il est vrai que les votes exprimés ne représentaient en aucune façon la majorité du peuple français. Sans parler des départements, où la lenteur des opérations électorales empêchèrent un grand nombre de paysans d'y prendre part, le nombre des abstentions à Paris fut considérable. Un dixième en moyenne des citoyens actifs prirent part aux élections du premier degré, et dans bien des cantons et des sections, cette moyenne fut plus faible encore. Ainsi, dans le canton de Passy, sur 800 citoyens actifs, il n'y eut que 32 votants ; dans celui de Saint-Denis, sur

---

CHARAVAY. — *Assemblée électorale de Paris*, p. 12,

600 citoyens actifs, il n'y eut que 28 votants et à
Colombes, sur 832 citoyens actifs, 82 votants seulement prirent part au vote (1). Dans la section de
l'Oratoire, sur 1902 citoyens actifs, il n'y eut que 135
votants. Dans la section du Louvre, sur 2.023 citoyens
actifs, il n'y eut que 159 votants. Dans la section de
Ponceau, sur 2.304 citoyens actifs, il n'y eut que
119 votants. Enfin, dans la section de Popincourt, le
nombre des votants fut dérisoire. 1.268 citoyens actifs
étaient inscrits et 46 seulement prirent part aux élections (2).

Les opérations électorales étant terminées et les
résultats connus, l'état des votes fut transmis au procureur de la commune par les sections et les cantons.

§ II. — Élections du second degré

La réunion des électeurs nommés par les Assemblées primaires devaient avoir lieu à la fin de juin,
dès que les résultats des élections du premier degré
seraient connus. Mais, l'Assemblée nationale craignant
que l'émotion causée par la fuite de Louis XVI n'in-
fluât sur les élections à l'Assemblée législative, comme
elle avait influé sur les Assemblées primaires, voulut
laisser aux esprits le temps de s'apaiser et ce n'est que
le 5 août, qu'elle convoqua pour le 25 du même mois
les Assemblées électorales de tous les départements.

Le 26, les électeurs du département de Paris tinrent
leur première réunion dans une salle de l'évêché et
le 27, après avoir assisté à une messe dite solennelle-

---

(1) CHARAVAY. — *Assemblée électorale de Paris*, p. 10 et suiv.
(2) CHARAVAY. — *Assemblée électorale de Paris*, p. 5 et suiv.

ment par l'évêque Gobel, les électeurs commencèrent leurs opérations.

Le 7 septembre, l'Assemblée électorale avait nommé 7 députés : Lacépède, Cerutti, Beauvais de Préau, Bigot de Préameneu, Gouvion, Garran de Coulon et Pastoret. Ces élections, bien qu'elles représentassent assez fidèlement la majorité royaliste de l'Assemblée, ne soulevèrent généralement pas de polémiques bien vives, car les élus étaient presque tous des hommes sympathiques et assez populaires.

Le « Babillard » en fait l'éloge : « Voilà déjà, dit-il, 7 députés nommés et ce n'est encore qu'à des hommes purs que les électeurs ont offert l'hommage de la Patrie en leur confiant ses plus chers intérêts » (1).

Cependant, si la presse ne se montrait pas en général trop hostile aux nouveaux députés, l' « Ami du Peuple » attaquait de la façon la plus violente ces premières élections. En cela il ne faisait que refléter la colère des Jacobins, furieux non pas tant des élections récentes que des échecs successifs d'un de leurs plus chers candidats, Brissot.

Malgré la pression que leur club exerçait, malgré leurs intrigues que nous narre l' « Ami du Roi » pour « faire entrer de force dans la législature prochaine, le sieur Brissot de Warville » (2), celui-ci se trouvait écrasé à chaque élection par une majorité énorme et ces échecs provoquaient les sarcasmes et les attaques violentes de Marat. Voici en quels termes l' « Ami du Peuple » fait le procès des députés élus au 7 sep-

(1) *Le Babillard*, 8 septembre 1791, n° 87.
(2) *L'Ami du Roi*, 8 septembre 1791.

tembre : « Aux deux piètres députés qui les premiers
réunirent leurs suffrages (1), ils (les électeurs) ont
donné pour collègues les sieurs Pastoret, Cérutti,
Bigot, Broussonet, Gouvion........... Le doucereux
Pastoret a regard faux et poil roux, ce roi des intrigants qui s'éleva par degrés, de la fange à l'une des
premières places du nouveau régime. » Broussonet,
« un mauvais singe de Pastoret ». Bigot, « un membre
de la confrérie antinationale, autrement la clique électorale l'eût rejeté bien loin. » Cérutti, « ce disciple
achevé de Loyola, ce caméléon subtil, auquel le ciel,
avare de ses dons, donna un caquet fleuri, un esprit
léger, auquel il refusa toujours une âme élevée et un
cœur droit. Bas valet, né des grands, vil esclave des
favoris de la cour ; tout ce qu'il a d'astuce fut consacré
à leur plaire » (2). Puis, faisant le procès des électeurs,
il continue : « Le choix du corps électoral parisien
est indigne, honteux, alarmant ; mais ce corps est si
indignement composé lui-même, que ce serait folie
que d'entreprendre de le rappeler à ses devoirs : son
parti est pris, il ne nommera à la prochaine législature
que des ennemis de la Révolution..... On verra donc
nos électeurs vendus à la cour, continuer à faire entrer
dans le Sénat de la nation tous les hommes à deux
faces qui ont de l'adresse et des poumons » (3).

Ce style témoigne par lui-même de l'état d'âme de
Marat et des Jacobins, gens intolérants par essence,
n'admettant pas que d'autres élus pussent valoir leurs

---

(1) Lacépède et Garran de Coulon.
(2) BUCHEZ et ROUX. — *Histoire parlementaire de la Révolution
française,* tome XII, p. 2.
(3) BUCHEZ et ROUX. — *Histoire parlementaire de la Révolution
française,* tome XII, p. 23.

candidats, ni que les autres citoyens pussent impunément penser et agir en dehors d'eux.

Ils sont donc en 1791 tels que nous les trouverons sous la Convention, avec cette double différence que leur nombre est encore relativement assez restreint et que certains d'entre eux sont encore partisans d'une monarchie constitutionnelle.

Cependant, le 13 septembre, Brissot fut élu à une majorité relative ; aussitôt, toute la presse patriote d'exulter et de fêter cette nomination qui était cependant due moins à la sympathie des électeurs pour Brissot, qu'à leur antipathie pour Dufresne, son concurrent, qui était un financier et se trouvait de ce fait même détesté comme tous les gens de son métier.

Si les patriotes manifestaient leur joie, les journaux royalistes témoignaient leur mécontentement contre l'élection de Brissot, mais leurs attaques ne ressemblent en rien à celles des Jacobins et c'est avec une modération évidente qu'ils font le procès du nouveau député. C'est ainsi que le « Chant du Coq » fait cette remarque le 16 septembre 1791 : « Le chef avoué d'un parti républicomane est appelé à défendre une constitution monarchique ; un homme accusé publiquement d'escroquerie est appelé dans le Sénat de la nation, où les vertus sont encore plus nécessaires que les talents » (1).

Les patriotes remportèrent une seconde victoire dans la personne de Condorcet. Sa majorité fut encore plus faible que celle de Brissot ; il eut seulement deux voix de plus que son concurrent. Son élection, qui date du 26 septembre, est une des dernières ; deux

---

(1) CHARAVAY. — *Assemblée électorale de Paris*, tome II, p. 30.

autres devaient clore le nombre des députés attribué au département de Paris.

Parmi les députés nommés par l'Assemblée électorale de Paris, le plus grand nombre remplissaient des fonctions. Nous trouvons des administrateurs du département de Paris, des juges, un publiciste ; Brissot. Il en était ainsi dans la plupart des départements et Marat témoigna son mécontentement et ses craintes à cet égard.

« Les élections vont leur train, écrit-il dans « l'Ami du Peuple, » et le choix des électeurs, dans tout le royaume ne justifie que trop l'augure que nous avons tiré sur la prochaine législature. Partout, on ne voit nommés pour députés que des procureurs généraux et des administrateurs de dictricts ; des maréchaux de camp, des commandants de gardes nationaux et des colonels de régiments ; des membres de directoires, des maires, des juges de tribunaux, des commissaires des guerres, etc., c'est-à-dire des suppôts de l'ancien régime et des créatures de la cour, que les intrigues des agents ministériels avaient portés aux places du nouveau régime, pour arrêter le triomphe de la liberté et favoriser la contre-révolution » (1).

Que la plupart des députés à l'Assemblée législative fussent des fonctionnaires, nous n'en doutons pas et le département de la Vienne nous en fournit un exemple. La Vienne nomma huit députés, dont voici les noms et les professions :

Allard, professeur en droit, et procureur de la commune de Poitiers.

---

(1) Buchez et Roux. — Tome XII, p. 19.

Martineau, juge au tribunal de district de Châtel-
lerault.

Montault-Desilles, receveur particulier des finances,
de la ci-devant élection de Loudun.

Guillaud de Letanche, secrétaire du directoire de
district de Montmorillon.

Belleroche, ci-devant notaire à Saint-Sauvant,
administrateur et membre du directoire du département.

Pressac des Planches, président du tribunal de district de Civray.

Piorry, homme de loi, membre et administrateur
du directoire du département.

Ingrand, homme de loi, à Usseau, près Châtelle-
rault, administrateur et membre du directoire du
département.

Mais que ces fonctionnaires devenus députés fussent
tous, ou du moins en majorité, des hommes d'ancien
régime, leur attitude prouve l'absurdité d'une telle
assertion. Royalistes, ils l'étaient sans doute, mais ils
étaient aussi pour le maintien de la Constitution. De
même à Paris, 17 députés sur 24 appartenaient au
parti constitutionnel.

Les élections de 1791 nous apparaissent comme le
début de cette longue lutte politique qui subsiste
encore. Désormais, la nation française se trouve divisée
en trois parties : la droite, le centre, la gauche. Chacune a sa politique, ses candidats, ses vues particulières.
La guerre est déclarée et c'est à qui remportera la
victoire au moyen de pamphlets, de discours et de
menaces. C'est dans la séance du 30 août, au moment
du dépouillement de la correspondance, que commença
la lutte entre la droite et la gauche. Une lettre du

publiciste Lacretelle ayant été lue à l'Assemblée électorale de Paris, la gauche applaudit chaleureusement ;
mais la droite s'opposa formellement à ce qu'on insé-
rât cette lettre au procès-verbal et, comme elle formait
la majorité, elle obtint qu'on passât à l'ordre du jour.

Un autre épisode de cette lutte fut la scission du
club de l'Evêché. Dès que l'on eut connaissance de
l'élection de Brissot, ce club en manifesta une joie
fort vive et une partie de ses membres, monarchistes
constitutionnels, mécontents de son attitude, se séparèrent et formèrent, quelque temps après, le club de la
Sainte-Chapelle.

La guerre entre ces deux sociétés était fatale. Le
club de la Sainte-Chapelle devenu plus nombreux et
plus influent que celui de l'Evêché, réussit à faire
passer au scrutin une grande partie de ses candidats,
et c'est lui qui se trouvera, de ce fait, diriger, du moins
au début de l'Assemblée législative, la politique intérieure et extérieure de la nation française.

CHAPITRE III

Droit électoral de l'Assemblée Législative

I. Assemblée législative. Les partis. — II. Atteintes portées par la Législative à la Constitution de 1791. — III. Elections de 1792 à la Convention.

C'est au milieu de la satisfaction générale que l'Assemblée législative se réunit le 1ᵉʳ octobre 1791. Las de deux années de révolution, le peuple de France avait accepté la Constitution de 1791, sinon avec enthousiasme, du moins avec satisfaction, la considérant comme le dernier mot de la Révolution. La nation témoignait ouvertement sa sympathie aux députés élus en vertu de cette Constitution. Partout des fêtes et des réjouissances semblèrent inaugurer une ère de calme et la France vécut quelque temps cette confiance naïve que les peuples toujours témoignent pour l'inconnu.

Cette Assemblée, dont les séances s'ouvraient sous des auspices aussi favorables, ne ressemblait guère cependant à la Constituante. Composée d'une grande majorité de royalistes députés aux Etats Généraux, notre première Assemblée nationale s'était présentée avec une homogénéité et une unité de vues parfaites. Parmi les membres de la Constituante, nous avons trouvé des économistes, des juristes, des orateurs, hommes de talent et politiciens que leur sagesse et leur intégrité rendaient dignes de leur rôle de constituants. Chargés de donnerà la France une Constitution, ils firent une œuvre qui n'est peut-être pas sans reproches, mais qui a droit à notre respect, car elle fut faite en dehors des passions et des intérêts personnels.

Ces hommes, qu'un décret malheureux élimina de la nouvelle Assemblée, laissèrent à des successeurs parfaitement inconnus et pour la plupart incapables, le soin d'appliquer la Constitution.

L'Assemblée législative, au contraire de la Constituante, comprenait dans son sein les éléments les plus divers.

Composée d'hommes médiocres et inexpérimentés, élus pour la plupart sous l'influence et la pression des clubs, elle présente moins l'aspect d'une Assemblée dirigeante que celui d'une réunion de comités chargés chacun d'exécuter les ordres de leurs chefs. C'est une politique de partis que va faire cette Assemblée nationale où les passions auront libre cours, où l'intérêt personnel dominera souvent l'intérêt général : car les partis, maintenant, se délimitent nettement au sein de la Législature.

Toutefois, ne figurent plus dans cette Assemblée, les partisans de la monarchie absolue, les « suppôts de l'ancien régime », comme les appelaient les Jacobins. Comme membres de la droite, nous trouvons des hommes favorables à la royauté ; mais ces monarchistes ont fait un pas en avant et ne reconnaissent plus au monarque que les droits accordés par la Constitution. La Révolution prenait une extension si rapide que les démocrates de notre première Assemblée devenaient les aristocrates de la Législative. Parmi eux se trouvaient : Bigot de Préameneu, Vaublanc, Beugnot, Pastoret.

Au centre, les « Indépendants » se vantent de n'appartenir à aucun parti. Oscillant entre la droite et la gauche, ce furent eux qui, la plupart du temps, firent pencher la balance et décidèrent de la majorité. Inscrits d'abord aux Feuillants, ils seront entraînés un jour vers la Gironde.

A gauche, les Girondins forment encore une minorité ; mais comme elle s'est accrue, cette minorité, depuis 1789 ! De quelques unités qu'ils étaient alors, ces hommes. si peu importants sous la Constituante, que Mirabeau put leur crier un jour : « Silence aux trente voix », étaient montés à 130. Combattre le pouvoir royal par la parole et par la plume, prendre les armes au besoin, telle sera la politique de ce parti, qui parviendra un jour au pouvoir et couronnera son œuvre par la Terreur. Les Gensonné, les Vergniaud, les Robespierre, les Brissot, « bavards outrecuidants et râpés, qui, du fond de leur mansarde, régentent les cabinets et remanient l'Europe », comme les nomme Taine, constitueront un jour le pouvoir de fait de la France ; car, dans cette société en dissolution, incapable de résister à la violence, désorganisée et flottante, les passions populaires feront la loi, et le pouvoir légal étant trop faible pour résister au courant venant d'en bas, il se formera un gouvernement illégal qui régnera par la violence sinon de droit et qui, pour justifier son usurpation, se couvrira de l'égide de la souveraineté nationale.

Cette œuvre que Taine nomme fort justement la « conquête jacobine », elle se prépare lentement, sourdement d'abord au Club des Jacobins de Paris. On y discute journellement sur les affaires publiques ; on y vote des ordres du jour ; on transmet les décisions qui y sont prises, aux clubs affiliés de la province.

Leur but est de créer un état d'esprit favorable à leurs
vues et les feuilles publiques qu'ils répandent avec
profusion, les pamphlets qu'ils affichent, les libelles
qu'ils impriment, sont autant de moyens pour dominer la France en la terrorisant.

Du reste, ce parti jacobin, dont le nombre d'adhé-
rents est encore assez faible en 1791, trouve un appui
indirect dans la Législative. En dehors de ses représentants au sein de l'Assemblée : Brissot, Condorcet,
Rœderer, qui y soutiennent les projets jacobins, l'incapacité et la versatilité de cette Assemblée sans force
et sans principes leur est un appui par son impuissance même.

Ce manque de décision se manifeste dès les premières
réunions de l'Assemblée législative. Une motion, relative au cérémonial à observer lors de la présence du
roi dans l'Assemblée, votée le 5 octobre, est rapportée
le lendemain, en des termes, il est vrai, qui semblent
indiquer, de la part des représentants de la nation, une
grande confiance en leur souverain. « Craignons d'af-
fliger l'âme aimante et sensible de Louis XVI, avait
dit Vosgien ; il est du petit nombre des rois qu'on peut
aimer sans honte, et que la postérité osera louer (1). »
Du reste, l'idée monarchique règne encore dans l'Assemblée législative. Sans doute, la royauté absolue
n'y a plus de défenseurs et le régime féodal, d'autre
part, a définitivement vécu ; mais les partisans de la
monarchie constitutionnelle y sont nombreux encore.
Causse, député de l'Aude à l'Assemblée législative,
dans une lettre du 28 octobre 1791 (2), et Fabre nous

(1) *Arch. parl.*, tome XXXIV, p. 83 et s. et p. 94 et s.
(2) *Revue de la Révolution française*, tome XXX, p. 84.

en fournissent la preuve. Ce dernier écrivait le 1ᵉʳ novembre 1791 que « les principes républicains ne se reproduisent pas (dans l'Assemblée). Les Jacobins eux-mêmes paraissent les improuver. » (1) « L'opinion publique, ajoutait-il, est entièrement tournée du côté du gouvernement monarchique et du maintien de la Constitution (2) ».

Et, en effet, cet esprit monarchique nous le trouvons encore partout. A l'Assemblée législative, ce n'est pas seulement la droite, mais encore le centre et même certains membres de la gauche qui le manifestent. Condorcet, le futur théoricien de la république, n'avait-il pas dit, en remerciant ses électeurs, qu'il maintiendrait la Constitution, « sous laquelle un homme libre peut se trouver heureux de vivre (3) ».

Cet esprit monarchique que nous constatons au sein de l'Assemblée, chez ceux mêmes qui seront un jour de farouches partisans de la République, est encore le reflet de la France tout entière. Presque personne alors ne se dit républicain. En dehors de Paris, nous ne voyons se manifester que peu de tendances antimonarchiques et les Jacobins, malgré leurs efforts, ne parviennent pas à chasser une pensée que tant de siècles ont scellée dans l'âme française et les Annales patriotiques du 9 janvier 1792 posent en fait que, « malgré les progrès de l'esprit public, le gros de la nation n'est point encore assez moralisé. assez régénéré, assez éclairé pour soutenir de sitôt l'attitude d'une république en France » (4).

(1) *Revue de la Révolution française*, tome XXX. p. 84.
(2) —
(3) *Révolutions de Paris*, tome IX, p. 547.
(4) AULARD. *Hist. pol.*, p. 547.

Puisque l'opinion publique était encore tournée vers la royauté, il peut paraître étrange que l'Assemblée, se trouvant ainsi d'accord avec la majorité des Français, n'ait pu arrêter la marche de la Révolution. M. Aulard accuse nettement le mauvais vouloir de Louis XVI. « C'est le roi, dit-il, qui se refusa, encore une fois, à faire loyalement cet essai (du régime censitaire et bourgeois), et c'est encore la question religieuse qui l'empêcha de jouer le grand rôle que lui offraient les circonstances » (1).

Que Louis XVI ait refusé de signer les décrets anti-religieux, les faits nous le prouvent ; mais ce ne fut pas là une faute, et l'on ne peut accuser le roi d'avoir opposé son véto à ces décrets. Céder, eût été, au contraire, une faute envers lui-même ; c'eût été aussi un acte antinational ; car, de même que le peuple gardait encore vivante la pensée de la monarchie, de même le sentiment religieux s'était conservé en lui et, dans son esprit, religion et monarchie étaient deux termes corrélatifs.

Mais, que Louis XVI se soit refusé, ainsi que le prétend M. Aulard, à faire l'essai loyal du régime censitaire et bourgeois, c'est ce que nous ne saurions admettre. Les faits nous prouvent le contraire. Le roi mit tous ses efforts à adopter le nouveau régime et à appliquer la Constitution ; s'il ne put réussir dans ses projets, c'est que le manque de soutien tant de la part de l'Assemblée que de celle de son entourage, fit de ce prince plein de bonne volonté mais plein de faiblesse aussi et d'indécision un monarque impuissant à enrayer le mouvement révolutionnaire. Pour être

---

(1) AULARD. *Hist. pol.* p. 177.

fort, Louis XVI devait se former une majorité et s'appuyer soit sur les Jacobins soit sur les Feuillants. Ceux-ci, partisans de la Constitution, étaient tout disposés à soutenir le roi dans sa politique, mais la Cour, Cour d'ancien régime, hostile au nouveau, se refusa à soutenir les Feuillants ; tous ses efforts eurent même pour but d'en détacher le roi. Ainsi abandonnés de la Cour et du roi, les Feuillants ne tardèrent pas à perdre du terrain, et si, vers la fin de 1791, nous considérons la position des divers partis à l'Assemblée législative, nous voyons les Jacobins y former la majorité.

Le roi, du reste, n'avait au fond que peu de sympathie pour cette Assemblée qui, composée d'hommes hésitants, indécis, sans force devant le moindre danger et perdant vite la tête sous la pression des événements, avait pris dès le début une attitude provocatrice envers lui et cherchait à faire retomber les conséquences de ses propres actes, sur la tête du prince. Ne voulait-elle pas encore rendre Louis XVI responsable de l'attitude menaçante des autres nations, et cependant cette « guerre des rois contre les peuples », les chefs de la Révolution française n'en étaient-ils pas les premiers instigateurs, désireux qu'ils étaient que cette Révolution ne fût pas seulement française, mais que la répercussion s'en fît ressentir dans toute l'Europe. Cependant, cette idée, répandue par la horde jacobine, que le roi avait provoqué l'intervention étrangère indisposait peu à peu la masse populaire contre Louis XVI. Les mauvais débuts de la guerre, nos premiers revers émurent aussi l'Assemblée législative qui, ne sachant quel parti prendre comme à chaque fois que la moindre difficulté se dressait devant elle, vota les fameux décrets des 27, 29 mai et 7 juin.

Le refus du roi de sanctionner les décrets ordonnant la déportation des prêtres insermentés et la formation sous Paris d'un camp de 20.000 hommes causa la journée du 20 juin.

Cette émeute, due à la vile populace parisienne aux ordres des Jacobins, fit sur Louis XVI une profonde et pénible impression. L'Assemblée venait de témoigner sa faiblesse et de montrer combien le roi pouvait peu compter sur elle. Grandi par le malheur, prisonnier et insulté, Louis XVI reconquiert pour un moment tout son prestige. Devant les nombreuses pétitions désavouant cette journée, devant les adresses émanées de l'armée, l'Assemblée s'affole ; elle vote, dès lors, toutes les mesures propres à amener la chute du trône : le 2 juillet, décret autorisant les fédérés à venir à Paris ; déclaration de la patrie en danger ; ordre à chaque citoyen d'aller déclarer à sa municipalité ses armes et ses munitions, qui furent réquisitionnées ; ordre à chaque citoyen de porter la cocarde tricolore. Toutes ces mesures, à l'exécution desquelles la faiblesse du pouvoir royal ne sut pas mettre obstacle, préparaient la chute du trône. Le 10 août, la monarchie avait vécu, et l'Assemblée législative venait de se discréditer définitivement, non seulement auprès des aristocrates, mais encore auprès de ceux même qui avaient organisé l'émeute. Cette Assemblée nationale, première application de la Constitution de 1791, sortait de ce conflit entre l'ancien régime et la Révolution, discréditée aux yeux de l'Europe, haïe des aristocrates qu'elle avait trahis quand elle croyait la Révolution devoir triompher ; également haïe du peuple qu'elle avait trahi quand elle croyait voir l'opinion publique revenir à la monarchie.

§ II. — *Atteintes portées par l'Assemblée législative à la Constitution de 1791.*

L'Assemblée législative, qui venait, par sa faiblesse, de concourir au renversement de la monarchie, détruisait, par ce fait même, l'œuvre de la Constituante et le régime censitaire se trouvait implicitement abrogé par la journée du 10 août.

Le jour même de l'émeute, la question fut agitée de savoir à qui le pouvoir exécutif serait confié, et sur la proposition d'Isnard, l'Assemblée vota le décret suivant : « L'Assemblée nationale, considérant que, dans les circonstances présentes, il importe à la sûreté générale de remettre le pouvoir exécutif entre les mains des citoyens qui ont déjà bien mérité de la patrie et qui jouissent de la confiance publique, décrète, conformément au décret qu'elle a rendu ce matin, qu'elle confie provisoirement le ministère de l'intérieur à M. Roland, le ministère de la guerre à M. Servant, et le ministère des contributions publiques à M. Clavière » (1).

Le 15 août 1792, un nouveau décret organisa ce Conseil exécutif (2) et, le 7 septembre, il fut autorisé à prendre toute suspension ou destitution qu'il jugera nécessaire au bien des armées (3).

Ce Conseil exécutif, dont le caractère révolutionnaire nous apparaît très nettement, puisqu'il fut confié au chef de l'émeute, fut presque toujours soumis à l'influence de Danton, dans la demeure duquel se tenaient du reste les réunions. « Il fallait dans le ministère, dit

---

(1) *Arch. parl.*, tome XLVII, p. 654.
(2) *Arch. parl.*, tome XLVIII, p. 165 et suiv.
(3) — — tome XLIX, p. 428.

Condorcet, un homme qui eût la confiance de ce même peuple dont les agitations venaient de renverser le trône » (1).

En choisissant Danton, l'on avait bien nommé un homme capable de plaire à la populace. Ce révolutionnaire plein de vices, d'une laideur terrible et impressionnante, d'une énergie toujours accompagnée de colère, quoique non complètement dépourvue d'une certaine sensibilité, avait à la tribune l'éloquence qui plaît aux masses. D'une voix tonnante, fixant sur son auditoire ses petits yeux étincelants sous son large front, déclamant pendant des heures des discours enflammés où les images les plus sublimes étaient accompagnées des jurons les plus monstrueux, s'indignant contre la monarchie, invoquant les souvenirs des cités antiques, criant et gesticulant, il avait cette audace qu'il réclama un jour. Réceptacle de toutes les passions, ce tribun sans scrupules sut communiquer aux foules la fièvre révolutionnaire qui l'agitait sans cesse et les dominer par cette voix terrible qui semblait un tocsin d'émeute.

Tel était l'homme qui devait être l'âme du Conseil exécutif nommé par la Convention nationale. Ce Conseil, qui devait jouer un grand rôle tant au point de vue des affaires intérieures que de la politique extérieure, demeura en fonction du 13 août 1791 au 19 avril 1794 (30 germinal an II) ; à cette époque, les fonctions du Conseil exécutif provisoire furent confiées à douze commissions exécutives.

Que le roi fût suspendu et que le Conseil exécutif provisoire ait hérité de ses fonctions, cela ne suffisait

(1) Œuvres de Condorcet ; édition Arago, tome I, p. 602.

point à la Commune révolutionnaire dont le but était de faire disparaître toute trace du régime établi en 1791 par une Assemblée royaliste. Il restait cependant de la Constituante, la partie fondamentale, la Constitution de 1791 qui établissait à côté du roi, chef du pouvoir exécutif, le régime censitaire et bourgeois pour l'élection du pouvoir législatif. Les préférences secrètes de l'Assemblée législative allaient à ce système dontelle était née ; mais, de même qu'elle céda à la Commune au sujet du pouvoir royal, de même elle céda encore à ses dernières prétentions.

Le 10 août, après avoir déclaré que « le peuple français est appelé à former une Convention nationale, elle vota le décret suivant : « L'Assemblée nationale voulant, au moment où elle vient de jurer solennellement la liberté et l'égalité, consacrer dans ce jour l'application d'un principe aussi sacré pour le peuple, décrète qu'il y a urgence. »

« L'Assemblée nationale, après avoir décrété l'urgence, décrète qu'à l'avenir, et spécialement pour la formation de la Convention nationale prochaine, tout citoyen français âgé de 25 ans, domicilié depuis un an, et vivant du produit de son travail, sera admis à voter dans les Assemblées primaires comme tout autre citoyen actif et sans nulle distinction » (1).

Le lendemain, l'Assemblée législative fit plus encore. Elle n'avait rien dit au sujet de la distinction des citoyens en actifs et en passifs, et des conditions de cens imposées par la Constitution de 1791 pour l'éligibilité.

Le 11 août, la distinction entre les citoyens actifs et

---

(1) *Arch. parl.*, tome XLVII, p. 654.

passifs fut supprimée. De même, aucune condition de cens ne devait être exigée désormais pour l'éligibilité. Une seule condition fut requise : celle d'avoir 21 ans au moins pour être électeur, et 25 ans pour être éligible. Toutefois, les gens en état de domesticité étaient exclus des Assemblées politiques, et cette restriction fut maintenue par un décret du 21 août excluant des Assemblées politiques « les citoyens attachés au service des personnes. »

Le 5 août. l'Assemblée avait déjà élargi le droit de suffrage en accordant le titre de citoyen actif « à tout Français qui avait fait la guerre de la liberté, soit dans les volontaires nationaux, soit dans les troupes de ligne, considérant qu'il est de la justice comme de l'intérêt de l'Etat d'environner la profession de celui qui expose ses jours pour le maintien de la liberté de son pays, de tous les avantages que peut promettre la reconnaissance du peuple français ; considérant que, dans le système de l'égalité politique, la plénitude des droits civiques est le plus précieux des biens, et voulant enfin que le patriotisme, que l'indigence honnête et l'habitude des vertus sociales trouvent leur prix à chaque pas d'une carrière utile......... ». Ce décret, qui montre bien l'esprit du temps, datait de quelques jours avant le 10 août et faisait déjà prévoir avec quelle facilité on obtiendrait de l'Assemblée législative la modification de l'œuvre électorale de la Constituante.

Cependant, la Législative avait-elle bien le droit de modifier de sa propre autorité la Constitution de 1791 ? Non, sans aucun doute. Cette Constitution disait en effet : « Les représentants de la nation prêteront individuellement le serment de maintenir de tout leur pouvoir la Constitution du Royaume, décrétée par l'Assemblée Nationale Constituante, aux années 1789,

1790 et 1791, de ne rien proposer ni consentir, dans le cours de la législature, qui puisse y porter atteinte, et d'être en tout fidèles à la Nation, à la Loi et au Roi » (1).

L'Assemblée reconnaît elle-même qu'elle n'a pas le droit « de soumettre à des règles impératives l'exercice de la souveraineté dans la formation d'une Convention nationale ». Mais, devant la Commune menaçante, elle cherche à tourner la difficulté en « invitant » les citoyens à se soumettre aux règles qu'elle fait au nom de la liberté et de la patrie. Peut-être cette tactique fit-elle alors illusion, mais en considérant les circonstances qui précédèrent ou accompagnèrent cette décision de l'Assemblée législative, en en considérant aussi les résultats, nous sommes forcés de reconnaître que cette simple invitation fut en fait un véritable décret. L'importance de ce décret du 10 août 1792 est considérable. Désormais, sauf l'exclusion des domestiques des Assemblées politiques, tout Français âgé de 21 ans, domicilié depuis un an et vivant du produit de son travail a le droit de vote et il suffit d'ajouter une seule condition pour pouvoir être éligible, celle d'avoir 25 ans. En quelques minutes, l'Assemblée législative vient de détruire la partie fondamentale du système électoral de la Constituante. Du régime censitaire et bourgeois, il ne reste plus trace et c'est bien un décret établissant le suffrage universel que celui qui fut voté le 10 août 1792.

---

(1) Constit. du 3 sept. 1791, titre III, chap. 1, section V, art. 6.

§ III. — *Elections de 1792 à la Convention nationale.*

C'est sous cette législation électorale qu'eurent lieu les élections de 1792 à la Convention. Les démocrates qui, de parti pris, n'appréciaient jamais les réformes faites par la Législative, désiraient, il est vrai, un remaniement plus radical encore de la Constitution de 1791, et demandaient, conformément aux doctrines de Rousseau, l'établissement du suffrage universel direct. C'est ainsi que Lacroix déclarait le suffrage à deux degrés : « immoral, destructif de la souveraineté du peuple, favorable aux intrigues et aux cabales »(1).

Toutes ses préférences allaient au suffrage direct : « Ne serait-il pas, disait-il, beaucoup plus simple et plus conforme aux droits du peuple que les citoyens nommassent directement leurs représentants, sans être obligés d'exprimer leur volonté par l'organe des corps électoraux qui l'ont dénaturé jusqu'à présent? » (2).

Cette opinion, Lacroix n'était pas seul à l'émettre. Les démocrates marquants, les chefs de la Montagne préconisaient aussi ce système, et nous voyons Marat et Robespierre, aristocrates et royalistes d'hier, manifester les mêmes tendances et réclamer pour les élections de demain le système électoral qu'ils avaient jadis repoussé.

Toutefois, l'Assemblée législative ne crut pas devoir céder à ces prétentions, et la population parisienne, à plus forte raison les habitants de la province, furent d'accord avec elle pour maintenir le système d'élec-

----

(1) LACROIX. *Moyens présentés à la section de Marseille... pour établir irrévocablement le règne de la liberté et de l'égalité,* p. 3.

(2) LACROIX. *Moyens présentés à la section de Marseille... pour établir irrévocablement le règne de la liberté et de l'égalité,* p. 4.

tions à deux degrés. Robespierre cependant ne s'avoua pas vaincu, et, le 27 août, il fit adopter par la section des Piques (Place Vendôme), une déclaration ainsi conçue :

« 1° En principe, tous les mandataires du peuple doivent être nommés immédiatement par le peuple, c'est-à-dire par les Assemblées primaires ; ce n'est qu'à cause de la nécessité des circonstances que la méthode de nommer les députés à la Convention nationale par l'intermédiaire des Assemblées électorales est adoptée.

« 2° Pour prévenir autant que possible les inconvénients attachés à ce système, les électeurs voteront à haute voix et en présence du public.

« 3° Afin de rendre cette dernière précaution efficace, ils se rassembleront dans la salle des Jacobins, et les députés nommés par les électeurs seront soumis à la révision et à l'examen des sections en Assemblées primaires, de manière que la majorité puisse rejeter ceux qui seraient indignes de la confiance du peuple (1) ».

Cette délibération, qui eut l'approbation de la Commune de Paris, puisque celle-ci la transforma en arrêté municipal, n'indique-t-elle pas nettement l'intention formelle des Jacobins de diriger les opérations électorales ? Sans aucun doute et Robespierre jugeant impossible, dans l'état actuel des choses, l'abolition du vote à deux degrés, voulant, d'autre part, diriger à son gré la marche des élections, élabora le programme suivant qui fut arrêté secrètement par les Jacobins dans la matinée du 27 août :

« 1° On n'insistera plus sur l'abolition du corps électoral, c'est-à-dire du vote à deux degrés.

---

(1) Mortimer-Ternaux. *Histoire de la Terreur*, tome IV, p. 34.

« 3° On installera les 7 à 800 électeurs du deuxième degré dans une salle dont les abords sont depuis long-temps surveillés et gardés par des affidés aux gages des dictateurs de l'Hôtel de Ville, dont les tribunes sont garnies de spectateurs dévoués, dont l'atmos-phère est imprégnée de la démagogie la plus pure, en un mot dans la salle du Club des Jacobins.

« 4° On réservera aux sections, après qu'elles auront remis légalement leurs pouvoirs à des électeurs de leur choix, le droit d'exclure de la députation pari-sienne les élus qui ne conviendraient pas.

5° Enfin, on organisera un système général de ter-reur s'étendant sur tout Paris, au moyen de visites domiciliaires, d'arrestations, de meurtre s'il le faut, pour que les élections, au premier comme au deuxième degré, soient faites sous l'inspiration unique et sous la dépendance absolue de la commune insurrection-nelle ».

Triste présage pour la première nation du monde que cette déclaration jacobine, érigeant l'ostracisme en loi au nom de la liberté ; donnant à un parti, « le droit d'exclure de la députation parisienne les élus qui ne lui conviendraient pas », au nom de l'égalité ; préparant enfin un système de terreur sur tout Paris, pour le cas où sa population ne se soumettrait pas docilement aux volontés souveraines d'une municipalité qui ne tient que de la force le droit de gouverner. Ce programme, qui s'accomplira tout entier jusqu'à la mort de celui qui en fut l'auteur, nous le suivons étape par étape depuis les élections de 1792.

Fixées au 26 août, les élections primaires firent l'objet des discussions populaires et, dès la convoca-tion des corps électoraux, les passions politiques firent naître de toutes parts affiches et pamphlets. C'est

6

ainsi que, dans son journal-affiche « La Sentinelle »,
Louvet met ses lecteurs en garde contre les « intrigants ». « Craignez, disait-il, les nobles, les prêtres,
les hommes enrichis par l'ancien régime ».

Les élections eurent lieu à Paris à la date fixée,
mais parmi les cantons suburbains, il y en eut peu où
les élections commencèrent le 26.

Les Parisiens semblèrent, par le choix qu'ils firent
des électeurs du second degré, répondre à l'affiche de
Louvet. Les démocrates formaient une grosse majorité. Sans doute quelques nobles figuraient parmi les
élus, mais c'étaient pour la plupart des transfuges de
la noblesse, renégats du passé, adorateurs d'un avenir qu'ils ne connaissaient pas, « patriotes » que leurs
vertus civiques avaient signalés à une population ter-
rorisée. Quant aux prêtres appelés à prendre part aux
élections du second degré, leur nombre était insigni-
fiant et c'étaient tous des prêtres constitutionnels, amis
de la Révolution.

Un fait très curieux, c'est que malgré l'abolition de
la distinction des citoyens en actifs et en passifs, cette
distinction se réalisa dans les faits. L'Assemblée législative avait en effet décidé que les Assemblées primaires
nommeraient le même nombre d'électeurs qu'elles
avaient nommé dans les dernières élections (1). Or,
l'année précédente, le nombre des électeurs avait été
proportionnel à celui des citoyens actifs domiciliés
dans la ville ou le canton, ainsi que le voulait la Constitution de 1791 (2). Puisque l'Assemblée législative
avait décrété que les Assemblées primaires nomme-

(1) Décret du 16 août 1792, art. 6.
(2) Const. du 3 sept. 1791, titre III, chap. I, section II. art. 6.

raient le même nombre d'électeurs qu'en 1791, il devait donc en résulter que les élections primaires de 1792 seraient analogues à celles de l'année précédente et, par conséquent, que le nombre des électeurs serait proportionnel à celui des citoyens actifs. C'est, en effet, ce qui eut lieu. En lisant les procès-verbaux des élections, on voit que l'Assemblée électorale de 1792 comprenait 990 électeurs contre 967 en 1791. Les chiffres ne sont sans doute pas absolument identiques, mais en tenant compte du mouvement de la population, on peut en conclure que les élections à la Convention furent, quant à la nomination des électeurs du second degré, analogues à celles de 1791.

Un cinquième seulement des électeurs nommés en 1791 avaient reçu des Assemblées primaires un renouvellement de leur mandat. L'année précédente, presque la moitié des électeurs avaient appartenu déjà à la première Assemblée. En 1792, 195 seulement des électeurs de 1791 furent appelés comme membres de l'Assemblée électorale. C'est donc devant un renouvellement presque complet des Assemblées primaires que nous nous trouvons. Pour la première fois, Robespierre et Marat ont obtenu le mandat de nommer des députés. Pétion, Louvet, Carra sont également électeurs du second degré, et nous voyons ainsi les deux partis, dont la destinée devait être de se dévorer un jour à la Convention, représentés aux Assemblées primaires par leurs chefs les plus sectaires.

Le 2 septembre, les électeurs se réunirent dans la salle de l'Evêché pour procéder aux élections du deuxième degré, mais on fit remarquer que la salle était trop petite et il fut décidé que les réunions auraient lieu désormais au Club des Jacobins. Ainsi se trouvait réalisée, dès le début de la session, une partie du programme adopté sur l'initiative de Robespierre.

Le 5 septembre commencèrent les élections. Chaque chef de parti patronnait ses candidats. Louvet désignait aux électeurs : Billaud-Varennes, Robert, Collot d'Herbois, Tallien, Carra, Danton, Fabre d'Eglantine, Robespierre, Gorsas, Manuel ; il ne s'était point du reste oublié lui-même. Singulière réunion d'hommes politiques pleins d'ambition, d'orgueil et de vanité. Jaloux de quiconque est au-dessus d'eux par sa position sociale ou ses talents ; rhéteurs sans convictions et sans talent, méprisant tout ce qui n'est pas eux, se méprisant les uns les autres, s'attaquant avec passion, ils réuniront leurs griefs dans une haine terrible qui les mènera un jour les uns et les autres à l'échafaud. Presque tous du reste furent élus, au grand émoi de Marat qui s'empressa de critiquer le choix des électeurs : « Carra, fanatique ou endormeur selon le vent » ; « Gorsas, flagorneur aux gages de Necker, puis de Bailly, puis de Motier ; depuis la journée du 10 août il se dit démocrate ».

Mais, si Marat critiquait amèrement les hommes de la « faction brissotine », il portait au contraire aux nues les électeurs de la section de Marseille à laquelle il appartenait, et les plaçant sur le même rang que Chabot, Camille Desmoulins et Robespierre, il les présentait aux électeurs comme candidats et réussit à en faire nommer environ la moitié comme membres de l'Assemblée électorale. Les élections terminées, il fut procédé à leur ratification par les Assemblées primaires. Il y eut peu de discussions et tous les élus restèrent en possession de leur mandat.

« Les électeurs parisiens, dit M. Aulard (1), nom-

---

(1) AULARD. *Hist. pol.*, p. 238.

mèrent presque tous les démocrates marquants, et à
l'exception de Condorcet et de Fauchet, ils nommèrent
aussi tous les républicains marquants, tous ceux qui
avaient présidé au mouvement républicain en juin-
juillet 1791 : Billaud-Varennes, Lavicomterie, Robert,
Saint-Sauveur. Il est remarquable que ces républicains « de la veille », comme nous dirions, obtinrent
chacun plus de voix que Robespierre..... Les résultats
des élections de Paris, furent nettement républicains ».
Il est bien évident que les députés à la Convention,
ceux du moins qui furent nommés par l'Assemblée
électorale de Paris, étaient animés de l'esprit républicain. Leurs électeurs, nous entendons par là ceux
qui prirent part au vote, avaient eu du reste l'intention
de désigner des hommes hostiles au gouvernement
monarchique. La section de Ponceau, par exemple,
avait proposé le 14 septembre que les Conventionnels,
dès leur entrée en fonctions, rendissent un décret
portant « que le seul mode de gouvernement qui
puisse convenir à un peuple libre étant une république
où le peuple jouisse du droit de souveraineté qui lui
appartient incontestablement, tout député qui proposerait une république fédérative ou autre qui tendrait
à favoriser l'aristocratie au préjudice des droits du
peuple, serait déchu *ipso facto* du droit de voter dans
la Convention nouvelle » (1). Cette opinion, empreinte
de républicanisme, ne fut pas du reste la seule manifestation démocratique.

La section de la Fontaine de Grenelle recomman-
dait elle aussi aux députés élus : « de porter à la Convention, avec la haine des rois et de la royauté, un

(1) CHARAVAY, — Tome III, p. LX.

sincère désir de donner au peuple une Constitution
républicaine » (1).

De même les arrêtés du corps électoral de Paris
demandaient : « l'abolition absolue de la royauté et
la peine de mort contre ceux qui proposeraient de la
rétablir ; — la forme d'un gouvernement républicain ».

Il est donc bien certain qu'un souffle démocratique
avait passé sur l'Assemblée électorale de Paris et que
députés et électeurs étaient animés du même esprit
républicain. M. Aulard en conclut que, puisqu'il en
est ainsi, c'est que le peuple a définitivement renoncé
à la monarchie. Nous doutons fort de cette affirmation
que rien ne prouve.

L'Assemblée électorale de Paris, en effet, pas plus que
les Assemblées primaires, ne représentaient la population parisienne. Les élections de 1792 sont l'œuvre
des clubs ; elles ne sont nullement le reflet d'une
pensée librement émanée de la nation. Nous avons déjà
vu comment Robespierre et ses partisans avaient
envisagé la campagne électorale ; leur programme fut
suivi à la lettre et l'ostracisme le plus rigoureux
fonctionna pendant toute la durée des élections. Nous
en trouvons la preuve dans le procès-verbal de la
deuxième séance, où il est dit : « On a proposé l'appel
nominal qui a été adopté, ainsi que la proposition de
faire venir au milieu de la salle les membres appelés
pour répondre à l'interpellation faite par le Président,
s'ils n'ont point assisté à quelque club, ou signé
quelque pétition anticivique ». Or, l'Assemblée avait
proscrit les clubs monarchiques, celui des Feuillants et

(1) CHARAVAY. — Tome III, p. LX.

celui de la Sainte-Chapelle. Un grand nombre d'électeurs se trouvaient ainsi privés du droit de vote, tous ceux
coupables devant l'Assemblée d'avoir fait partie d'un
club proscrit par elle ou signé une pétition anticivique,
celle des Huit-Mille, par exemple, ou celle des Vingt-
Mille. De parti pris, dans le but d'éliminer quiconque
pût faire obstacle à leur politique, les Jacobins écartèrent du scrutin toute une partie de la population, la
plus éclairée et la plus sensée, et ces hommes, qui
prétendaient n'agir qu'au nom de l'égalité et de la
liberté, établirent, au nom de la liberté et de l'égalité,
l'ostracisme le plus absolu.

Cela ne leur suffisait pas. Parmi les électeurs offi-
ciellement reconnus par les clubs patriotes, peut-être
y en avait-il qui fussent encore imprégnés du principe
monarchique ou que la marche trop rapide de la
Révolution effrayât au point de les rendre presque
hostiles au mouvement démocratique. Pour être sûr
du résultat des élections, il fallait donc établir ce système de terreur que Robespierre avait inscrit au programme jacobin. Le vote à haute voix, réclamé par la
Montagne et établi en fait, fut un instrument commode
pour diriger les élections et dans la salle des Jacobins,
où les tribunes regorgeaient des rebus de la masse
populaire, les regards de cette vile populace, qui veil-
lait sur les destinées de la France, semblaient dire aux
électeurs que leur vie ou leur mort dépendait de leurs
votes conformes ou non conformes à l'esprit révolutionnaire de l'assistance. « Il faut faire peur aux
royalistes, avait dit Danton », parole terrible sur les
lèvres du tribun populaire qui devait la réaliser d'une
façon sanglante. Les royalistes ne furent pas les seuls
à être exclus du scrutin. Les gens timides et peu soucieux de hasarder leur vie s'éloignèrent d'eux-mêmes,

trouvant qu'il était préférable de s'abstenir d'un vote qu'on leur imposait. « Le corps électoral de Paris, dit Madame Roland (1), avait été évidemment soumis à Robespierre et à Danton ; ses nominations étaient leur ouvrage ; on sait comment Robespierre pérora contre Priestley et pour Marat ; on sait qu'il produisit son frère ; on vit Danton s'échapper des fonctions du ministère pour y exercer son empire, et l'on n'a point oublié que ce sont ces meneurs du corps qui lui ont fait élire d'Orléans..... On vit dans la députation de Paris les membres de ce fameux Comité de surveillance de la Commune qui avaient dirigé les massacres de septembre, qui avaient exhorté les départements à les imiter, dans une circulaire bien connue que Danton faisait expédier sous son couvert ».

Louvet lui-même, qui avait réclamé lui aussi le vote à haute voix, s'écrie, dans son discours du 29 octobre, après s'être plaint des menaces proférées contre lui par ceux qu'il nomme « les gardes du corps de Robespierre » : « Ainsi l'on était libre dans cette Assemblée où, sous les poignards, l'on votait à haute voix ! » Et dans son pamphlet à « Robespierre et à ses royalistes » il écrit (2) : « Je t'ai accusé de l'avoir tyrannisée (l'Assemblée), par l'intrigue et par l'effroi ; par l'intrigue : les tiens y apportèrent tous les moyens de cette vile tactique qui opprimait depuis si longtemps nos Jacobins ; par l'effroi : le premier député ne fut élu que le 3 ou le 4 septembre, c'est-à-dire sous l'auspice de nos massacres déjà commencés. »

Robespierre nous apparaît donc comme ayant été

---

(1) Observations rapides sur l'acte d'accusation faite par Amar contre les députés.

(2) CHARAVAY. — Tome III, p. LXIV.

l'âme des élections de 1792. Cet homme, qui devait
répandre la terreur en France et qui, pour cacher ses
vices aux yeux de la masse dont il était l'idole, et étendre son prestige, allait se faire nommer bientôt le
« pur », « l'incorruptible », s'efforça de se poser lui-
même en victime et de faire croire à un héroïsme
qu'il n'eut jamais. Au moment où le nom de Robespierre se fit entendre dans la salle de l'Assemblée
électorale, celui-ci s'écria en allant au scrutin : « Je
braverai tranquillement le fer des ennemis du bien
public et j'emporterai au tombeau la satisfaction d'avoir
bien servi la patrie et l'assurance que la France conser-
vera sa liberté.» Effroyables paroles d'un homme qui,
au lendemain du deux septembre, vient parler de poignards imaginaires dirigés contre lui, alors que des
flots de sang viennent d'être répandus par son ordre
et que, dans cette même salle où il pérore, de malheureux citoyens n'osent voter selon leur pensée et prononcer un nom qui pourrait peut-être leur coûter la
vie.

Au moment même de l'émeute s'ouvraient les premières séances de l'Assemblée électorale. Il n'est donc
pas étonnant que, réunis au club des Jacobins, sous
l'œil menaçant des apologistes du meurtre, terrorisés
par l'œuvre de mort dont ils venaient d'être les
témoins, les électeurs, craignant pour leur sécurité,
aient émis des votes conformes aux vues de Robespierre et de ses partisans. Du reste, si nous consultons
les personnages de l'époque, nous voyons que Pétion,
Louvet, Madame Roland sont unanimes à reconnaître
l'influence certaine et néfaste des journées de septembre sur les opérations électorales de 1792.

Des élections accomplies à la fois sous la pression
des plus ardents démocrates, sous l'action de la terreur,

inspirées par les faits abominables que nous venons de
relater, avec la complicité tacite d'une Assemblée nationale, devaient naturellement porter à la Convention
les hommes les plus violents et les plus dévoués à la
cause républicaine. Tel fut le résultat ; et la présence
des plus farouches révolutionnaires parmi les élus n'est
pas faite pour nous étonner. Quant au suffrage récem-
ment établi par la Législative, qui devait être en principe le suffrage universel, les élections de 1792 n'en
furent que la violation formelle et nous pouvons
conclure que les députés nommés par l'Assemblée
électorale de Paris ne représentaient en rien les tendances et les vues de la population parisienne.

Dans les départements, les élections reflétèrent plus
qu'à Paris l'esprit national. Il n'est pas niable cependant que, parmi les influences qui avaient agi à Paris,
certaines eurent leur répercussion en province. Les
massacres de septembre, par exemple, eurent certainement une action sur les Assemblées électorales de
quelques départements. Tel n'est pas l'avis de M. Aulard
qui prétend que les massacres ne furent pas connus
avant les opérations électorales et que, par conséquent,
ils ne purent avoir aucune influence sur ces opérations. Or, il est certain que l'intention de Marat
était de répandre la terreur sur toute la France. Une
circulaire, rédigée par lui et adoptée par le comité de
surveillance de la Commune, donnait à toutes les communes le conseil de suivre l'exemple de Paris. Cette
adresse, il est vrai, fut blâmée par la Commune, et la
province, plus calme que la capitale, n'observa pas en
général les conseils de Marat. Mais cependant, dans
certaines villes : à Versailles par exemple, le 9 septembre, à Reims, Châlons, Lyon, des massacres eurent
lieu dont les résultats furent certainement d'intimider

les gens calmes et d'influer sur les opérations électorales. De plus, les élections ne furent terminées dans les départements que le 10 septembre et il serait bien extraordinaire qu'à cette époque les événements qui terrorisèrent Paris au 2 septembre fussent ignorés de la province. Il n'est pas douteux enfin que les excès jacobins qui eurent lieu à Paris se reproduisirent dans plusieurs départements. Le programme présenté par Robespierre et admis par son club avait été transmis aux clubs affiliés de la province. Au moment de la vérification des pouvoirs des députés à la Convention, aussitôt après le vote des Assemblées primaires, plusieurs de ces Assemblées ayant demandé le maintien de la Monarchie et de la Constitution de 1791, leurs délégués furent exclus du scrutin et le même ostracisme fut prononcé contre les signataires des pétitions dites « anticiviques ». Dans l'Aisne, l'Ille-et-Vilaine, le Maine-et-Loire, la Haute-Loire et la Somme, il en fut ainsi et dans plusieurs autres départements : la Corrèze, la Drôme, le Gers, et quelques autres, les révolutionnaires parvinrent à faire adopter le vote à haute voix. Mais d'une manière générale, les opérations électorales se firent dans les départements d'une façon plus légale qu'à Paris. L'esprit qui domina dans ces élections fut l'esprit girondin et non l'esprit jacobin. Nous voyons même, dans plusieurs départements, la pensée monarchique encore bien vivace. Dans dix-sept, on voit réapparaître l'esprit traditionaliste, à la fois religieux et royaliste, et une messe du Saint-Esprit y précéda la réunion de l'assemblée électorale.

Si nous considérons séparément à Paris et dans les départements les élections à la Convention, nous voyons que le résultat des premières fut l'envoi à la nouvelle Assemblée de tous les démocrates marquants. Parmi

ceux-ci, c'est le parti jacobin qui l'emporte ; ce sont
les Montagnards avec Robespierre et Marat, qui
forment la majorité. Mais cette majorité se trouve
contrebalancée par les élections dans les départements.
Ici ce sont les représentants du parti girondin et
constitutionnel qui sont les plus nombreux ; les départements ont résisté plus facilement que Paris aux influences extérieures et leurs élus représentent avec plus
d'exactitude la nation française.

D'une manière générale, cependant, à considérer en
bloc la constitution de la Convention, nous pouvons
dire que les membres de cette Assemblée ne représentent pas l'esprit français. Elus par une minorité à
Paris et dans plusieurs départements, ils ne sont que
les représentants de cette minorité et, du reste, l'esprit
monarchique que nous constatons dans les assemblées
électorales non soumises aux influences jacobines nous
permet de supposer que la composition de la Convention nationale eût été tout autre si l'Assemblée législative avait eu le courage et l'intelligence de faire en
sorte qu'il soit procédé aux élections d'une façon régu-
lière et impartiale.

En parcourant la liste des députés à la Convention
nous trouvons, comme nous l'avons vu précédemment,
fort peu des anciens membres des Assemblées précédentes. A part les quelques personnalités girondines
ou jacobines qui faisaient partie de la Législative et
obtinrent en 1792 un nouveau mandat, nous ne rencontrons guère que des individus qui, arrivés inconnus à la Convention, devaient en sortir aussi ignorés.
Nous trouvons surtout des propriétaires, d'anciens
officiers, des hommes de loi, des membres du clergé,
des nobles même qui, terrorisés par les tyrans révolutionnaires, voteront au mieux de leurs intérêts,

contre leur conscience et leurs principes, contre l'ordre
social lui-même, pour sauver leur vie ; hommes pusil-
lanimes, ils n'hésiteront un jour à voter la mort d'un
monarque innocent auquel ils devaient tout.

§ IV. — *Fin de l'Assemblée législative*

Au milieu du mois de septembre 1792, les élections
des députés à la Convention étaient terminées et rati-
fiées. L'Assemblée législative existait encore ; il lui
restait à prononcer sa dissolution. C'est ce qu'elle fit,
le 21 septembre 1792, par une adresse annonçant à la
Convention nationale la cessation de ses fonctions (1).

Le même jour, l'Assemblée reçut une députation lui
annonçant que la Convention nationale était constituée, et l'abbé Grégoire, prenant la parole au nom de
la Convention, s'exprima en ces termes : « Citoyens,
l'Assemblée des représentants du peuple est constituée
en Convention nationale ; elle nous a députés vers
vous pour vous en prévenir et pour vous dire qu'elle
va se rendre ici pour prendre séance (2) ». Le président de l'Assemblée législative répondit ainsi à ces
paroles : « Citoyens, vous devez avoir vu, par les applaudissements universels de l'Assemblée et des citoyens
présents à la séance, le plaisir que cause au peuple
français l'heureuse nouvelle que vous apportez. Je
dois vous informer, de la part de l'Assemblée nationale, qu'elle va, sur-le-champ, finir la lecture de son
procès-verbal et clore sa session (3) ».

L'Assemblée législative avait vécu. Elle quittait le
pouvoir, laissant derrière elle bien peu de regrets et

---

(1) *Arch. parl.*, tomo L, p. 200.
(2) *Arch. parl.*, tome L, p. 200.
(3) Tome L, p. 201.

beaucoup de rancunes. Nommée pour sauvegarder l'ordre établi par la Constituante et veiller à la mise en œuvre de la Constitution de 1791, elle ne sut faire ni l'un ni l'autre. Désireuse de précipiter le mouvement plutôt que de le ralentir, irrésolue dans ses tactiques, tremblant devant les menaces jacobines, elle ne semble pas avoir voulu résister au mouvement venant d'en bas ou, du moins, elle n'en eut pas la force ; l'énergie lui a manqué. Sans doute elle paraît en paroles vouloir continuer la politique de l'Assemblée Constituante, mais chacun de ses actes est en contradiction avec ses principes. L'abolition des titres de Sire et de Majesté, les lois contre les émigrés, le décret établissant la Constitution civile du clergé, tous ces actes, qu'elle accomplit à l'encontre de Louis XVI, semblent bien indiquer, dès le début de son mandat, son peu d'ardeur à vouloir maintenir la monarchie, que les jours d'émeute, dont elle se rend complice par son inaction, renverseront au 10 août 1792. Ce premier principe, celui de la royauté, consacré par l'Assemblée Constituante et dont elle était la gardienne, elle ne sut pas le défendre contre les attaques de la populace. Elle ne sut pas davantage protéger le régime électoral établi par la Constitution de 1791 et cette Assemblée bourgeoise, nommée par des hommes qui lui avaient donné mandat de mener une politique conforme à leurs vues, c'est-à-dire une politique conservatrice de la royauté et du régime censitaire, cette Assemblée ne laisse en 1792 que des ruines sanglantes, et un régime électoral qui, sous prétexte de l'égalité, favorisera la plus redoutable des tyrannies, celle de la populace. Le 21 septembre 1792, haïe des Jacobins, méprisée des royalistes et d'un grand nombre de Girondins, l'Assemblée législative, « la plus idiote de nos Assemblées révolu-

tionnaires », comme dit Taine, quitte le pouvoir sans
gloire et sans honneurs, laissant à une nouvelle Assemblée, l'élue d'une minorité de citoyens, le soin de gouverner la nation française.

CHAPITRE IV

La Convention Nationale
Constitution de 1793

Le programme jacobin comportait principalement la destruction du régime monarchique. Les députés à la Convention, élus grâce à la pression jacobine, se trouvaient donc investis de la mission d'établir la République en France. Or, un fait curieux, c'est qu'au début presqu'aucun des députés n'ose s'occuper de la question. A lire les premiers débats de la Convention, on sent une gêne qui règne parmi ses membres. On dirait que ces hommes n'osent pas effacer un mot que tant de siècles de conquêtes et de gloire ont rendu bien français, pour le remplacer par un terme si neuf et si plein d'inconnu. Sans doute, l'Assemblée jure de ne pas se séparer sans avoir donné au peuple français une Constitution fondée sur les bases de la liberté et de l'égalité. Sans doute la Convention proclame « qu'il ne peut y avoir de constitution que celle acceptée par le peuple, que la sûreté des personnes et des propriétés est sous la sauvegarde de la nation ; que toutes les lois sont abrogées, tous les pouvoirs non révoqués ou suspendus sont conservés ; que les contributions actuellement existantes seront perçues comme par le passé. » Mais, ce mot de République que la Commune de Paris réclame, que les Jacobins deman-

dent, que l'Assemblée électorale a elle aussi demandé, les Conventionnels n'osent le prononcer à la
face du monde, tant ils sentent qu'il est contraire à la
tradition et combien cette tradition est encore profondément enracinée dans les cœurs français. Un des
quartiers les moins royalistes de Paris n'avait-il pas,
en effet, envoyé une adresse à la Convention, disant :
« République ou Monarchie, président ou roi, peuple
enfant, que nous importent les mots, pourvu que
nous ayons un gouvernement à l'ombre duquel nous
puissions vivre heureux et libres ! ». Dans cette
séance du 21 septembre, on parle de tout, sauf de la
République. Fr. de Neuchâteau déclare aux nouveaux
élus qu'ils ont plein pouvoir pour former un gouvernement libre. Pétion répond que « la Constitution
n'était rendue sacrée que par la superstition nationale,
que la nation veut assurer son bonheur sur des bases
solides, que la Convention tient dans ses mains le sort
d'un grand peuple et des races futures », etc. « Souve-
nez-vous, s'écrie Danton, que nous avons tout à revoir,
tout à recréer ; que la Déclaration des droits elle-
même n'est pas sans tache, et doit passer à la révision
d'un peuple vraiment libre. » Dans cette première
réunion de l'Assemblée, on parle de peuple libre, des
droits de la nation, de l'avenir d'un grand peuple ;
mais, quant au mot de République, on ne le rencontre
dans aucune bouche et la Convention nationale se
contente de déclarer « qu'il ne peut y avoir de Constitution que celle qui est acceptée par le peuple et que
les personnes et les propriétés sont sous la sauvegarde
de la nation. » Ces deux principes : l'appel au peuple,
la propriété individuelle, que la Convention devait
violer si peu de temps après, elle venait de les consacrer solennellement. Mais, quant à la forme du gou-

7

vernement, la séance allait finir sans qu'il en soit question, lorsque Collot d'Herbois s'écrie que l'Assemblée ne peut, sans être infidèle au vœu de la nation, différer un seul instant la proclamation de l'abolition de la royauté en France. « Comment laissa-t-on cette gloire à un histrion ? » dit M. Aulard avec amertume. Car, en effet, c'est bien à un comédien, à un comédien de bas étage qu'il appartint de renverser dix siècles d'histoire dans une suprême comédie.

La proposition de Collot d'Herbois trouvait quelque résistance, quand l'évêque constitutionnel de Blois, Grégoire, s'élançant à la tribune, s'écria : « Ce n'est pas la royauté, c'est Louis XVI qu'il faut punir. Toutes les dynasties n'ont jamais été que des races dévorantes qui ne vivent que de chair humaine. Les rois sont dans l'ordre moral ce que les monstres sont dans l'ordre physique. » La Convention, déterminée par des raisons aussi convaincantes, décréta aussitôt : « La Convention nationale déclare à l'unanimité que la royauté est abolie en France. »

Ce mot d'unanimité ne doit pas nous faire illusion. Sur 749 députés, en effet, 371 seulement étaient présents. Ils étaient les élus de l'Assemblée électorale de Paris opposée au maintien de la monarchie. Les députés de la province, c'est-à-dire ceux qui auraient pu mettre obstacle au renversement de la royauté, n'étaient pas encore arrivés à Paris.

Si la Convention avait aboli la Monarchie, elle n'avait pas prononcé le mot de République, et ce fut d'une manière indirecte que la question de l'établissement de la République fut posée par Billaud-Varennes, qui proposa, le 22 septembre, de dater les actes publics de l'an I de la République française. M. Aulard constate ce fait avec mélancolie : « Il semble, dit-il, que la République française ait été introduite furtivement dans l'histoire. Et c'est bien, en effet, l'impression qui ressort de sa proclamation.

§ II.— *Constitution girondine et Constitution montagnarde*

La Convention venait, en une journée, de faire table rase du passé. Il lui restait à préparer l'avenir, œuvre délicate, car il est toujours difficile de donner à un pays un gouvernement fondé sur des bases nouvelles qui soient solides, surtout quand celui qui vient d'être renversé date de dix siècles.

La Convention devait s'occuper tout d'abord de donner à la France une Constitution. Dans sa séance, du 29 septembre 1792, elle décida dans ce but la création d'un comité de Constitution. Cette création du comité de Constitution marque une des premières phases de la lutte sourde au début, puis violente et sanguinaire à la fin, entre la Montagne et la Gironde. Dès les premières séances de la Convention, un dissentiment profond se dessina entre les deux partis. Le grand reproche que les Montagnards adressassent aux Girondins était celui d'être fédéralistes. Ceux-ci accusaient leurs adversaires de préparer pour la France un triumvirat ; ils ne voulaient pas de ce triumvirat qui eût certainement fini par absorber tous les pouvoirs et gouverner la France tyranniquement. Robespierre, Danton et Marat étaient toujours présents à leur esprit ; ils en savaient les ambitions et craignaient par-dessus tout un gouvernement qui aurait eu pour tête cette terrible trinité.

Quant aux reproches des Montagnards à l'égard des Girondins, ils n'étaient pas justifiés.

Ceux-ci ne furent jamais fédéralistes. Mais, ils

voyaient Paris absorber peu à peu toute la vie nationale, hydre monstrueuse allongeant sur toute la France
ses membranes jacobines. Paris seul semblait exister.
Les Girondins demandèrent alors que la capitale de
la France n'eût pas une influence plus considérable
que celle des autres départements. La France divisée
en quatre-vingt-trois départements, tous égaux en influence, voilà leurs désirs et le sujet de leurs réclamations. Les Montagnards n'ignoraient pas le but
véritable des Girondins, mais, cette accusation de fédéralisme qu'ils savaient fausse, ils n'hésitèrent pas à la
formuler, sachant tout le parti qu'ils pouvaient en
tirer contre leurs adversaires. Ceux-ci, bien qu'ils
eussent le nombre pour eux, succomberont un jour
sous leurs coups, faute d'avoir su combattre.

La Gironde parut cependant, au début, devoir l'emporter sur les autres partis. Se posant en défenseur
de la liberté, en protectrice des faibles, en soutien de
la justice, elle désavoua, par l'organe d'orateurs de
grand talent, les massacres de septembre et les usurpations de la Commune. Une majorité énorme qui se
rangea de son côté parut écraser la faction montagnarde. Mais ces hommes brillants se jalousaient entre
eux ; divisés par des questions d'intérêt personnel, ils
perdront peu à peu l'influence qu'ils avaient acquise
dès leur entrée à l'Assemblée. Ils semblaient aussi
avoir hérité de l'indécision de la Législative. A une
époque où, pour conserver le pouvoir, il fallait avoir
l'énergie qui sait vaincre, ils reculaient devant les
moyens extrêmes.

Rendant un jour un décret, ils le retiraient le lendemain, se contredisant ainsi à quelques heures d'intervalle ; ils n'étaient pas faits pour diriger un mouvement révolutionnaire.

Tout autre était le parti opposé. La Montagne ne comprenait qu'un très petit nombre d'individus, cinquante membres environ. Mais, ceux-ci avaient sur les Girondins une supériorité incontestable, celle de l'union, de la solidarité, et de celle-ci la plus effrayante, la solidarité dans le crime. Hommes sans vertus et sans talents ; orateurs creux mais passionnés, ils avaient tout ce qu'il fallait pour plaire au peuple ; ils avaient aussi la violence qui vainc et la témérité qui permet de vaincre. Ne pouvant être les maîtres dans un pouvoir régulier, ils chercheront à pêcher en eau trouble et sauront maintenir en France un état d'anarchie favorable à leurs vues.

Entre les deux partis extrêmes, siégeaient les députés des départements. Arrivés de la province sans opinions bien fermes : royalistes constitutionnels pour une grande partie d'entre eux, comptant aussi beaucoup de Girondins et fort peu de Montagnards, ils ne firent qu'osciller entre la Montagne et la Gironde. Dans les premiers jours de la Convention, leurs sympathies les porta vers la Gironde, qui venait de réprouver énergiquement par la parole les journées de septembre. Mais, lorsqu'ils virent impunis les auteurs des massacres, quand ils s'aperçurent que si les députés girondins parlaient fort bien, ils n'agissaient pas du tout, ils eurent peur de la pusillanimité de ce parti et s'en séparèrent pour se rapprocher peu à peu de la Montagne.

a) Constitution Girondine. — Les premières hostilités entre les deux partis extrêmes se manifestèrent, au moment de la création du comité de Constitution, le 11 octobre 1792. Neuf membres firent partie de ce comité : Siéyès, Thomas Paine, Brissot, Pétion, Vergniaud, Gensonné, Barère, Danton, Condorcet, et six suppléants : Barbaroux, Hérault de Séchelles, Lanthenas, Jean de Bry, Fauchet, Lavicomterie. Nous reconnaissons, dans la composition de ce comité, les chefs principaux du parti rolandiste et la Gironde triomphait. Les Jacobins, que cette victoire avait profondément humiliés, se réunirent, le 14 octobre, à leur Club et l'un d'entre eux proposa d'envoyer une adresse au comité de Constitution. Chabot s'écria alors : « Je demande la question préalable sur le renvoi. Je sais que dans le comité de Constitution se trouvent Danton, Barère et Condorcet ; mais l'adresse dont il s'agit sera aussi bien dans les mains de nos trois amis que si on la mettait à la disposition du Comité tout entier ; car, enfin, les nôtres ne sont encore que trois contre six ». L'ex-capucin constatait ainsi avec amertume l'échec de son parti, manifestant aussi l'espoir d'une fortune meilleure. Cet « encore », dans ces paroles : « les nôtres ne sont encore que trois contre six », ne semble-t-il pas indiquer une confiance tellement grande que c'en est presque une certitude pour l'avenir ? Pour le présent, le principal était de faire échec au comité de Constitution. Aussi les Jacobins, pour contrebalancer l'influence de la Gironde, s'empressèrent de décréter, sur la proposition de Danton, la formation d'un « comité auxiliaire de Constitution », composé de Montagnards : Collot d'Herbois, Billaud-Varennes, Robespierre, Danton, Chabot et Couthon. Quelques jours plus tard, quatre de ces membres se retirèrent du comité et furent remplacés par Jeanbon Saint-André, Bentabole, Thiriot, Robespierre, Robert, Billaud-Varennes, Saint-Just et Anthoine.

Il est à remarquer, du reste, que le comité auxiliaire,

pas plus que le comité de Constitution, ne se pressaient pour élaborer l'œuvre dont ils étaient chargés. La Convention semblait reculer devant cette Constitution, et l'esprit public, toujours terrorisé, paraissait ne plus se préoccuper des affaires publiques. Les Girondins auraient désiré revenir à l'œuvre de la Constituante et nous retrouvons la même idée chez certains Montagnards. Robespierre lui-même déclarait qu'on « pouvait très bien vivre avec la Constitution légèrement modifiée » (1).

Cependant, une Constitution nouvelle avait été promise et le comité se mit à l'œuvre. L'on aurait pu croire alors à une intervention du comité jacobin, mais il resta totalement inactif, attendant sans doute, pour se prononcer, la présentation du projet de Constitution. Chargé de l'élaboration de ce projet, Condorcet n'en donna lecture qu'à la séance du 15 février 1793. Plus de trois mois s'étaient écoulés depuis le jour où Condorcet avait reçu mission de préparer un projet de Constitution et celui où il en donna lecture à l'Assemblée. Ce retard, qui pourrait faire croire à une grande négligence de la part du comité de Constitution, ne nous étonnera pas si nous jetons un regard sur les événements graves qui se déroulaient alors. Condorcet ne mit pas, en effet, trois mois à préparer son travail, mais, la fin de l'année 1792 et le début de 1793 donnèrent à la Convention des occupations plus importantes que le vote de la Constitution.

Le procès de Louis XVI, posé le 16 octobre 1792, décidé le 13 novembre, commencé le 11 décembre pour ne s'achever que le 21 janvier 1793, absorba presque toute l'activité de l'Assemblée nationale.

---

(1) ROBESPIERRE. *Lettres à mes commettants*, n° 1.

Ce procès fixa l'attention de la Convention jusqu'à
la fin de janvier et l'empêcha de s'occuper du projet
de Constitution, dont elle avait chargé Condorcet d'être
le rapporteur. Les événements militaires apportèrent
eux aussi une diversion. Après la mort de Louis XVI,
les rois, craignant pour eux-mêmes, s'unirent contre
la France. Lord Liverpool crut que la Convention
visait à la « République universelle » et l'Angleterre
rompit toutes relations avec nous. La guerre fut déclarée le 1er février 1793 et l'Assemblée dut porter son
attention vers la politique extérieure. Cependant, dans
la séance du 15 février, Gensonné commença la
lecture du plan de Constitution.

Condorcet analyse lui-même le projet dont il fut
l'auteur dans une notice contenue dans la Chronique de
Paris (1) :

« Ce qui paraît distinguer surtout la Constitution
proposée à la Convention, écrit-il, c'est une attention
scrupuleuse à conserver les droits de l'égalité naturelle, à donner à l'exercice immédiat de la souveraineté du peuple la plus grande étendue possible. Ainsi,
tous les habitants du territoire sont admis au titre de
citoyen français ; ni les professions qui entraînent
une dépendance personnelle, ni la pauvreté ne sont
plus des motifs d'exclusion. Tous les citoyens âgés de
25 ans sont éligibles à toutes les places conférées par
le choix des citoyens.

Les professions diverses séparent les hommes en
différentes classes, leur volonté les distribue inégale-
ment sur la surface du territoire : il faut donc qu'il
ne résulte de la loi aucun avantage d'une profession

---

(1) Nos 48 et 49.

sur une autre, aucune inégalité d'influence entre les portions différentes du même territoire.

Les pouvoirs nationaux ne doivent être soumis ni à l'influence d'une société ni à celle d'une ville, mais dépendre du peuple seul et du peuple tout entier.

La Constitution d'Angleterre est faite pour les riches, celle d'Amérique pour les citoyens aisés, la Constitution française devrait l'être pour tous les hommes.

La différence des temps, des circonstances, surtout le progrès des lumières, ont dû amener cette progression.

Dans tous les pays libres, on a craint, et avec raison, l'influence de la populace ; mais donnez à tous les hommes les mêmes droits, et il n'y a plus de populace.

La Constitution nouvelle est représentative quant à la législation, à l'administration : elle est démocratique pour les lois constitutionnelles et pour la censure des lois oppressives ou injustes émanées de ses représentants.

Elle est représentative pour tout ce qui ne peut être ni bien fait, ni fait à temps que par une Assemblée: pour ce qui, sans aucun danger pour la liberté, peut être confié à des représentants ; elle est immédiatement démocratique pour ce qui peut être fait à la fois par des Assemblées séparées, pour ce qui ne peut être délégué sans exposer les droits du peuple.

Les élections se font immédiatement par les citoyens. On a cherché une méthode qui permît de faire concourir à une même élection un membre quelconque d'Assemblées séparées. Cette méthode n'exigera des citoyens qui donneront leurs suffrages que des opérations très promptes, très simples et très faciles ; et le résultat exprimera plus fidèlement le vœu réel de la majorité que celui des méthodes d'élire employées jusqu'ici.

Cette méthode conserve beaucoup plus d'égalité entre les votants. Elle a permis de rendre très courte la durée de toutes les fonctions, et on n'a mis aucune forme à la rééligibilité. C'est à la fois respecter davantage les droits des citoyens et encourager les fonctionnaires à mériter la confiance publique.

Les membres du Corps législatif sont élus par départements, d'après la population seulement, ce qui est encore un hommage au principe de l'égalité.

Les citoyens de tous les départements élisent les membres du conseil national ; on a cherché à donner à ce conseil peu de pouvoir et beaucoup d'activité ; il n'est pas le rival, mais l'agent du corps législatif.

Il choisit parmi les administrateurs de chaque département un commissaire chargé de correspondre avec lui, de lui rendre compte.

Il serait absurde que les agents de l'Administration générale de l'Etat fussent privés de ce moyen d'agir, et de prendre des informations nécessaires.

Mais cette absurdité était la suite d'une autre beaucoup plus grosse, celle d'avoir mis un roi à la tête du gouvernement.

La fréquence des élections, et pour les places du conseil et pour celles des administrations, ôte à cette Assemblée jusqu'à l'apparence du moindre danger ; et il faut avouer que si l'on prenait autant de précautions contre des fonctionnaires fréquemment renouvelés que contre des fonctionnaires permanents, on aurait tous les inconvénients de la mobilité, et aucun de ses avantages.

Des administrations de département, de grandes communes divisées en sections, dans chacune desquelles on place un agent municipal, remplira l'ancienne division en départements, districts et municipalités..... Dans les cas importants où l'on croit utile de rendre public le nom des votants, on a substitué un scrutin signé aux votations à haute voix; par là on en conserve tous les avantages et on évite tous les inconvénients.

Le peuple pourra, dans tous les temps, demander la réforme de la Constitution. Une Convention nationale en dressera le plan pour le soumettre à l'acceptation des citoyens ; mais elle sera bornée à cette seule fonction.

Les autres pouvoirs conserveront leur action, et jamais leur réunion dans les mêmes mains ne pourra effrayer les amis de la liberté.

Telles sont les idées générales qui guidèrent Condorcet dans l'élaboration de son projet de Constitution. Si nous examinons ce projet, qui fut imprimé, le 16 février 1793, par ordre de la Convention, sous ce titre : « Plan de Constitution présenté à la Convention nationale les 15 et 16 février 1793, l'an II de la république », nous y trouvons l'influence de la Constitution de 1791. Comme celle-ci, elle est précédée d'une Déclaration des droits. Il est vrai que les 33 articles dont elle se compose, au lieu de 17 que contenait celle de la Constituante, paraissent empreints d'un plus grand libéralisme. C'est ainsi que, tandis que la Déclaration des droits de 1791 proclame ainsi la liberté de conscience : « Nul ne peut être inquiété pour ses opinions, même religieuses, pourvu que leur manifestation ne trouble pas l'ordre public établi par la loi », semblant soumettre par là la liberté des opinions religieuses à l'arbitraire de la loi, l'art. 6 du projet de Condorcet déclare simplement : « Tout homme est libre dans l'exercice de son culte ». Mais en général,

les mêmes idées émises par l'Assemblée Constituante
dans la Constitution qui fut son œuvre réapparaissent
dans la Constitution girondine d'une façon plus
explicite et plus accentuée.

Mais, depuis 1791, un grand événement s'est accompli ; la royauté n'existe plus. Aussi trouvons-nous
entre les deux Constitutions une différence fondamentale, celle provenant de l'établissement de la république. La formule contenue dans la première Constitution : « Le royaume est un et indivisible, » est remplacée dans celle de la Convention par ces mots : « La
république française est une et indivisible, » et l'on
ne retrouve plus le serment civique que les étrangers
étaient obligés de prêter pour pouvoir se considérer
comme citoyens français et par lequel ils juraient
d'être fidèles à la nation, à la loi et au roi et de maintenir, de tout leur pouvoir, la Constitution du royaume.
Désormais, en effet, pour acquérir cette qualité, il suffit
d'être âgé de 21 ans accomplis, de s'être fait inscrire
sur le tableau civique d'une Assemblée primaire et
d'avoir résidé pendant une année, sans interruption,
sur le territoire français. La condition de 5 ans de
résidence formulée par l'Assemblée Constituante se
trouvait donc ainsi considérablement réduite.

Le projet présenté par Condorcet concerne, comme
dans la Constitution de notre première Assemblée nationale, l'élection pour toutes les fonctions de la république ; mais ces élections diffèrent par leur fondement
même du système établi par la Constituante. Celle-ci
avait fondé son régime électoral sur la richesse. Les
membres qui la composaient, obéissant aux idées
physiocratiques et aristocratiques dont ils étaient saturés, avaient créé un régime censitaire et bourgeois qui
devait donner à la richesse et surtout à la richesse

territoriale une place prépondérante. Le plan de Constitution girondine reflète, au contraire, les influences doctrinales des philosophes du dix-huitième siècle. Ceux-ci avaient érigé en dogme la souveraineté du peuple. Rousseau avait proclamé les idées de liberté et d'égalité ; il les avait portées au rang des principes fondamentaux directeurs de la vie sociale. Condorcet mit tous ses efforts à faire une œuvre en rapport avec ces principes. Conserver les droits de l'égalité naturelle ; respecter la souveraineté du peuple en lui donnant la plus grande étendue possible, tel fut le but vers lequel convergèrent tous ses efforts. « Les droits naturels, dit-il dans son plan de Constitution, les droits naturels civils, et politiques des hommes sont la liberté, l'égalité, la sûreté, la propriété, la garantie sociale et la résistance à l'oppression. La liberté consiste à pouvoir faire tout ce qui n'est pas contraire aux droits d'autrui : ainsi, l'exercice des droits naturels de chaque homme n'a de bornes que celles qui assurent aux autres membres de la société la jouissance de ces mêmes droits » (1). « L'égalité, dit-il encore, consiste en ce que chacun puisse jouir des mêmes droits » (2). Ainsi, dès le début du projet de Déclarations des droits naturels civils et politiques des hommes, Condorcet consacre légalement les principes d'égalité et de liberté. Mais ce n'est pas tout ; ces principes viennent d'être définis ; il faut de plus leur assurer une garantie sociale. Or, puisque désormais tous les hommes sont égaux. la garantie des droits de

_____

(1) Constitution girondine. Projet de Déclaration des droits naturels civils et politiques des hommes, art. 1 et 2.
(2) Constitution girondine. Projet de Déclaration des droits naturels civils et politiques des hommes, art. 7.

l'homme devra reposer sur la souveraineté nationale. C'est ce que dit, du reste, l'article 25 du projet de Déclaration des droits.

« Cette souveraineté est une, indivisible, imprescriptible et inaliénable (1). Elle réside essentiellement dans le peuple entier, et chaque citoyen a un droit égal de concourir à son exercice (2) ». L'article 7 du projet de Déclaration avait consacré l'égalité civile ; l'article 27 du même projet consacre l'égalité politique.

Désormais, il n'y a plus ni noblesse, ni pairie, ni distinctions héréditaires, ni distinctions d'ordres. Aucun citoyen ne doit avoir, de la part de sa situation, une supériorité sur les autres. Ni la richesse ni la position sociale ne peuvent créer d'inégalité politique entre les hommes. La souveraineté réside essentiellement dans le peuple entier, et chaque citoyen a droit de concourir à son exercice. « Tous les citoyens sont admissibles à toutes les places, emplois et fonctions publiques. Les peuples libres ne connaissent d'autres motifs de préférence dans leurs choix que les talents et les vertus » (3). En composant ce projet de Déclaration des droits, Condorcet n'avait fait que répéter les principes proclamés par l'Assemblée Constituante dans sa Déclaration des droits de l'homme et du citoyen. La Constitution du 3 septembre 1791 dit, en effet : « Le principe de toute souveraineté réside essentiellement dans la nation. Nul corps, nul individu ne peut

(1) Constitution girondine. Projet de Déclaration des droits naturels civils et politiques des hommes, art. 26.
(2) Constitution girondine. Projet de Déclaration des droits naturels civils et politiques des hommes, art. 27.
(3) Constitution girondine. Projet de Déclaration des droits naturels civils et politiques des hommes, art. 9.

exercer d'autorité qui n'en émane expressément. — La loi est l'expression de la volonté générale. Tous les citoyens ont droit de concourir personnellement, ou par leurs représentants, à sa formation. Elle doit être la même pour tous, soit qu'elle protège, soit qu'elle punisse. Tous les citoyens étant égaux à ses yeux, sont également admissibles à toutes dignités, places et emplois publics, selon leur capacité, et sans autre distinction que celle de leurs vertus et de leurs talents » (1). C'est bien la même idée d'égalité qui semble avoir dicté à la fois la Déclaration des droits de l'homme et du citoyen et le projet de Déclaration des droits de 1793. Non seulement nous y retrouvons ce principe, mais nous le trouvons exprimé par Condorcet presque dans les mêmes termes qu'en 1791, de telle sorte que si nous observions seulement les Déclarations de l'Assemblée Constituante et de la Convention nationale, nous pourrions croire ces deux Assemblées identiques l'une à l'autre quant à leur composition et à leurs vues. Or, nous savons combien notre première Assemblée nationale, issue des Etats Généraux, était peu démocratique. Sans doute ses désirs allaient à la destruction de l'ancien régime, mais c'était pour détruire les restes de la féodalité. Sans doute la volonté du tiers état et de la majorité du clergé était d'arracher à la noblesse ses privilèges, mais c'était pour y substituer les leurs. Sous prétexte d'établir la liberté et l'égalité des droits, ils décrétèrent au début de la Constitution dont ils dotèrent la France : « Il n'y a plus ni noblesse, ni pairie, ni distinctions héréditaires, ni distinctions

(1) Constitution du 3 septembre 1791. Déclaration des Droits de l'homme et du citoyen, art. 3 et 6.

d'ordres, ni régime féodal, ni justices patrimoniales, ni aucun des titres, dénominations et prérogatives qui en dérivaient, ni aucun ordre de chevalerie, ni aucune des corporations ou décorations, pour lesquelles on exigeait des preuves de noblesse, ou qui supposaient des distinctions de naissance, ni aucune autre supériorité, que celle des fonctionnaires publics dans l'exercice de leurs fonctions » (1).

Mais si la majorité de l'Assemblée Constituante supprimait ainsi la noblesse en tant qu'ordre privilégié, elle n'entendait pas étendre à la masse populaire le principe d'égalité qu'elle a fait sien en l'insérant dans sa Déclaration des Droits de l'homme et du citoyen.

Elle voulait faire la révolution à son profit et nous avons vu comment et sous quelles influences l'Assemblée nationale vota le système censitaire et bourgeois qui devait donner à la richesse une grande influence dans les élections. La bourgeoisie avait compté sur les élections pour arriver au pouvoir et nous l'avons vue voter dans ce but les deux degrés d'élection et la division des citoyens en actifs et en passifs. Pour être citoyen actif, il fallait être né ou devenu Français ; être âgé de 25 ans accomplis ; être domicilié dans la ville ou dans le canton depuis le temps déterminé par la loi ; payer dans un lieu quelconque du royaume, une contribution directe au moins égale à la valeur de trois journées de travail, et en représenter la quittance ; n'être pas dans un état de domesticité, c'est-à-dire de serviteur à gages ; être inscrit dans la municipalité de son domicile, au rôle des gardes nationales ;

---

(1) Constitution du 3 septembre 1791. Préambule.

avoir prêté le serment civique (1) : Pour pouvoir être
nommé électeur il fallait réunir les conditions nécessaires pour être citoyen actif et, de plus, dans les villes
au-dessus de six mille âmes, il fallait être propriétaire
ou usufruitier d'un bien évalué sur les rôles de contribution à un revenu égal à la valeur locale de deux
cents journées de travail, ou être locataire d'une
habitation évaluée, sur les mêmes rôles, à un revenu
égal à la valeur de cent cinquante journées de travail.
Dans les villes au-dessous de six mille âmes ces chiffres
étaient abaissés à 150 journées de travail pour les
propriétaires et à cent pour les locataires. Dans les
campagnes il fallait, pour pouvoir être nommé électeur,
être propriétaire ou usufruitier d'un bien évalué sur
les rôles de contribution à un revenu égal à la valeur
locale de cent cinquante journées de travail, ou être
fermier ou métayer de biens évalués sur les mêmes
rôles à la valeur de quatre cents journées de travail (2).

L'Assemblée Constituante avait donc mis un grand
soin à éloigner le peuple des affaires publiques. La
condition de trois journées de travail pour être
citoyen actif éloignait de ce rôle une grande partie de
la populace, et les conditions exigées pour pouvoir
acquérir la qualité d'électeur étaient bien faites pour
créer un privilège en faveur de la richesse et surtout des
propriétaires fonciers. Nous savons que nos Constituants de 1791 avaient agi sous l'influence des principes économiques qui les poussaient à considérer la
propriété foncière comme la source de la richesse : ils
avaient agi aussi par ambition. Écartés de la direction

---

(1) Constitution du 3 septembre 1791, titre III, section II, art. 2.
(2) Constitution du 3 septembre 1791, titre III, section II, art. 7.

des affaires par la noblesse et le haut clergé, ils prirent leur revanche en détruisant leurs privilèges et en proclamant le principe d'égalité. Mais ce principe qu'ils avaient pris dans la Déclaration des droits ils voulaient bien l'appliquer à la noblesse, mais ils se refusaient à l'étendre à la populace qu'ils méprisaient et qu'ils redoutaient. Aussi par un manque de logique évident l'Assemblée Constituante élimina-t-elle des affaires publiques la partie la plus pauvre de la nation française, de telle sorte que, par l'abaissement des grands d'une part, par l'écrasement du peuple, de l'autre, la bourgeoisie se figura avoir conquis une place prépondérante dans la direction du gouvernement.

La Convention nationale fut plus logique que ne l'avait été l'Assemblée. Comme elle, elle plaça l'égalité parmi les droits naturels de l'homme; mais, tandis que celle-ci avait rompu avec la Déclaration des droits de l'homme en établissant le régime censitaire, la Convention appliqua ses principes dans l'élaboration de son système électoral.

Dans le plan de Constitution proposé par Condorcet, le suffrage à deux degrés se trouve supprimé et remplacé par un double scrutin. La Constitution girondine porte, en effet (1) : « Les élections se feront au moyen de deux scrutins. Le premier, simplement préparatoire, ne servira qu'à former une liste de présentation ; le second, ouvert seulement entre les candidats inscrits sur la liste de présentation, sera définitif et consommera l'élection.

Pour le scrutin de présentation, aussitôt que l'As-

---

(1) **Constitution girondine** de 1793, titre III, section III, art. 1 et suivants.

semblée aura été formée, les membres reconnus, le bureau établi, et l'objet de la convocation annoncé, chaque votant recevra au bureau un bulletin imprimé sur lequel on aura inscrit son nom en marge.

Le scrutin sera ouvert à l'instant même, et ne sera fermé que dans la séance du lendemain, à quatre heures du soir. Chaque citoyen écrira ou fera écrire sur son bulletin, un nombre de noms égal à celui des places à élire, et viendra, pendant cet intervalle, le déposer au bureau.

Dans la séance du second jour, à quatre heures, le bureau procédera à la vérification et au recensement du scrutin, en lisant à haute voix le nom de chaque votant et les noms de ceux qu'il aura inscrits sur son bulletin.

Toutes ces opérations se feront publiquement.

Le résultat du scrutin de chaque Assemblée primaire, arrêté et proclamé par le bureau, sera envoyé au chef-lieu du département, où le recensement des résultats du scrutin de chaque Assemblée primaire se fera publiquement par les administrateurs.

La liste de présentation sera formée de ceux qui auront obtenu le plus de voix en nombre triple des places à remplir.

S'il y a égalité de suffrages, le plus âgé sera préféré dans tous les cas ; et, s'il n'y a qu'une place à remplir sur la liste, le plus âgé y sera seul inscrit.

Le recensement général des résultats des scrutins, fait par les Assemblées primaires, commencera le huitième jour après celui qui aura été indiqué pour l'ouverture de l'élection ; et les scrutins des Assemblées primaires, qui ne seraient remis à l'administration du département que postérieurement à cette époque, ne seront point admis.

La liste de présentation des candidats ne sera pas
définitivement arrêtée immédiatement après le dépouillement des résultats des scrutins des Assemblées primaires. L'administration du département sera tenue
de la faire imprimer et publier sans délai ; elle ne
sera considérée que comme un simple projet, et elle
contiendra : 1° la liste des candidats qui auront
obtenu le plus de suffrages, en nombre triple des
places à remplir ; 2° un nombre égal de suppléants,
pris parmi ceux qui auront recueilli le plus de voix
après les candidats inscrits les premiers, et en suivant
toujours entre eux l'ordre de la pluralité.

Dans les quinze jours qui suivront la publication de
cette première liste, l'administration du département
recevra la déclaration de ceux qui, y étant inscrits,
soit au nombre des candidats, soit au nombre des suppléants, déclareraient qu'ils ne veulent ou ne peuvent
pas accepter. Le quinzième jour, la liste sera définitivement arrêtée en remplaçant ceux des candidats qui
auront refusé, d'abord par ceux qui seront inscrits au
nombre des suppléants, et successivement par ceux
qui, après eux, auront obtenu le plus de suffrages, en
suivant toujours entre eux l'ordre de la pluralité.

La liste de présentation, ainsi définitivement arrêtée,
et réduite au nombre triple des sujets à élire, sera
envoyée sans délai par l'administration du département
aux Assemblées primaires ; l'administration indiquera
le jour où les Assemblées primaires devront procéder
au dernier scrutin d'élection ; mais, sous aucun prétexte, ce terme ne pourra être plus éloigné que le
second dimanche après la clôture de la liste de présentation.

L'Assemblée étant réunie pour le second et dernier
scrutin, chaque votant recevra au bureau un bulletin

à deux colonnes divisées chacune en autant de cases qu'il y aura de sujets à nommer. L'une de ces colonnes sera intitulée : première colonne d'élection ; l'autre, colonne supplémentaire.

Chaque votant inscrira ou fera inscrire sur la première colonne autant d'individus qu'il y aura de places à élire, et ensuite sur la colonne supplémentaire un nombre de noms égal à celui inscrit sur la première colonne. Ce bulletin ne sera pas signé.

Les suffrages ne pourront porter que sur des individus inscrits dans la liste de présentation.

Dans chaque Assemblée primaire on fera séparément le recensement des suffrages portés sur la première colonne d'élection et sur la colonne supplémentaire.

Les résultats seront envoyés au chef-lieu du département, et y n'y seront reçus que jusqu'au huitième jour après celui qui aura été indiqué pour l'ouverture du scrutin.

L'administration du département procédera publiquement au recensement général des résultats du scrutin envoyés par les Assemblées primaires. On recevra d'abord particulièrement et séparément le nombre des suffrages donnés à chaque candidat sur les premières colonnes d'élection, et ensuite sur les colonnes supplémentaires.

Si le nombre des suffrages portés sur la première colonne ne donne la majorité absolue à personne, on réunira la somme de suffrages que chaque candidat aura obtenus dans les deux colonnes ; et la nomination de tous les sujets à élire, ainsi que de leurs suppléants, sera déterminée par l'ordre de la pluralité.

Si un ou plusieurs candidats réunissent la majorité absolue, par le recensement des suffrages portés sur la première colonne, leur élection sera consommée, et l'on n'aura recours à l'addition des suffrages portés sur les deux colonnes que pour les candidats qui n'auront pas obtenu la majorité absolue dans la première et pour les places vacantes après le premier recensement.

Les suppléants seront d'abord ceux qui, sur la première colonne, ayant obtenu une majorité absolue, auront le plus grand nombre de suffrages après les sujets élus ; ensuite, ceux qui, après les sujets élus, auront eu le plus de suffrages par la réunion des deux colonnes, quand bien même ils n'auraient obtenu que la pluralité relative.

Le même mode sera suivi pour les nominations à une seule place ; mais, en ce cas, 1° Lors du scrutin de présentation, chaque votant n'écrira qu'un nom sur son bulletin. 2° La liste de présentation formée d'après ce scrutin contiendra le nom de treize candidats et d'autant de suppléants jusqu'à ce qu'elle ait été réduite à treize et définitivement arrêtée, conformément aux articles 10 et 11. 3° Lors du scrutin d'élection, chaque votant écrira ou fera écrire le nom de l'individu qu'il préfère sur la première colonne, et sur la colonne supplémentaire le nom de six autres individus. 4° Si, lors du recensement général des suffrages portés sur la première colonne, l'un des candidats a réuni la majorité absolue, il sera élu. Si personne n'a obtenu la majorité absolue, on réunira les suffrages portés en faveur de chaque candidat sur les deux colonnes : celui qui en aura obtenu le plus sera élu : et les six candidats qui auront eu le plus de suffrages après lui seront ses suppléants dans l'ordre de la pluralité.

Lors du recensement du dernier scrutin, les bulletins où l'on aurait donné un ou plusieurs suffrages, à des citoyens qui ne seraient pas inscrits sur la liste de

présentation, ainsi que ceux qui ne contiendraient pas
sur chaque colonne le nombre de suffrages exigés,
seront annulés.

Le même citoyen pourra être porté à la fois sur plusieurs listes de présentation pour des places différentes.
D'après ces articles de la Constitution girondine
que nous venons de citer, nous voyons combien devait
être longue et compliquée la procédure électorale dont
Condorcet était l'auteur. Les formalités concernant le
scrutin de présentation ne devaient pas durer moins
de trois semaines. En effet, chaque citoyen ayant écrit
ou fait écrire sur son bulletin un nombre de noms égal
à celui des places à élire et l'ayant déposé au bureau
des Assemblées primaires, le recensement de ce scrutin
préparatoire ne devait avoir lieu que le lendemain à
quatre heures. Le résultat de ce scrutin devait être,
ensuite envoyé au chef-lieu du département, où les
administrateurs avaient pour mission de faire le recensement des résultats de chaque Assemblée primaire. Là
ne s'arrêtent pas encore les formalités. L'administration
est en plus tenue de faire imprimer et publier, sans délai, la liste des candidats ayant obtenu le plus de suffrages, en nombre triple des places à remplir et un
nombre égal de suppléants, pris parmi ceux qui ont
recueilli le plus de voix après les candidats inscrits les
premiers, et en suivant entre eux l'ordre de la pluralité. La liste de présentation ne devait être définitivement arrêtée que le quinzième jour seulement qui en
suivrait la publication. Ainsi, trois semaines au moins
devaient être employées au scrutin de présentation.
Définitivement arrêtée et réduite au triple des sujets à
élire, la liste de présentation devait être envoyée aux
Assemblées primaires et l'administration indiquer le
jour où les Assemblées primaires procéderaient au

dernier scrutin d'élection. Le terme en pouvait être prolongé jusqu'au second dimanche après la clôture de la liste de présentation. Si donc l'on considère l'ensemble des élections, nous voyons que près de cinq semaines pouvaient y être employées.

Combien peu pratique était cette législation qui retenait ainsi en activité les Assemblées primaires pendant plus d'un mois, éloignait pendant cet espace de temps les citoyens de leurs travaux et maintenait en effervescence les passions populaires qui s'énervent d'autant plus que leur cause est plus longue.

Dans ce projet de Condorcet, un fait nous frappe comme il nous a déjà étonné en 1789, c'est la répugnance qu'il manifeste pour le système des deux Chambres. « Le Corps législatif est un, dit le plan de Constitution ; il sera composé d'une seule chambre (1). » Nous retrouvons donc ici la même hostilité contre le système anglais que nous avons trouvée déjà, au début de la révolution, contre Siéyès, admirateur de la Constitution anglaise. Cependant, sans prendre l'exemple du royaume d'Angleterre, nous pouvons nous reporter aux Constitutions des divers Etats de la républicaine Amérique et nous trouvons qu'en 1793, aux Etats-Unis, sur treize Etats, deux seulement, la Pensylvanie et la Géorgie, avaient appliqué le système d'une Chambre unique. Tous les autres possédaient deux Chambres. Mais les démocrates au pouvoir en 1793, quoique étant profonds admirateurs de la Constitution républicaine des Etats-Unis, désavouaient absolument le système d'une Chambre haute contrôlant les actes d'une chambre basse et la raison qui guida Condorcet dans la formation de son plan de Constitution est facile à saisir.

(1) Constitution girondine de 1793, titre VII, section I. art. 1.

Condorcet, qui avait voulu que le Corps législatif fût le représentant de la nation française tout entière, ne pouvait pas vouloir qu'une Chambre élue au suffrage restreint ou d'après un régime censitaire vînt contrôler les actes ou annuler les lois d'une Assemblée élue au suffrage universel. En cela il était logique. Il l'est davantage encore lorsqu'il organise le referendum populaire que le parti démocratique ne cesse de demander. Le titre VIII du plan de Constitution porte, à ce sujet, une enquête significative : De la censure du peuple sur les actes de la représentation nationale et du droit de pétition. L'article premier est ainsi libellé : « Lorsqu'un citoyen croira utile ou nécessaire d'exciter la surveillance des représentants du peuple sur des actes de constitution, de législation ou d'administration générale, de provoquer la réforme d'une loi nouvelle, il aura le droit de requérir le bureau de son Assemblée primaire, de la convoquer au jour de dimanche le plus prochain, pour délibérer sur sa proposition. Un simple citoyen peut désormais demander et obtenir la réforme d'une loi ; il suffit pour cela que sa réquisition soit « revêtue de l'approbation et de la signature de cinquante citoyens résidant dans l'arrondissement de la même Assemblée primaire (1) ».

« Le bureau à qui la réquisition sera adressée, vérifiera, sur le tableau des membres de l'Assemblée primaire, si les signataires de la réquisition ou de l'approbation ont droit de suffrage ; en ce cas il sera tenu de convoquer l'Assemblée pour le dimanche suivant. Si la majorité des votants de cette commune est d'avis qu'il y a lieu de délibérer sur la proposition, le bureau

_____

(1) Constitution girondine, titre VIII. art. 3.

sera tenu de requérir la convocation des Assemblées
primaires dont les chefs-lieux sont situés dans l'arrondissement de la même commune, pour délibérer sur
l'objet énoncé dans la réquisition. Si la majorité des
citoyens qui ont voté dans les Assemblées primaires
de la commune, a déclaré qu'il y a lieu à délibérer sur
la proposition, le bureau du département..... requerra
l'administration de convoquer les Assemblées primaires
du département pour délibérer sur la même proposition. La convocation générale ne pourra être refusée :
elle aura lieu dans le délai de quinzaine et si la majorité des citoyens décide qu'il y a lieu à délibérer, l'administration du département adressera au Corps législatif le résultat de leurs délibérations avec l'énonciation
de la proposition qu'ils ont adoptée, et requerra de
prendre cet objet en considération. Le corps législatif
statuera en dernier ressort. Il procédera alors au vote
sur la question préalable, sur la question de savoir s'il
y a, ou s'il n'y a pas lieu de délibérer sur la question
proposée. Il sera procédé à ce vote par un scrutin signé, et le résultat nominal des suffrages sera imprimé
et envoyé à tous les départements. Si la révocation du
décret qui a prononcé sur la question préalable, ou de
la loi qui aura été faite sur le fond de la proposition,
est demandée par les Assemblées primaires d'un autre
département, le Corps législatif sera tenu de convoquer sur-le-champ toutes les Assemblées primaires de
la république, pour avoir leur vœu sur cette proposition. S'il est décidé à la majorité des voix, dans les
Assemblées primaires, qu'il y a lieu à délibérer sur la
révocation du décret, le corps législatif sera renouvelé
et les membres qui auront voté pour le décret ne
pourront être réélus ni nommés membres du corps
législatif pendant l'intervalle d'une législature. La

nouvelle Assemblée devait, dans la quinzaine de sa constitution, voter sur la question de la révocation du décret et sa décision était encore soumise au droit de censure (1).

Le peuple acquérait ainsi, du fait de cette Constitution, une part considérable dans l'exercice du gouvernement. Sans doute, il n'y a pas de Chambre haute, mais la nation en remplira les fonctions et chaque partie du peuple pourra exercer son contrôle sur les actes du Corps législatif, contrôle puissant et étendu puisqu'il s'applique à la fois aux actes de législation contraires à la Constitution et aux actes qui tout en ne violant point la Constitution, peuvent paraître, à un simple citoyen, inutiles ou dangereux. Il suffit, en effet, qu'un particulier rejette une loi pour un motif quelconque pour pouvoir faire une proposition tendant à la réformer. S'il parvient à convaincre une cinquantaine de citoyens qui voudront bien lui donner leur signature, la convocation de l'Assemblée primaire dont il fait partie a lieu de plein droit, et si cette Assemblée, si les autres Assemblées primaires du département, si un autre département enfin adhèrent à la proposition, c'est la chute du Corps législatif que va entraîner cette proposition d'un individu qui n'aura peut-être été inspirée que par l'intérêt personnel. Ce résultat du referendum populaire, inauguré dans la Constitution girondine, peut paraître des plus mauvais ; et Condorcet semble avoir créé un système qui devait livrer l'Assemblée nationale à toutes les fantaisies de la populace. Tel est le résultat qui aurait dû, en effet,

(1) Constitution girondine, titre VIII. art. 4, 7, 10, 11, 13, 14, 16, 17, 20, 22, 26,

découler du titre VIII de cette Constitution. Sans
doute, cette partie du projet de Condorcet était de
nature à livrer la France à l'anarchie, mais nous ne
pouvons nier avec quelle logique le grand conventionnel fit découler les diverses parties de son œuvre
des principes contenus dans la Déclaration des droits
de 1793, principes que nous ne pouvons admettre car,
nous les considérons comme contraires à l'ordre social
et étant de nature à troubler l'ordre public, mais que
nous retrouvons à chaque page de la Constitution
girondine, qui devait être le premier essai d'organisation de la République.

Quant à la composition du corps législatif, le nombre
des députés que chaque département devait envoyer
à l'Assemblée devait être fixé à raison d'un député
par cinquante mille âmes. Le nombre des suppléants
devait être égal à celui des députés (1). Nous trouvons
ici encore une profonde différence entre le projet de
Condorcet et la Constitution de 1791. Tandis que
celle-ci distribuait les représentants entre les quatre-
vingt-trois départements, selon les trois proportions
du territoire, de la population, et de la contribution
directe (2), la Constitution girondine déclare que le
nombre des députés sera fixé par la seule base de la
population. Ces députés ne devaient être élus que
pour un an. L'Assemblée Constituante avait fixé à
deux années la durée du mandat législatif ; Condorcet,
dans la crainte que les membres du corps législatif ne
devinssent autres qu'ils n'étaient au moment de leur
élection et que l'esprit de l'Assemblée nationale se

---

(1) Constitution girondine de 1793, titre VII, art. 4.
(2) Constitution de 1791, titre III, chap. I, section I, art. 2.

trouvât en désaccord avec la nation, voulut que le peuple
fût juge chaque année des actes de ses mandataires,
et qu'il pût leur renouveler ou leur refuser leur mandat selon que leurs actes auraient répondu ou non à
ses vœux et à ses espérances. Chaque année les Assemblées primaires devaient être convoquées pour procéder aux élections. Ces assemblées devaient être dis-
tribuées sur le territoire de chaque département, et
leur arrondissement devait être réglé de manière qu'aucune d'elles n'ait moins de quatre cent cinquante
membres, ni plus de neuf cents (1). Avant d'indiquer
la procédure des élections, le projet de Condorcet
règle l'organisation de ces Assemblées.

Il sera fait dans chaque Assemblée primaire un
tableau particulier des citoyens qui la composent. Ce
tableau formé, on procèdera, dans chaque Assemblée
primaire, à la nomination d'un bureau composé d'autant de membres qu'il y aura de fois cinquante citoyens
inscrits sur le tableau.

Cette élection se fera par un seul scrutin, à la simple
pluralité des suffrages. Chaque votant ne portera que
deux personnes sur son bulletin, quel que soit le
nombre des membres qui doivent former le bureau.

Dans le cas néanmoins où, par le résultat de ce
premier scrutin, l'élection des membres du bureau
serait incomplète, il sera fait, pour la compléter, un
nouveau tour de scrutin.

Le doyen d'âge présidera l'Assemblée pendant cette
première élection.

Les fonctions des membres du bureau seront : 1°
de garder le registre ou tableau des citoyens ; 2° d'ins-

(1) Constitution girondine, titre III, section I, art. 1.

crire sur ce registre, dans l'intervalle d'une convocation à l'autre, ceux qui se présenteront pour être admis
comme citoyens ; 3° de donner à ceux qui veulent
changer de domicile, un certificat qui atteste leur qualité de citoyen ; 4° de convoquer les Assemblées primaires dans les cas déterminés par la Constitution :
5° de faire, au nom de l'Assemblée, soit à l'administration du département, soit aux bureaux des Assemblées primaires de la même commune, les réquisitions
nécessaires à l'exercice du droit de censure.

Les membres du bureau seront proclamés suivant
l'ordre de la pluralité des suffrages que chacun d'eux
aura obtenus. Le premier remplira les fonctions de
président ; les trois membres qui viendront immédiatement après lui rempliront celles de secrétaires ; et le
reste du bureau celles de scrutateurs. En cas d'absence
de quelques-uns d'entre eux, ils seront, dans le même
ordre, les suppléants les uns des autres (1).

Les Assemblées ayant été ainsi légalement constituées et leur bureau ayant été composé conformément
aux règles que nous venons de citer, il sera procédé
aux deux tours de scrutin de la façon que nous avons
appréciée précédemment.

Telles sont les parties principales de cette Constitution girondine ayant rapport au système électoral
présenté par Condorcet à la Convention. Pour pouvoir
l'apprécier, il nous faut connaître celui qui en fut
l'auteur.

Jean-Antoine Caritat, marquis de Condorcet, ne
nous apparaît pas comme un sectaire, comme un
homme de parti pris qui n'admet et ne fait d'autre

---

(1) Constitution girondine, titre III, section I, art. 2 à 8.

politique que celle capable de servir son intérêt personnel. Il se montre à nous comme un homme sensible, s'affligeant au contact des misères humaines,
cherchant à les soulager, voulant en déterminer les
causes et, quand il croit les avoir trouvées, désireux
d'y remédier au moyen de l'intervention législative.
« La figure de M. de Condorcet, dit Mlle de l'Espinasse, annonce la qualité la plus distinctive et la plus
absolue de son âme, c'est la bonté..... Sa bonté est
universelle, c'est-à-dire que c'est un fonds sur lequel
peuvent compter tous ceux qui en auront besoin ;
mais c'est un sentiment profond et actif pour ses
amis. Il a tous les genres de bonté, celle qui fait compa-
tir, secourir, celle qui rend facile et indulgent, celle
qui prévient les besoins d'une âme délicate et sensible ;
enfin, avec cette seule bonté, il serait aimé à la folie
de ses amis et béni par tout ce qui souffre. Avec cette
bonté il pourrait se passer de sensibilité ; eh bien, il
est d'une sensibilité profonde, et ce n'est point une
manière de parler..... Il aime beaucoup et il aime
beaucoup de gens. Ce n'est pas seulement un sentiment d'intérêt et de bienveillance qu'il a pour plusieurs personnes : c'est un sentiment profond, c'est
un sentiment auquel il fait des sacrifices, c'est un
sentiment qui remplit son âme et occupe sa vie » (1).
   Ce portrait fidèle de Condorcet, tracé par une de
ses contemporaines, nous donne une idée bien exacte
d'une partie de son âme et, dès lors, nous pouvons commencer à comprendre son œuvre. Au moment où
débute la Révolution, il voit autour de lui des hommes
qui souffrent et qui se plaignent, il compatit à leurs

---

(1) Œuvres de Condorcet (Ed. Arago), t. I, p. 626 et suiv.

maux et croit en trouver la cause dans l'état social
du xviii° siècle sans se douter que les misères dont il
est le témoin sont de tous les temps et de tous les pays.
Il a lu Voltaire et les encyclopédistes ; son esprit est
imbu des idées philosophiques à la mode. Il croit au
règne de la liberté et de l'égalité, et il voit au contraire
que l'inégalité est partout. C'est peut-être, pense-t-il,
le moyen de donner au peuple l'espoir d'une vie
meilleure et d'en soulager les maux. Alors sa sensibilité s'énerve comme toujours quand il s'agit de secourir les faibles. « Cette âme calme et modérée dans le
cours ordinaire de la vie, dit encore Mlle de l'Espinasse,
devient ardente et pleine de feu, s'il s'agit de défendre
les opprimés, ou de défendre ce qui lui est plus cher
encore, la liberté des hommes et la vertu des malheureux ; alors son zèle va jusqu'à la passion ; il en a la
chaleur et le tourment, il souffre, il agit, il parle, il
écrit, avec toute l'énergie d'une âme active et pas-
sionnée ».

Aussi, dès que la Révolution éclate, son enthousiasme
éclate ouvertement : « Enfin, le cri de la nation et le
vœu général l'emportent ! Les ennemis publics, pré-
cipités du faîte des honneurs, fuient et se dérobent à
l'indignation de leurs concitoyens. La loi triomphe,
et ses défenseurs, couverts de gloire, reprennent leurs
fonctions augustes au milieu des acclamations de tous
les ordres de l'Etat. Quelle heureuse révolution !.....
Grâces éternelles soient rendues, au nom de tous les
ordres de l'Etat, aux vertueux magistrats dont le zèle
et le courage ont remis le peuple français dans la
possession de ses droits !

Que leurs noms inscrits dans nos fastes deviennent
immuables comme ceux de Brutus et de Hamden, res-
taurateurs de la liberté de leurs concitoyens, et soient

bénis de génération en génération jusqu'à la postérité
la plus reculée ! » (1). Ainsi, dès le commencement de
la Révolution, nous trouvons sur les lèvres de Condorcet la proclamation des droits imprescriptibles des
hommes, nous y trouvons l'expression des idées qui
devaient servir de base aux Déclarations de 1791 et
de 1793. On pourrait presque croire qu'il fut républicain. Erreur profonde ; ce futur conventionnel, qui
devait être un jour le théoricien de la république,
n'envisage même pas, en 1788, l'avènement de cette
forme de gouvernement. Il la croit impossible et
n'en désire pas l'établissement. Il aime Louis XVI
qui a une âme tendre et compatissante comme la
sienne. Témoin d'abus qui l'affligent, il ne veut point
en rendre responsable le pouvoir monarchique et s'oppose à ce que l'on crie au despotisme royal ; s'il porte
une accusation, c'est contre les ministres du roi et non
contre le roi lui-même : « Depuis longtemps, jouet du
despotisme ministériel et du despotisme subalterne, le
peuple français n'était qu'une masse sans vie et sans
organisation. Rappelé maintenant à l'exercice de ses
droits par les voix réunies du trône et de la magistra-
ture, il doit prendre un rôle actif et prépondérant dans
la grande affaire publique. Il doit se rendre propre,
par sa sagesse et son énergie, la liberté que les circonstances lui présentent, et rétablir de ses mains la
Constitution sur des fondements inébranlables » (2).
Ces fondements, ce sont la liberté et l'égalité qui doivent permettre au peuple de remonter dans l'échelle
sociale au même niveau que les autres classes. Et

---

(1) Mémoires de Condorcet ; édition Ponthieu, 1824, tome I,
p. 264 et s.
(2) Mémoires de Condorcet ; édition Ponthieu, tome I, p. 264 et s.

cependant Condorcet voit les défauts du peuple. Il s'élève avec violence, en 1788, contre la férocité de la populace ; il en déplore la sottise (1).

Même en 1793, alors que son esprit a subi l'influence démocratique de son parti, bien que ses idées aient évolué depuis la chute du trône, il désavoue les agissements de la populace et s'indigne contre elle au sujet de la mort du duc d'Orléans : « Mais à sa mort, accompagné par cette populace qui applaudissait à tous les crimes, le souvenir de sa vie justifiait presque cette révolution qui engloutissait le premier de ses serviteurs, mais en même temps répandait une autre sorte d'horreur sur ce peuple dont il s'était fait l'instrument et qui, à son dernier moment, l'accablait des expressions les plus grossières du mépris » (2). Mais, tout en reconnaissant la férocité et la sottise du peuple, Condorcet ne l'en juge pas responsable. C'est le manque d'instruction, croit-il, qui crée l'inégalité parmi les hommes et qui met le peuple au ban de la société. Aussi, songe-t-il à le régénérer par l'instruction, fondement de la liberté et de l'égalité. « Il ne peut y avoir ni vraie liberté, ni justice, dans une société, si l'égalité n'y est pas réelle ; et il ne peut y avoir d'égalité, si tous ne peuvent acquérir des idées justes sur les objets dont la connaissance est nécessaire à la conduite de leur vie. L'égalité de la stupidité n'en est pas une, parce qu'il n'en existe point entre les fourbes et leurs dupes ; et que toute société qui n'est pas éclairée par des philosophes est trompée par des charlatans » (3).

_____

(1) Œuvres de Condorcet, édition Arago, tome VIII, p. 189.
(2) Mémoires de Condorcet, édition Ponthieu, tome I, p. 269.
(3) Œuvres de Condorcet, édition Arago, tome XII, p, 612.

Ainsi donc, régénérer le peuple par l'instruction pour en faire l'égal des autres classes et le rendre libre en le soustrayant à l'influence des gens plus instruits, tel fut l'idéal de Condorcet qui ne se demanda pas si le peuple, obligé de travailler pour vivre, pouvait se dérober à son labeur pour étudier les élucubrations des philosophes et pour acquérir une science qu'il comprendrait mal et dont il ferait mal, par conséquent, l'application. Quoi qu'il en soit, Condorcet juge possible la réalisation de son idéal et, dans cet espoir, ses idées de liberté et d'égalité qu'il proclame en 1789, il les applique, dans son œuvre de constituant. Avec une logique où l'on sent l'esprit mathématique du théoricien du nouveau régime, il en fait découler les diverses parties de son plan de Constitution, et le système électoral qu'il propose à la Convention n'est qu'une application de ses principes. « Dans tous les pays libres on a craint, et avec raison, l'influence de la populace, dit Condorcet ; mais donnez à tous les hommes les mêmes droits, et il n'y a plus de populace » (1). Et Condorcet fit une œuvre constitutionnelle qui donnait à tous les citoyens sans distinction les mêmes droits électoraux. Il aurait même voulu doter la France du suffrage direct et démocratiser d'une manière radicale le pouvoir législatif. Il le fit en partie, nous l'avons vu au sujet du droit de censure, et lui-même déclare que « la Constitution nouvelle est démocratique pour les lois constitutionnelles et pour la censure des lois oppressives ou injustes émanées de ses représentants ; ...... elle est immédiatement démocratique pour ce qui peut être fait à la fois par des

(1) Buchez et Roux. — Tome XXIV, p. 102 et s.

Assemblées séparées, pour ce qui ne peut être délégué sans exposer les droits du peuple » (1).

C'est ainsi que les élections se font immédiatement par les citoyens. Condorcet reconnaît cependant que la démocratisation à outrance est chose impossible. Aussi voulut-il que la Constitution nouvelle fût « représentative quant à la législation, à l'administration...... pour tout ce qui ne peut être ni bien fait, ni fait à temps que par uneAssemblée, pour ce qui, sans aucun danger pour la liberté, peut être confié à des représentants » (2).

L'opinion de Condorcet sur la populace, que nous venons de citer : « Donnez à tous les hommes les mêmes droits, et il n'y a plus de populace », nous paraît toutefois des plus critiquables. Ce célèbre conventionnel semble vouloir indiquer par ces mots que les inégalités naturelles n'existent pas. S'il en est dans le monde, c'est à la société qu'elles sont dues, à cette société qui en privant d'un certain nombre de ses droits toute une partie de la nation, a fait du peuple une classe à part ou plutôt qui a créé le peuple. La populace n'existe pas naturellement, elle n'est qu'une fraction de la nation privée de ses droits naturels par le reste des citoyens. Que l'on sent bien ici l'influence doctrinale du citoyen de Genève, et comme elle nous apparaît fausse cette opinion renouvelée de Jean-Jacques. De tout temps il y eut, toujours il y aura des hommes qui seront, de par leur nature même, égaux ou inégaux. De même que nous constatons chez certains des tares physiques qui apparaissent dès leur naissance, de même

---

(1) Buchez et Roux. — Tome XXIV, p. 102 et s.
(2)   —   —

nombre d'hommes sont affligés, dès leur berceau, de
tares morales qui les vouent irrémédiablement à une
infériorité vis-à-vis de leurs semblables. Sans parler
des qualités de l'intelligence qui donnent aux uns le
droit de commander et de ses défauts qui imposent aux
autres le devoir d'obéir, nous ne pouvons nier que le
caractère crée parmi les hommes des inégalités qui
privent les uns des droits des autres. N'est-il pas
insensé de prétendre donner à l'ivrogne qui ne pense
qu'à sa boisson, à l'anarchiste destructeur de la société,
au paresseux qui ne songe qu'à vivre aux dépens des
autres, les mêmes droits qu'à l'homme sobre, ami de
l'ordre et diligent ; et n'est-ce pas une monstruosité au
point de vue social que de vouloir faire de l'homme
qui a tous les vices l'égal de celui qui a toutes les vertus ? Il faut être un utopiste comme Rousseau pour
prétendre à l'égalité naturelle des hommes ; il faut
avoir l'âme sensible et idéaliste pour songer à régénérer l'humanité par l'instruction, et nous n'y croyons
pas. Sans doute l'instruction pourra remonter le
niveau intellectuel des masses et, par contre, leur
niveau moral. Mais il y aura toujours des dévoyés et
des déclassés, des heureux et des malheureux, des
hommes qui acquerront le bonheur en sachant agir,
d'autres qui le perdront par leur incapacité ; toujours
la jalousie des uns poussera les hommes les uns contre
les autres et unira dans une terrible solidarité les
mêmes rancunes et les mêmes haines. Cette solidarité
est le principe constitutif de la populace qui n'appartient pas à une nation en particulier, qui n'est pas la
conséquence d'un régime politique, mais qui est de
tous les temps et de tous les pays. Nous voyons donc
combien il est téméraire de prétendre détruire la populace en lui donnant les mêmes droits qu'aux autres

hommes, car si la populace occupe un des derniers
échelons de l'échelle sociale, ce n'est pas parce qu'elle
est privée d'une partie des droits des autres hommes ;
mais si ces droits lui ont été enlevés, c'est précisément
à cause de la place qu'elle occupe d'elle-même. Rétablir ses droits serait l'exciter dans ses passions, l'enhar-
dir dans ses tendances révolutionnaires, introduire un
ennemi national au sein même du pouvoir et nous
voyons alors comment tout le système de Condorcet,
découlant du principe d'égalité, tombe de lui-même.
Quoi qu'il en soit, Condorcet était satisfait de son
œuvre. Sûr de ces principes, il était heureux de l'application parfaite qu'il en avait faite et lui-même déclare
que « jamais il n'a existé de Constitution où l'égalité
ait été si entière, où le peuple ait conservé ses droits
dans une si grande étendue ; on ne voit pas, à la
vérité, comment les intrigants, sans autre talent que
celui de la bassesse et de l'audace, pourraient parvenir
à y jouer un rôle ».

Ce projet de Constitution, qui nivelait si parfaitement les classes et établissait le suffrage universel, fut
cependant apprécié d'une manière assez froide, même
par ceux auxquels il profitait. En général, on le trouva
avec juste raison trop compliqué et les formalités exigées pour les élections parurent devoir en faire traîner
la période pendant de trop longues semaines. Quant
aux Jacobins, ils se montrèrent profondément hostiles
à ce plan de Constitution ; et pourtant il était bien
démocratique, presque jacobin même, sous sa forme
girondine. Ils le rejetèrent en bloc cependant, non pas
que les idées qu'il renfermait fussent contraires à
leurs vues, mais parce que, ennemis déclarés de leurs
adversaires de la Gironde, ils ne voulaient en aucune
façon s'associer à leur œuvre. De parti pris et sans

examen, ils en rejetaient toutes les opinions et le même ostracisme dont ils s'étaient servis contre les royalistes et les libéraux, ils l'employaient encore contre les Girondins. Ce n'était pas seulement par principe et pour la forme qu'ils avaient nommé, à côté du comité de Constitution, un comité auxiliaire composé de leurs créatures. Tous leurs vœux allaient à ce dernier et c'est son seul travail qui devait avoir leur agrément.

Dès le 17 février, le projet avait été violemment critiqué au club des Jacobins. On lui reprocha d'attenter à la liberté des citoyens et de viser au rétablissement de l'ancien régime. Ces critiques nous feraient rire si nous n'étions écœurés de leur mauvaise foi et de leur stupidité. Les journaux eux aussi prenaient part à la lutte et les feuilles montagnardes ne ménageaient pas leurs adversaires. Parfois, cependant, l'on y trouve invoquées de justes raisons pour rejeter le projet de Condorcet. C'est ainsi que Marat fait au système électoral proposé par la Gironde des critiques qui se rapprochent de celles que nous lui avons adressées plus haut. « Qui croirait, dit-il, que pour proposer une nouvelle loi, ou en faire révoquer une ancienne, on tient cinq millions d'hommes sur pied pendant six semaines ? C'est un trait de folie qui mérite aux législateurs constitutifs une place aux Petites-Maisons. » Mais à côté de ces justes raisons, Marat n'adresse à ses ennemis que des épigrammes de pamphlétaire : « La nouvelle Constitution ne mérite pas d'être mieux analysée... J'observerai seulement que les vices monstrueux qui la déparent ont fait mettre en question si les membres de la faction criminelle qui l'ont rédigée ont eu dessein de jeter la nation dans le découragement en lui présentant cet essai informe, au lieu d'un travail précieux qui devait couronner ses espérances,

Mais il est plus simple de dire que les fripons ont travaillé pour eux-mêmes. Au demeurant, c'est de la Montagne que sortira la Constitution, et malgré cet essai puéril et perfide, l'attente du peuple ne sera point trompée (1) ». Cet article du « Journal de la République » résume en quelques lignes toute la politique de la Montagne et indique sa véritable raison de rejeter l'œuvre de Condorcet. Ce n'est pas aux idées qu'elle renferme que vont les attaques jacobines, mais aux législateurs eux-mêmes, non pas en tant que législateurs, mais en tant qu'ennemis politiques. En effet, à côté de justes critiques, Marat se contente de traiter ses adversaires de fripons et leur œuvre constitutionnelle d'essai informe. Attaques d'autant plus injustifiées que les jacobins reproduiront un jour les principes qu'ils ont l'air de repousser. Nous n'admettons pas les principes qui servirent de bases au projet girondin, mais le traiter d'essai informe était bien la critique la plus injuste qu'on pût lui adresser, car ce fut au contraire un chef-d'œuvre de logique. Du reste, le fait de traiter Condorcet de « liberticide » suffit à nous prouver la mauvaise foi et l'ineptie des jacobins.

Les séances même de la Convention servirent à la Montagne pour manifester son hostilité contre le plan de Constitution. Elle ne trouvait pas, il est vrai, beaucoup de raisons à invoquer en faveur de ses opinions ; mais, le 20 février, un fait se produisit qui lui servit de prétexte pour attaquer ses adversaires. Siéyès avait demandé et obtenu que l'on ajoutât au projet de Condorcet un autre projet ayant pour but la division du Corps législatif en deux Chambres. Nous avons vu combien

---

(1) MARAT. — *Journal de la République*, n° CXXVI.

la Gironde tout entière et Condorcet étaient opposés
à la création d'une Chambre haute. Il est, par conséquent, bien évident que ce projet n'avait été ajouté que
dans le but d'être agréable à Siéyès et, en réalité, il ne
devait pas être l'objet d'un vote. Mais les Jacobins ne
voulaient point perdre une si belle occasion d'attaquer
leurs adversaires. Amar ne ménagea pas ses invectives contre ce comité de Constitution qui semblait
vouloir étouffer la liberté et avait « trahi la confiance
de la Convention ». Les Girondins n'osèrent répondre
à ces attaques avec la fermeté que leur imposaient
cependant les circonstances. Devant leurs adversaires,
hommes rudes et peu cultivés, hommes de passion et
de combat, décidés à pousser la révolution jusqu'à ses
dernières limites, il semble que les Girondins, lettrés,
orateurs, philosophes, se soient trouvés fascinés ; ces
hommes qui travaillaient fort bien dans le silence du
cabinet et qui faisaient devant une assistance sympa-
thique des discours brillants, ne savaient ni attaquer
ni se défendre, et quand il leur fallait répondre aux
critiques passionnées et brutales de leurs adversaires
ils ne répondaient que par des arguments de raison,
capables de convaincre des hommes raisonnables, mais
impuissants à vaincre l'hostilité d'un parti. C'est ainsi
que, dans la séance du 20 février 1793, alors que le
comité de Constitution était accusé de vouloir porter
atteinte à la liberté en divisant en deux Chambres le
Corps législatif, Barère ne trouva en faveur du comité
que ces simples excuses : « Nous avons cru servir l'o-
pinion publique, nous avons cru donner des moyens
à la délibération en présentant plusieurs modes de
formation de la loi au lieu de nous réduire à un seul....
Nous avez-vous donné le génie de l'infaillibilité ? Nous
avons présenté nos faibles conceptions sans y attacher

d'autre idée que celle de remplir un devoir..... »

Le projet de Constitution dont la lecture venait d'être faite par Condorcet et Gensonné ne devait pas être discuté et voté immédiatement. En effet, dans la séance du 16 février, un décret de la Convention avait autorisé les députés à faire imprimer aux frais de l'Etat les projets de Constitution qu'ils auraient à présenter. La discussion du plan girondin fut donc ajournée jusqu'au jour où il ne fut plus présenté de nouveaux projets. Leur nombre fut considérable et, le 17 avril 1793. Romme en donna l'analyse à la Convention. Deux projets de déclaration des droits furent lus ensuite et l'on s'apprêtait à continuer la séance par la lecture des élucubrations diverses des députés, quand Salles, au comble de l'impatience, demanda l'adoption pure et simple de l'ancienne déclaration des droits. Cette proposition souleva l'indignation de la Gironde et de la Montagne ; elle n'était, du reste, pas dans la pensée de celui qui l'avait faite et dont le but n'avait été que de créer une diversion à la lecture ennuyeuse des déclarations des droits proposées par les divers membres de l'Assemblée. Ducos et Cambon ne voulurent pas d'une déclaration qui contenait de faux principes. « L'ancienne déclaration, s'écria Cambon, est incohérente » ; et il demanda la priorité en faveur du projet du Comité qui reproduisait, du reste, d'une manière à peu près identique, la déclaration des droits de l'homme de 1790. La priorité fut accordée au projet du comité.

Cette déclaration des droits, soumise à la discussion de la Convention, fut d'abord attaquée dans son article premier et la majorité de l'Assemblée refusa de placer la nouvelle Constitution sous les auspices de l'Etre suprême.

Plusieurs incidents accompagnèrent ensuite le vote de la déclaration des droits mise par Condorcet en tête de son projet de Constitution. C'est ainsi que, le 24 avril, Robespierre se livre à une manifestation socialiste, à propos de l'article 18 du projet de déclaration des droits, concernant le droit de propriété. Le même jour, il oppose au projet girondin une autre déclaration des droits adoptée au club des Jacobins. Le 13 avril, Marat est décrété d'accusation ; mais acquitté le 22 par le tribunal criminel et extraordinaire, il fait dans la salle des séances de la Convention une entrée triomphale.

Ce fait est un des épisodes les plus importants de la guerre entre la Montagne et la Gironde. Considéré comme un martyr, Marat obtient une popularité nouvelle qui englobe la Montagne tout entière et, en particulier, le club des Jacobins dont il fait partie. Ecrasée sous ce triomphe de la démagogie, la Gironde va perdre peu à peu les restes d'un prestige que ses orateurs brillants avaient su acquérir, mais qu'ils étaient incapables de conserver.

La Déclaration des droits que Condorcet avait mise en tête de sa Constitution fut cependant votée dans la séance du 26 avril, et l'on commença à discuter les divers articles du plan de Constitution. Cette discussion à laquelle beaucoup d'orateurs prirent part, surtout Danton, Robert, Petit, Anacharsis Clootz est absolument stupéfiante. Dans une Assemblée nationale où l'on pourrait s'attendre à trouver des hommes sensés, nous voyons des députés, qui sont encore respectés de nos démocrates modernes, prononcer des paroles inspirées par l'imagination la plus dévergondée et les auditeurs écouter religieusement les élucubrations les plus fantaisistes. C'est d'abord le panthéiste baron prus-

sien Anacharsis Clootz qui prend la parole : « Le
genre humain est Dieu, dit-il. Les aristocrates sont
des athées. La souveraineté réside essentiellement dans
le genre humain entier. Elle est une, indivisible, imprescriptible, immuable, inaliénable, impérissable,
illimitée, sans bornes, absolue et toute puissante.
Posons donc la première pierre de notre pyramide
constitutionnelle sur la roche inébranlable de la souveraineté du genre humain ; notre mission n'est pas
circonscrite dans les départements de la France, nos
pouvoirs sont contresignés par la nature entière. »
Il résulte de cette profession de foi que Clootz voulait
une République universelle et tout son système se
trouve résumé dans les trois articles suivants :

« La Convention nationale, voulant mettre un
terme aux erreurs, aux inconséquences, aux prétentions contradictoires des conspirateurs et des individus
qui se disent souverains, déclare solennellement, sous
les auspices des Droits de l'homme :

« Art. Ier. — Il n'y a pas d'autre souverain que le
genre humain.

« Art. II. — Tout individu, toute commune qui
reconnaîtra ce principe lumineux et immuable sera
reçu de droit dans notre association fraternelle, dans
la République des hommes, des germains, des universels.

« Art. III. — A défaut de contiguïté ou de communication maritime, on attendra la propagation de la
vérité pour admettre les enclaves lointaines. »

Quelques jours après, le 10 mai, c'est Isnard, député
du Var, qui monte à la tribune pour proposer un projet d'après lequel un pacte social serait signé d'abord
par les membres de la Convention et souscrit ensuite
par chaque citoyen français. Personne ne pouvait, pen-

dant une période de trente ans, réclamer contre ce pacte. Quiconque proposerait de rétablir la royauté devait être frappé de la peine de mort.

Ni les Montagnards, ni les Girondins ne songèrent un instant à discuter ces propositions diverses qui manifestaient la plus pure folie, et, ce qu'il y a de très curieux, c'est que Robespierre, qui devait être l'organisateur du gouvernement révolutionnaire, fut le seul à exposer alors des principes plus sensés et plus libéraux. « Fuyez, dit-il, la manie ancienne des gouvernements de vouloir trop gouverner ; laissez aux individus, laissez aux familles le droit de faire ce qui ne nuit point à autrui ; laissez aux communes le pouvoir de régler elles-mêmes leurs propres affaires en tout ce qui ne tient pas essentiellement à l'administration générale de la République ; en un mot, rendez à la liberté individuelle tout ce qui n'appartient pas naturellement à l'autorité publique, et vous aurez laissé d'autant moins de prise à l'ambition et à l'arbitraire. » La Convention vota alors aussitôt l'article 1 de la Constitution girondine.

Condorcet, cependant, s'exaspérait de la lenteur de la discussion ; il voyait le mauvais vouloir des Montagnards et il ne comprenait pas que des questions aussi graves que celles de donner à la France une Constitution fussent agitées avec autant d'insouciance. Tous les hommes sérieux s'en affligeaient et Guffroy put s'écrier le 22 mai : « La précipitation, la légèreté, l'insouciance même semblent dicter toutes les discussions qu'on appelle constitutionnelles. Jamais la méditation, la maturité des discussions ne précèdent les décisions. Nous travaillons comme les constituants, sans ordre, sans plan, sans méthode. » Ces paroles, que Guffroy prononça le 22 mai 1793, un autre aurait

pu le dire dès les premières séances de la Convention.
Aussi, dès le 13, Condorcet résolut de précipiter les
événements et proposa aux députés de voter une
motion tendant à imposer à l'Assemblée un délai fixe
pour terminer la Constitution : « Au moment, dit-il,
où les citoyens renouvellent leurs efforts et leurs sacrifices pour la défense de leur liberté, il est du devoir
de la Convention de leur en montrer le but et le prix.
L'incertitude de l'époque où la Constitution sera présentée à l'acceptation du peuple français alimente les
espérances des tyrans étrangers, fournit aux conspirateurs de l'intérieur un prétexte de calomnier la
représentation nationale et de faire envisager comme
durables les maux qui sont la conséquence inévitable
du passage orageux et rapide de l'oppression à l'égalité. » Et comme conclusion, Condorcet demanda à
l'Assemblée de décider la convovation de plein droit
des Assemblées primaires à l'effet d'élire une nouvelle
Convention, si le projet de Constitution n'avait pas été
entièrement discuté et voté d'ici cette époque. Cette
motion de Condorcet reflétait un double but de la part
de son auteur : Outre le désir qu'avait celui-ci de
mettre un terme aux élucubrations fantaisistes de certains députés et d'activer la discussion du projet de
Constitution qui était son œuvre, il pensait aussi que
sa motion, si elle était acceptée, éloignerait de cette
discussion une partie des membres de la Convention,
surtout parmi les Montagnards qui s'ingéniaient à
retarder le plus possible le vote de la Constitution
girondine.Mais la proposition de Condorcet, renvoyée
à deux jours pour la discussion, ne fit jamais l'objet
d'une délibération ; et cependant, le désir de Condorcet fut encore exprimé le 14 par la députation des
citoyens de Bordeaux, qui fit lire par Duvigneau une

adresse ainsi conçue : « Les Bordelais vous en conjurent enfin. Législateurs, au nom de la paix des consciences et de l'enfer des remords, donnez une Constitution à la République française. » Malgré cette députation des citoyens de Bordeaux qui venait rappeler à l'Assemblée la proposition que Condorcet lui avait faite la veille, celle-ci resta lettre morte. Ce n'est pas cependant que l'idée d'une Constitution fût repoussée par les Montagnards, mais ils ne voulaient à aucun prix du projet girondin, et ils voyaient bien que dans l'état actuel des choses, si l'on en précipitait la discussion, il serait voté irrémédiablement par la majorité girondine de la Convention. La Déclaration des droits avait été votée, en effet, telle que l'avait écrite Condorcet ; les premiers articles de la Constitution avaient eu en leur faveur la plus grande partie des députés. Le 15, la Convention maintint la division territoriale telle que l'avait établie l'Assemblée Constituante en 1791. Il devait y avoir une administration centrale dans chaque département, des administrations intermédiaires entre les départements et les municipalités. Chaque département devait être divisé en districts et chaque district en cantons.

Malgré ce triomphe de la Gironde qui faisait adopter peu à peu les articles de sa Constitution, elle s'acheminait chaque jour vers sa perte et devait bientôt payer de sa tête son manque d'énergie et de résolution.

Depuis le 18 mai, en effet, les événements se précipitent. Le 18, la Commune de Paris se déclare en état de Révolution. La Gironde sentant alors, mais trop tard, que la violence seule peut la sauver, nomme contre la Commune insurrectionnelle une Commission de douze membres qui dénonce le complot de la Commune contre la Convention. On connaît la réponse du président de la Convention Isnard à une députation de la Commune : « Si, dit-il, par ces insurrections toujours renaissantes, il arrivait qu'on portât atteinte à la représentation nationale, je vous le déclare au nom de la France entière, bientôt on chercherait sur les rives de la Seine si Paris a existé. »

Danton aurait voulu que la Convention ne ratifiât point ces menaces prématurées qui devaient exaspérer la Montagne, mais l'Assemblée ratifia par un vote les paroles d'Isnard.

Brisée par ce mouvement d'énergie si peu conforme à son caractère et qui dépassait ses forces, la Gironde n'allait pas tarder à retomber dans l'indécision qui la caractérisait et devait causer sa chute comme elle avait causé celle de l'Assemblée législative. La Montagne, au contraire. redoublait d'énergie et était décidée à arracher par la violence des concessions qu'on ne voulait point lui accorder.

Malgré la gravité des événements, les Girondins s'occupaient toujours du vote de la Constitution. Le 27, la discussion recommence au sujet de la division de la municipalité en plusieurs dans les villes dont la population est supérieure à cinquante mille âmes. Mais la discussion est interrompue par Marat qui accuse la Commission des Douze d'avoir fait incarcérer le président et le secrétaire de la section de l'Unité, dont il réclame l'élargissement. Après une séance orageuse, la mise en liberté d'Hébert est signée et la suppression de la Commission des Douze décrétée. Dès le lendemain, il est vrai, ce dernier décret fut rapporté.

Que d'analogies nous trouvons entre ces dernières séances de la Convention avant le 31 mai, et les séances de l'Assemblée législative ! Ce sont les mêmes craintes, les mêmes hésitations devant le moindre parti à prendre. Chaque jour une décision nouvelle de l'Assemblée vient contredire celle de la veille, répandant ainsi partout le mécontentement. La révolte était imminente ; cependant, le Comité de salut public crut encore pouvoir prévenir la guerre civile en faisant adjoindre par la Convention au comité de Constitution, cinq des Montagnards les plus en vue : Hérault de Séchelles, Ramel, Saint-Just, Mathieu et Couthon « pour présenter les articles constitutionnels ».

Cette mesure n'empêcha pas le coup d'Etat du 31 mai. Devant l'adjonction des députés montagnards aux membres du Comité de constitution, la Commune s'imagina que le gouvernement ne se fortifiait ainsi que pour l'écraser plus sûrement, et elle se hâta de préparer l'insurrection.

De cette émeute du 31 mai et du 2 juin 1793, résultat de son incapacité politique, résultat aussi des intrigues jacobines et de notre politique extérieure, la Convention sortit mutilée, privée de ses meilleurs orateurs et de plusieurs de ses membres les plus libéraux, livrée enfin à un parti qui devait répandre d'ici peu la terreur sur toute la France et lui donner un maître. Les Girondins qui, avec leurs perruques blanches, leurs manières distinguées gardaient encore quelques traces d'ancien régime, s'étaient trouvés en infériorité devant leurs adversaires, hommes aux manières rudes, tribuns passionnés et violents, orateurs de peu de valeur pour la plupart, mais hommes d'action avant tout désireux d'arriver à leur but, quels que soient les moyens à employer pour y parvenir.

La défaite de la Gironde causa celle du projet de Condorcet. La discussion de la Constitution girondine fut définitivement arrêtée. Elle n'avait guère dépassé la Déclaration des droits et le régime électoral que

Condorcet avait établi avec tant de soin ne devait jamais être voté et n'existe pour nous qu'à titre de curiosité.

b) Projet d'Hérault de Séchelles. — Les journées du 31 mai et du 2 juin 1793 furent considérées comme un mouvement purement parisien et le reste de la France n'y prit point part. Non seulement les départements gardèrent la neutralité dans cette émeute, mais il y eut encore de nombreuses adresses de protestation contre elle. A Paris même, des sections manifestèrent leur hostilité pour la Commune. C'est ainsi que la section Bonconseil, dans une adresse en date du 4 mai, à la Convention nationale, jure « de ne plus souffrir qu'une poignée d'intrigants, sous le masque du patriotisme, écrase davantage les bons citoyens sous le poids du despotisme populaire. » Marat, considéré comme étant l'instigateur des journées du 31 mai et du 2 juin, devint odieux ; son triomphe récent avait été bien éphémère et quand il se présenta à l'Assemblée de Bonconseil, dont il était le chef, ce furent des clameurs hostiles qui l'accueillirent au lieu des adulations qui lui étaient jadis prodiguées. Quant à la masse parisienne, tenue pendant quatre jours sous les armes par le despotisme jacobin, elle témoigna ouvertement sa satisfaction de l'apaisement de l'émeute et son dédain pour les Montagnards qui l'avaient fomentée.

Le 3 juin, la Convention rentra dans la salle des séances, pleine de cette tristesse qui suit les défaites et de la honte qui accompagne un échec lorsqu'on aurait pu l'éviter. Déconsidérée aux yeux du monde qui venait de la voir captive et humiliée, méprisée des départements qu'elle avait trompés dans leur espérance, elle reprenait sa place aux Tuileries sous les regards dédaigneux d'une nation qu'elle avait tant compromise dans ses intérêts et dans sa politique.

Quant aux départements, ils s'apprêtaient à prendre l'offensive contre l'Assemblée. Dès le 2 juin, Condorcet lui-même, l'auteur du projet de Constitution qui n'avait pas abouti, écrivit aux administrateurs du département de l'Aisne, dont il était le représentant, pour leur demander de résister aux exigences de la Commune et de la Montagne. La grande majorité de la France adhéra au mouvement antijacobin, mais ce fut surtout dans la Vendée et la Provence, à Lyon aussi, que la réaction contre les Montagnards fut la plus forte. A Caen et à Rennes, les habitants prirent les armes. Bordeaux envoya des commissaires dans tous les départements pour les pousser à la révolte. L'adhésion des députés girondins au mouvement insurrectionnel, qui s'étendait chaque jour, ne fit que le précipiter. En Vendée, Saumur tomba le 10 juin au pouvoir des troupes vendéennes : Nantes fut menacée. A Lyon, le 29 mai, la municipalité jacobine avait été remplacée, après un combat sanglant, par une municipalité girondine qui avait déclaré aux Montagnards une guerre à mort et cherchait à s'allier aux départements limitrophes. Le progrès de la révolte des départements contre la Convention encouragea la population parisienne. L'agitation de la capitale augmenta de jour en jour et plusieurs sections allèrent même jusqu'à casser leurs comités révolutionnaires.

Les Montagnards s'exaspéraient de cette résistance qu'ils rencontraient à la fois à Paris et dans la province. Buzot soulevait le département de l'Eure. Dans le Calvados, deux conventionnels, Prieur et Romme, venaient d'être incarcérés.

La situation paraissait être des plus critiques et le

règne de la Montagne semblait à son déclin. La Convention lança alors des décrets d'accusation, mais comme elle n'avait aucun moyen de mettre ses menaces à exécution, les décrets qu'elle avait rendus ne produisirent aucun effet. Un seul moyen lui restait, celui de faire une Constitution dont les dispositions pourraient lui rallier les départements. Telle fut sa politique, telle fut l'œuvre à laquelle elle s'attacha.

Il ne pouvait plus être question de voter le plan de Constitution girondine dont Condorcet avait été l'auteur. Il fallait donc rédiger un nouveau projet, et dès le 3 juin, comme les clubs, les sociétés populaires, les municipalités demandaient une Constitution, l'Assemblée avait nommé une nouvelle commission, chargée de préparer, de concert avec le Comité de salut public, une nouvelle Constitution. Cette commission, composée de Montagnards : Hérault de Séchelles, Couthon, Saint-Just, Mathieu et Ramel, se mit aussitôt à l'œuvre. Le Comité de salut public était alors composé de Cambon, Barère, Guyton-Morveaux, Treilhard, Danton, Lacroix, Bernier, Delmas, Robert Lindet.

En une semaine à peine, le projet de Constitution fut rédigé et lu à la tribune par Hérault de Séchelles, le 10 juin. Il nous est indispensable de relater les paroles prononcées par le rapporteur au sujet de la représentation nationale, paroles qui nous indiqueront le véritable esprit qui présida à l'élaboration du nouveau régime électoral.

« Nous avons fait d'abord, dit Hérault, l'attention la plus sérieuse au principe de la représentation. On sait qu'elle ne peut être fondée que sur la population, surtout dans une République aussi peuplée que la nôtre ; cette question ne peut plus être douteuse aujour-

d'hui que dans l'esprit des riches, accoutumés à calculer autrement que les autres hommes. Il s'ensuit
que la représentation doit être prise immédiatement
dans le peuple ; autrement on ne le représente pas :
la monarchie s'isole et se retire sur des sommets, d'où
elle distribue le pouvoir ; le peuple au contraire reste
sur la base, où il se distribue lui-même et s'unit. Pour
parvenir à cette volonté générale, qui dans la rigueur
du principe ne se divise pas, qui forme une représentation et non pas des représentants, nous aurions
voulu qu'il eût été possible de ne faire qu'un seul scrutin sur tout le peuple ; dans l'impossibilité physique
d'y réussir, après avoir épuisé toutes les combinaisons
et tous les modes quelconques, on sera forcé d'en
revenir comme nous au moyen le plus naturel et le
plus simple, à celui que nous avons consigné dans
notre projet. Il consiste à faire nommer sur un seul
scrutin de liste un député par chaque réunion de
cantons formant une population de cinquante mille
âmes. Il ne peut pas y avoir une autre manière ; on
approche, par là, aussi près qu'il est possible de la
volonté générale recueillie individuellement ; et il
devient vrai de dire que les représentants sortent du
recensement de cette volonté par ordre des majorités.
Toute autre tentative dans ce genre serait infructueuse
et erronée : si vous usez, comme on l'a fait jusqu'à
présent, du mode des Assemblées électorales, vous
anéantissez le principe démocratique de la représentation ; vous n'acquérez même pas une ombre de
majorité ; vous renversez la souveraineté. Si vous
croyez épurer les scrutins par des listes doubles ou
triples, ou par des ballottages, vous vous trompez ;
borné à un scrutin définitif, le peuple eût été intéressé à faire les meilleurs choix ; vous abusez de sa

raison et de son temps par des complications super-
flues ; vous le fatiguez par les formes de la démocratie,
au lieu de lui faire aimer la liberté.

La méthode que nous indiquons renferme le plus
précieux des avantages : elle brise toutes les séparations
de territoire en fondant et en rendant plus compact
que jamais l'ensemble départemental ; en sorte que la
patrie n'aurait plus, pour ainsi dire, qu'un seul et même
mouvement.

Qu'on ne nous reproche pas, d'un autre côté, d'avoir
conservé des Assemblées électorales après avoir rendu
un hommage si entier à la souveraineté du peuple et
à son droit d'élection. Nous avons cru essentiel d'établir une forte différence entre la représentation, d'où
dépendent les lois et les décrets, en un mot la destinée
de la république, et la nomination de ce grand nombre
de fonctionnaires publics à qui, d'une part, il est indispensable de faire sentir leur dépendance dans leur
origine et dans leurs fonctions, tandis que de l'autre
le peuple lui-même doit reconnaître que, la plupart du
temps, il n'est pas en état de les choisir, soit parce que
dans les cantons on ne connaît pas un assez grand
nombre d'individus capables, soit parce que leurs fonctions ne sont pas d'un genre simple et unique, soit
enfin parce que le recensement de leurs scrutins consu-
merait trop de peines et de délais. Voilà quelle a été
notre intention en laissant aux Assemblées électorales
le choix de toutes les fonctions qui ne seraient pas
celles des représentants ou du grand jury national ».…
« On nous dira peut-être : pourquoi consulter le peuple
sur toutes les lois ? Ne suffit-il pas de lui déférer les
lois constitutionnelles, et d'attendre ses réclamations
sur les autres ?… Nous répondrions : c'est une offense
au peuple que de détailler les divers actes de sa sou-

veraineté. Nous répondrions encore : avec les forces
et les conditions dont ce qui s'appelle proprement loi
sera entouré, ne croyez pas que les mandataires fassent
un si grand nombre de lois dans une année. On se
guérira peu à peu de cette manie de législation qui
écrase la législation au lieu de la relever ; et dans tous
les cas, il vaut mieux attendre et se passer même d'une
bonne loi, que de se voir exposer même à la publicité
des mauvaises......

Conséquemment à notre opinion de ne faire nommer
directement et immédiatement par le peuple que ses
députés et le jury national, et non pas les agents de
ses volontés, nous n'avons point voulu que le Conseil
reçût sa mission au premier degré de la base populaire. Il nous a paru que l'Assemblée électorale de
chaque département devait nommer un candidat pour
former le Conseil, et que les ministres de l'exécution,
nommés agents en chef, devaient être choisis hors du
Conseil : car ce n'est point à eux à en faire partie. Le
Conseil est un corps intermédiaire entre la représentation et les ministres pour la garantie du peuple ;
cette garantie n'existe plus si les ministres et le Conseil
ne sont séparés. On ne représente point le peuple dans
l'exécution de sa volonté ; le Conseil ne porte donc aucun caractère de représentation. S'il était élu par la
volonté générale, son autorité deviendrait dangereuse,
pouvant être érigée en représentation par une de ces
méprises si faciles en politique, nous en avons conclu
qu'il devait être élu par les Assemblées électorales,
sauf ensuite à faire diminuer par un autre mode l'existence d'un trop grand nombre de membres ; d'où il
suit que la dignité n'étant plus que dans l'établissement, et non pas dans les hommes, qui se mettent
toujours à la place des établissements, le Conseil, ainsi

subordonné, et désormais gardien sans péril des lois fondamentales, concourt à l'unité de la République par la concentration du gouvernement, tandis que cette même unité ne peut être garantie à son tour que par l'exercice de la volonté générale et par l'unité de la représentation. Heureux si de cette manière très simple, nous sommes parvenus à résoudre le problème de J.-J. Rousseau dans le Contrat Social, lorsqu'il proposait de trouver un gouvernement qui se resserrât à mesure que l'Etat s'agrandit, et dont le tout subalterne fût tellement ordonné qu'en affermissant sa Constitution il n'altérât point la Constitution générale. »

Ce rapport d'Hérault de Séchelles, dont il nous a paru utile de retracer les principales dispositions, indique nettement l'esprit de la Constitution du 24 juin 1793. Donner à la nation le plus de pouvoirs possible en faisant nommer directement, par tous les citoyens, les députés et les officiers municipaux, tel fut le but que poursuivait Hérault. Mais, si les députés doivent être considérés comme les représentants du peuple français, il n'en est pas de même des hommes chargés d'exécuter ses volontés. S'ils étaient élus par la volonté générale, il était à craindre que, considérés comme les représentants de cette volonté, leur autorité ne devînt dangereuse pour la sécurité publique. Aussi, est-ce un scrutin à trois degrés que Hérault de Séchelles institue pour l'élection des membres du Conseil exécutif. Quant aux administrateurs de département et de district, et quant aux juges, ils ne doivent pas être considérés eux non plus comme les représentants de la volonté générale de la nation ; aussi est-ce au scrutin à deux degrés qu'ils devront être nommés. Ainsi donc : élection des députés et des officiers municipaux au moyen du suffrage universel direct ; élection

des juges, des administrateurs de département et des
administrateurs de district par les Assemblées primaires et l'Assemblée électorale ; élections des membres
du Conseil exécutif par le suffrage à trois degrés, tel
fut le système électoral proposé par la commission
montagnarde. Pour l'exercice de sa souveraineté, le
peuple devait être distribué en Assemblées primaires
de cantons. Les Assemblées primaires résultant d'une
population de cinquante mille âmes se réunissaient en
un arrondissement électoral et nommaient immédiatement un député. Il devait donc y avoir un député
par cinquante mille âmes. La durée du mandat législatif devait être d'une année.

Le Corps législatif était chargé de la confection des
lois et des décrets, mais son pouvoir était bien différent. Hérault de Séchelles, en effet, avait déclaré « que
la Constitution française ne peut pas être exclusivement appelée représentative, parce qu'elle n'est pas
moins démocratique que représentative », et il avait
établi entre la loi et le décret une différence fondamentale. Les décrets, en effet, qui sont avant tout des mesures administratives, ne peuvent être faits que par les
représentants du peuple, tandis que la loi peut être
l'œuvre du peuple lui-même. Aussi une loi élaborée
par le Corps législatif ne pourra-t-elle être considérée
comme définitive que si la nation n'élève point d'objection contre elle. Le Corps législatif fut donc chargé
de faire des décrets, mais ne fit que proposer la loi,
et si dans dix départements une ou plusieurs Assemblées primaires réclamaient dans les trente jours suivants la confection de la loi, celle-ci ne pouvait être
considérée comme applicable.

Quant au Conseil exécutif, il devait être composé de
vingt-quatre membres nommés à un triple suffrage.

Les Assemblées primaires devaient nommer une Assem-blée électorale par département. Chacune de ces As-semblées électorales devaient nommer un candidat et c'était au Corps législatif qu'il appartenait de choisir sur la liste générale des candidats, les membres du Conseil exécutif. Ce Conseil était renouvelable chaque année par moitié.

Tel est le squelette du projet de Constitution que Hérault de Séchelles proposa à l'acceptation de l'As-semblée. Il importait beaucoup d'en hâter la discus-sion. La contre-révolution faisait, en effet, ainsi que nous l'avons dit plus haut, des progrès rapides. Les Girondins semblaient s'être alliés aux royalistes pour causer la chute de la Convention et les départements, en grande partie girondins, paraissaient s'unir de jour en jour davantage pour déclarer au Paris jacobin une lutte terrible. Il était donc indispensable à la Montagne, si elle voulait se rallier la province, que la Constitution fût votée sans retard et voilà pourquoi la Convention mit une telle précipitation à discuter et à voter le pro-jet de Hérault de Séchelles, qui, présenté le 11 juin 1793, fut adopté le 24, c'est-à-dire en treize séances.

La discussion commença dans la séance du 11 juin. L'Assemblée, après avoir décrété que la « Répu-blique française est une et indivisible », passe à la discussion du chapitre II : « De la distribution du peuple ». La rédaction proposée par le comité est la suivante : « Le peuple français est distribué pour l'exercice de souveraineté en Assemblées primaires de canton : il est distribué pour l'administration et la justice en départements, districts et municipalités ». Cet article est voté presque sans discussion, tel qu'il est proposé par le comité.

Il est procédé ensuite au vote du chapitre III inti-

tulé : « De l'état des citoyens ». L'article I est ainsi
conçu ; « Tout homme né en France, âgé de vingt et
un ans accomplis ; tout étranger âgé pareillement de
vingt et un ans accomplis, qui, depuis une année, vit
de son travail dans la république, celui qui acquiert
en France une propriété et y réside depuis un an ;
celui qui épouse une Française et réside en France
depuis un an ; tout étranger enfin qui sera jugé par
le Corps législatif avoir bien mérité de l'humanité,
est admis à l'exercice des droits de citoyen français ».
Cet article fut l'objet d'une légère discussion. Thuriot
objecta qu'il fallait « déterminer l'état de l'individu,
car un homme riche pourrait occuper un grand nombre d'ouvriers ou de domestiques pour voter en sa
faveur. — Je demande, dit-il, qu'on substitue au mot
réside le mot domicilié ; car pour être domicilié, il
faut avoir loué l'appartement ou acheté la maison où
on loge. » L'article rédigé par le comité fut adopté
avec l'amendement de Thuriot.

Hérault lit ensuite l'article III ainsi conçu : « L'exercice des droits de citoyen est suspendu, par l'état d'accusation, par un jugement de contumace, tant que le
jugement n'est pas anéanti, par la démence ou la prodi-
galité légalement constatée ». L'article est adopté et le
premier article du chapitre IV est lu ensuite : « Le
peuple exerce sa souveraineté dans les Assemblées
primaires ». C'est alors qu'un des députés prit la
parole et demanda que « pour fermer toutes les lois
au fédéralisme (visant ainsi la Gironde), l'article
présenté par le comité fût ainsi rédigé : « Le peuple
est l'universalité des citoyens français ; il exerce sa souveraineté dans les Assemblées primaires ». Cette
rédaction fut adoptée.

L'article II : « Il nomme immédiatement ses repré-

sentants et les membres du jury national. Il délègue à des
électeurs le choix des administrateurs et des juges »,
est soumis au vote ; mais le capucin Chabot demande
que l'Assemblée adopte la première partie de l'article et
qu'elle ajourne la seconde, relative aux administrateurs et aux juges, à la prochaine discussion. Chabot
trouve dans l'article 2, tel que le rédigea Hérault de
Séchelles, une contradiction évidente : « Le peuple, dit-
il, nomme immédiatement les grands juges de la nation.
Pourquoi déléguez-vous à des électeurs le choix des
juges locaux ? » L'Assemblée adopte la proposition.

Dans cette journée du 11 juin, 7 articles du projet
de Constitution venaient d'être votés. La souveraineté
du peuple et le suffrage universel étaient consacrés légalement ; toutefois, une restriction importante y avait
été apportée par l'amendement de Thuriot qui, en exigeant d'un citoyen l'obligation d'avoir loué l'appartement ou acheté la maison qu'il habite pour pouvoir
se dire domicilié, excluait ainsi les domestiques et
gens à gages.

Dans la séance de la Convention du mercredi
13 juin, Hérault présente en ces termes la rédaction
des deux premiers articles du chapitre V :

Art. I. — Les Assemblées primaires se composent
des citoyens domiciliés depuis trois mois dans le même
canton.

Art. II. — Les Assemblées primaires sont composées de 300 citoyens au moins, et de 600 au plus, appelés à voter.

La croix demande que la durée du domicile soit
portée de trois à six mois et l'Assemblée vote ainsi l'article 1ᵉʳ : « Les Assemblées primaires se composent
des citoyens domiciliés depuis six mois dans le même
canton. » Quant à l'article II, il est voté avec un amen-

dement proposé par Guyomard « pour le plus grand avantage des habitants des campagnes », et abaissant de 300 à 200 le minimum du nombre des citoyens devant composer une Assemblée primaire.

Les articles III, IV et V, concernant la nomination des présidents, des secrétaires et des scrutateurs, des Assemblées primaires, sont ensuite votés sans discussion et l'on passe à la lecture de l'article VI : « Les élections seront faites au scrutin signé ; les scrutateurs constateront le vote des citoyens qui ne savent point signer. »

Une discussion assez vive s'engagea aussitôt sur cet article. Réal déclare qu'il gêne la liberté des suffrages.

Saint-André appuie l'article du comité, car « les vrais républicains ne craignent pas d'émettre leur opinion.

Thuriot demande que les citoyens soient libres de voter à haute voix ou par écrit.

Goffuin voudrait que les élections soient faites à la majorité absolue, soit à haute voix, soit au scrutin signé. Mais Ducos s'oppose formellement à cette proposition. « Ne voyez-vous pas, s'écrie-t-il, en suivant un tel mode, quel avantage acquerrait l'homme à qui la fortune ou les partisans pourraient faire espérer d'emporter les suffrages ? Le chef de manufacture, le gros fermier, par exemple, dont les ouvriers sont autant de voix. Si vous voulez mettre un frein à la brigue, rejetez donc le mode proposé. Je demande que le décret soit maintenu, et qu'on dise simplement : les élections seront faites au scrutin. »

Cette discussion énerve l'Assemblée, dont une partie réclame le vote de l'article proposé. Mais Danton déclare que la question n'est pas éclaircie ; et s'appuyant sur la déclaration des droits qui veut que chacun puisse

émettre librement son opinion, il dit à la Convention :
« Je demande que chacun ait la liberté de voter à son
choix ; j'observe seulement que la lumière et la publicité sont les aliments naturels de la liberté. Je demande
donc que le riche puisse écrire, et que le pauvre puisse
parler. »

Barère observe « que le secret du scrutin donnerait aux hommes faibles ou corrompus la faculté de
déposer trop souvent dans l'urne de mauvais choix,
et que, d'ailleurs, on ne peut pas contester aux bons
citoyens le droit d'être courageux. Je demande, ajoute-
t-il, qu'on laisse aux votants le choix du vote. »

La discussion est aussitôt fermée sur cette dernière
remarque et le rapporteur Hérault de Séchelles modifie l'article qu'il avait tout d'abord présenté en ces
termes : « les élections seront faites au scrutin signé.
Les scrutateurs constateront le vote des citoyens qui
ne savent pas signer. » Il propose une nouvelle rédaction ainsi conçue : « Les élections sont faites à haute
voix ou au scrutin, au choix des votants ».

L'article VII : « Les suffrages sur les lois sont donnés par oui et par non », et l'article VIII : « Le vœu
de l'Assemblée primaire est proclamé ainsi : l'Assemblée accepte, l'Assemblée rejette », sont ensuite votés ;
le premier, tel qu'il avait été rédigé par le Comité ; le
second, avec un amendement exigeant que le nombre
des voix soit exprimé.

Dans la séance du jeudi 13 juin, il est procédé à la
discussion d'une partie importante de l'acte constitutionnel, celle ayant rapport à la représentation nationale et formant le chapitre VI du projet d'Hérault de
Séchelles.

L'article 1er : « La population est la seule base de
la représentation nationale », est adopté sans discus-

sion. Il n'en est pas de même des articles II et III :
« Il y a un député en raison de cinquante mille individus ». « Chaque réunion de canton, formant une
population de cinquante mille âmes, nomme immédiatement un député. »

Thuriot n'accepte pas cette disposition, car il observe
« que les localités s'opposeraient fréquemment à l'exécution de cet article ; que, dans les pays de landes et
de marais, il faudrait un espace immense pour réunir
cinquante mille individus, et qu'on exposerait ce pays
à n'avoir pas de représentants. Je demande, dit-il,
qu'on laisse plus de latitude, en disant : « Il y a un
député en raison de quarante à cinquante mille individus. »

Ducos voudrait, au contraire, que la représentation
nationale fût réduite de moitié et qu'il n'y ait « qu'un
député en raison de cent mille individus », car il y a
peu d'hommes qui méritent la confiance publique.

Une proposition inverse est faite par Thirion, qui
demande au contraire que la représentation nationale
soit doublée. Il voudrait qu'il y eût un député en raison de vingt-cinq mille âmes.

Saint-André cherche un juste milieu entre les propositions extrêmes de Ducos et de Thirion. Aussi
appuie-t-il celle de Thuriot, qui voudrait un député en
raison de quarante à cinquante mille âmes. Mais Levasseur fait observer que si l'on établit cette latitude, les
départements, pour avoir un député de plus, pren-
dront toujours le nombre de quarante mille. Aussi,
pour remédier à cet inconvénient, propose-t-il « qu'au
lieu de compter la population par canton, on la compte
par Assemblées primaires et qu'alors le nombre d'individus soit invariablement fixé. »

Ramel-Nogaret annonce « que le Comité a supprimé

la représentation départementale, pour éviter le fédéralisme et empêcher les députés de parler désormais au nom de leurs départements. J'ajoute, dit-il, que la base de la population adoptée par le Comité produira une représentation nationale d'environ cinq cent quarante députés. Au reste, j'adopte la proposition de Levasseur ».

Thuriot pense « que l'Assemblée nationale doit être composée de six cents députés, et que ce nombre est mieux proportionné à l'étendue de la République ». Cet avis est partagé par la majorité de la Convention et, après une observation de Ramel d'après laquelle, pour arriver au nombre de six cents, il faut qu'il y ait un député en raison de quarante mille âmes, l'Assemblée modifie ainsi l'article II du Chapitre VI : « Chaque réunion d'Assemblées primaires provenant d'une population de quarante-neuf à cinquante-un mille âmes, nomme immédiatement un député ».

Le vote de cet article était à peine terminé que la séance fut interrompue par l'arrivée d'une députation de l'administration du département de Paris, venant demander à l'Assemblée de convertir en décret un arrêté du Conseil de département pris dans le but de « ramener dans toute la République la paix et l'union qui doivent régner au milieu d'un peuple de héros. »

La discussion de la Constitution ne fut reprise que dans la séance du vendredi 14 juin. L'article IV du chapitre VI : « La nomination se fait à la majorité absolue des suffrages, » est voté sans discussion. Mais l'article V ainsi conçu : « Chaque Assemblée fait le dépouillement des suffrages, le recensement général se fait au lieu désigné comme le plus central », fait, sur la proposition de Lacroix, l'objet d'une autre rédaction. Il est ainsi voté : « Chaque Assemblée fait le dépouillement des suffrages, et envoie un commissaire pour le recensement général qui se fait au lieu désigné comme le plus central ».

Les articles VI et VII sont ensuite décrétés en ces termes : « Si le premier recensement ne donne point de majorité absolue, il est procédé à un second appel et on vote entre les deux citoyens qui ont réuni le plus de voix. » Art. VII. « En cas d'égalité des voix, le plus âgé a la préférence, soit pour être ballotté, soit pour être élu : en cas d'égalité d'âge, le sort décide ».

L'article VIII fut l'objet d'une vive discussion. « Tout Français exerçant les droits de citoyen, dit cet article, est éligible dans toute l'étendue de la République ; chaque député appartient à la nation ».

Lacroix, de la Marne, trouve, dans cette rédaction, beaucoup d'inconvénients. « Vous concentrez, dit-il, la représentation nationale dans un petit nombre d'hommes qui auront usurpé une réputation quelconque par la publicité de leurs noms à la défense de quelques causes, à quelques journaux ; ainsi vous établissez l'aristocratie de réputations, non moins dangereuse que les autres. » Et il cite l'exemple des Anglais qui choisissent leurs députés dans toute l'étendue du territoire ; or il règne dans le parlement d'Angleterre la corruption la plus monstrueuse ; et il demande, au nom de l'égalité des droits, « qu'aucun citoyen ne puisse être élu représentant du peuple qu'après six mois de domicile dans l'arrondissement qui aura voté en sa faveur ».

Garrout voudrait, au contraire, donner la plus grande latitude à la représentation nationale et craint qu'en limitant le choix des députés aux départements dans lesquels ils résident, la Convention ne favorise l'esprit fédéraliste. « Le plus sûr moyen d'anéantir l'intrigue,

dit-il, est de ne restreindre en aucune manière la souveraineté du peuple ; or, n'enchaînez-vous pas la liberté du peuple ; ne gênez-vous pas ses suffrages ; ne
commandez-vous pas à sa confiance, en restreignant
son choix dans un cercle limité ? ...... Le Comité a
voulu éviter le fédéralisme, anéantir l'esprit des localités ; la proposition qui vous est faite me paraît
propre à établir cet esprit. Je vote pour l'adoption de
l'article du Comité ».

Genillieux appuie la proposition de Lacroix. Il
trouve, comme ce dernier, que l'adoption de l'article du
Comité créera une aristocratie de talents et qu'il n'y
aura de nommés que ceux que leurs journaux ou leurs
richesses auront rendus célèbres. Il considère comme
injurieux pour le peuple français la rédaction d'Hérault de Séchelles qui a l'air de supposer qu'il est difficile de trouver dans chaque arrondissement un homme
digne de confiance. « Sans doute, dit-il, la patrie
serait bien malheureuse, si, sur une population de
quarante à cinquante mille âmes, on pouvait craindre
de ne pas trouver un citoyen digne de confiance, un
citoyen vertueux. J'observe qu'il n'y aura pas toujours
une Constitution à faire. Ce sera surtout la vertu qui
devra réunir les suffrages. Je me résume à demander
que les députés ne puissent être nommés que dans
leur arrondissement ».

Boyer-Fonfrède combat cette opinion qui ne fait que
reproduire celle de Lacroix. « Vous voulez, dit-il,
détruire l'aristocratie et le fédéralisme ; il me semble
qu'en abolissant la représentation départementale,
vous en avez étouffé les germes. Observez d'ailleurs
que la nation française ne renferme pas encore un
grand nombre d'hommes qui aient réfléchi sur l'éco-
nomie politique et la législation ; or, dans certaines

collections d'Assemblées primaires, il ne sera pas possible d'en trouver un seul ; il serait donc contraire à la saine raison d'empêcher les Assemblées primaires de choisir dans les cantons voisins un homme éclairé et vertueux ; et, sans contredit, l'inconvénient qui pourrait en résulter serait beaucoup plus grave que d'appeler l'ignorance à régir la République. J'observe que vous ne pourrez en rien limiter l'exercice de la souveraineté du peuple ».

Poulain Grandpré, passant à un autre ordre d'idées, demande, comme article additionnel, que les membres d'une législature ne puissent être élus à la législature suivante. Cette motion, qui tend à renouveler et à étendre le malheureux décret que l'Assemblée Constituante avait pris à son propre sujet, est accueillie avec des murmures, et la discussion se termine par les observations de Thuriot qui demande à la Convention de ne pas enfreindre le principe de la souveraineté du peuple. « Si vous dites au peuple, s'écrie-t-il : tu ne peux choisir que les citoyens domiciliés dans tel ou tel arrondissement, il est clair que vous gênez en cela l'exercice de la souveraineté. Quand le peuple croit quelqu'un digne de sa confiance, il peut l'aller chercher partout où il se trouve. Je demande donc que l'amendement proposé par Lacroix soit rejeté ».

Après ces dernières paroles, la clôture de la discussion est votée par l'Assemblée et l'article VIII du projet de Constitution est mis aux voix dans la forme même qu'avait proposée le Comité : « Tout Français exerçant les droits de citoyen est éligible dans l'étendue de la République. Chaque député appartient à la nation entière ». Cette rédaction est adoptée et la discussion sur l'Acte constitutionnel est momentanément interrompue pour la lecture d'un rapport du Comité de

salut public. Elle est reprise peu après et le rapporteur
lit l'article IX du chapitre VI, ainsi conçu : « En cas
de non-acceptation, de démission, de déchéance ou de
mort d'un député, il est pourvu à son remplacement
par les Assemblées primaires qui l'ont nommé ».

Guyomard demande qu'il y ait des suppléants.
Cela est d'autant plus nécessaire que, si l'Assemblée
nationale était dissoute, il faudrait que des suppléants
pussent promptement se réunir. Le peuple finirait
d'ailleurs par se fatiguer des fréquentes réunions dans
les Assemblées primaires.

Thuriot répond qu'il repousse l'idée de nommer
des suppléants, car « il est important que le peuple ne
choisisse un mandataire qu'au moment où ce mandataire doit entrer en exercice. »

Daumont et Géniffieux soutiennent l'amendement
de Guyomard ; mais Hérault de Séchelles déclare, avec
juste raison, qu'il ne voit pas la raison de nommer six
cents suppléants « pour quelques députés qui, dans le
cours d'une session, peuvent laisser leur poste vacant ».
Il considère cette mesure comme dangereuse et anti-
populaire.

Meaulle, pour corroborer les paroles d'Hérault, déclare que nommer des suppléants serait une mesure
illusoire : « car si un usurpateur venait à dissoudre le
Corps législatif, qui a la confiance du peuple au premier degré, quelle pourrait être la résistance de l'Assemblée des suppléants, qui ne seraient pas investis de
cette confiance ? »

L'article du Comité est adopté et il est procédé à la
discussion de l'article X : « Le député qui a donné sa
démission ne peut quitter son poste qu'après l'admission de son successeur ». Cette proposition arbitraire
soulève les protestations de Robespierre. « Il est contre

tous les principes, dit-il, d'exiger d'un fonctionnaire public de conserver ses fonctions quand il ne veut plus les remplir, c'est vouloir le priver de la liberté individuelle. » Et Robespierre demande que l'article X soit retranché de la Constitution.

Ces critiques ne manquaient pas de justesse, mais ce fut malgré tout le Comité qui l'emporta et la rédaction qu'il avait proposée fut votée sans amendement.

Après une interruption assez longue, le rapporteur donne lecture de l'article XI : « Le peuple français s'assemble tous les ans, de droit, le 1er mai pour les élections ». Cet article est voté malgré la présentation d'un amendement de Garron-Coulon tendant à faire décréter que les Assemblées primaires se réuniront chaque année de plein droit, non le 1er mai, mais le premier dimanche du même mois.

L'article XII est ensuite soumis à la discussion : « Les Assemblées primaires peuvent se former extraordinairement par la réunion de la majorité plus un, des membres qui les composent ». L'ajournement du vote est décrété, sur les observations de Robespierre l'aîné, qui, malgré ses tendances ultra-démocratiques, trouve cependant que l'article proposé « établit un excès de démocratie qui renverse les droits du peuple ».

Au début de la séance du samedi 15 juin, Hérault de Séchelles rappelle la question laissée indécise, de savoir si le Conseil exécutif, les Corps administratifs et judiciaires seraient élus directement par le peuple ou par des corps électoraux.

La discussion fut assez longue et le débat assez vif, car les Jacobins ne voulaient à aucun prix accepter le suffrage à deux degrés et la création des Assemblées électorales, qu'on leur avait dites imbues de l'esprit départemental, et propres à favoriser la contre-révolu-

tion. Témoins de la révolte des départements contre
Paris, ils craignaient de favoriser par l'établissement
des Assemblées électorales l'esprit antiparisien de la
province qui menaçait Paris où ils régnaient en maîtres,
Les terribles anathèmes d'Isnard étaient sans cesse
présents à leur esprit et leur paraissaient tellement pro-
phétiques depuis leur commencement d'exécution par
le mouvement départemental, que la destruction de
Paris semblait aux Montagnards une nouvelle épée de
Damoclès suspendue au-dessus de leurs têtes.

Aussi, dès que la discussion fut ouverte sur le sujet
de savoir si les membres du Conseil exécutif, les Corps
administratifs et judiciaires seraient nommés au double
suffrage, Guyomard s'empressa-t-il d'y faire opposition. « C'est, dit-il, l'institution la plus vicieuse de
l'ancienne Constitution. Si vous voulez surtout éviter
le fédéralisme, il faut faire exercer au peuple tous les
droits qui lui appartiennent, et cela me paraît très facile dans ce cas ; vous réunissez un grand nombre
d'Assemblées primaires pour le choix d'un représentant du peuple, réunissez-en moins pour celui des
administrateurs et des juges, et ne formez pas de
grands corps qui, pouvant se coaliser, mettraient la
République en péril ».

Levasseur fait remarquer que si l'on donnait au
Conseil exécutif et à l'administration le caractère de
représentation qui naît du choix immédiat du peuple,
« bientôt les deux pouvoirs s'élèveraient l'un contre
l'autre, et l'anarchie la plus effrayante résulterait de
cette lutte. Il faut, ajoute-t-il, un corps intermédiaire
pour la nomination des membres du Conseil et de
l'administration, et je demande qu'on crée des corps
électoraux ».

Chabot répond que la crainte de voir les deux pou-

voirs s'élever l'un contre l'autre n'est pas écartée par
le mode des corps électoraux. Au contraire les membres
des corps administratifs auront peut-être la prétention
d'avoir un caractère de représentation plus pur, parce
qu'ils auront été formés par d'autres corps spécialement revêtus de la confiance du peuple. Mais, le principal argument invoqué par l'ex-capucin est que voter
la création d'Assemblées électorales serait méconnaître
le grand principe d'une Constitution démocratique, à
savoir que « le peuple doit faire par lui-même tout ce
qu'il est possible qu'il fasse ; donc, si le peuple peut
élire lui-même ses administrateurs, il faut qu'il les
élise ».

Thuriot combat ces arguments et Robespierre termine la discussion en faisant remarquer « combien il
est essentiel à la conservation de la liberté qu'il ne s'é-
tablisse pas une rivalité dangereuse entre le Conseil
exécutif et le Corps législatif, ce qui ne manquerait pas
d'arriver si les pouvoirs du Conseil lui venaient immédiatement du peuple, comme ceux du Corps législatif ;
car, les tenant de la même force, il pourrait se croire
égal en puissance, et augmenter encore son ascendant
de toute la force dont il est, par sa nature, environné
pour l'exécution ».

Ces diverses raisons en faveur de la création d'Assemblées électorales sont adoptées par la majorité des
députés et la Convention vote, en conséquence, les articles suivants :

CHAPITRE VII

Article premier. — Il y aura des électeurs.
Art. 2. — Il sera nommé dans les Assemblées primaires un électeur à raison de deux cents citoyens présents
ou non à l'Assemblée primaire.
Art. 3. — Il en sera nommé deux, depuis trois cent

un citoyens, jusqu'à quatre cents et depuis cinq cent un jusqu'à six cents.

Art. 4. — La tenue des Assemblées électorales et le mode des élections sont les mêmes que pour les Assemblées primaires.

Les quatre premiers articles du chapitre VII sont ensuite votés en ces termes :

Article premier. — Le Corps législatif est un, indivisible et permanent.

Art. 2. — Sa session est d'un an.

Art. 3. — L'Assemblée législative se réunit le 1er juillet.

Art. 4. — Elle ne peut se constituer, si elle n'est composée au moins de la moitié des députés plus un.

L'article V est l'objet d'une discussion assez vive. Il est énoncé en ces termes : « Les députés représentants du peuple ne peuvent être recherchés, accusés, ni jugés en aucun temps pour les opinions qu'ils ont énoncées dans le sein du Corps législatif. » Rulh demande qu'on mette dans l'article : « à moins que ces opinions ne tendent à rétablir la royauté ».

Thuriot voudrait qu'on ajoutât : « à détruire l'unité et l'indivisibilité de la République ». Quant à Rafron, il s'oppose à l'article, sous le prétexte que « c'est un brevet d'impunité pour tous les mauvais citoyens qui trahissent les intérêts de la nation ».

Bazire ajoute « qu'il est très possible qu'un membre propose d'anéantir la République, que la majorité corrompue l'adopte et nomme un tyran. » Aussi, pour remédier à cet inconvénient, propose-t-il l'établissement d'un jury national ayant pour mission de juger ceux qui parleraient contre l'établissement de la République.

Thuriot s'oppose à tout amendement à l'article, car « il importe à la République que les opinions de ses représentants ne soient point entravées, qu'ils puissent donner à la tribune la mesure de leur patriotisme. Du reste, en permettant aux députés d'émettre à la tribune leurs opinions quelles qu'elles soient, le peuple les connaîtra et pourra faire justice de celles qui tendraient à renverser la République ».

En conséquence, l'article V est adopté tel qu'il a été rédigé par le Comité et l'article VI est voté ensuite tel qu'il suit : « Ils peuvent (les députés), pour fait criminel, être saisis en flagrant délit ; mais le mandat d'arrêt, ni le mandat d'amener ne peuvent être décernés contre eux qu'avec l'autorisation du Corps législatif ».

En fin de séance, l'Assemblée vote le Chapitre IX sur la tenue des séances du Corps législatif et le chapitre X ayant rapport à ses fonctions.

Consacrant un des principes chers à Hérault de Séchelles, à savoir que les lois doivent être sanctionnées par le peuple, tandis que les décrets sont applicables dès qu'ils ont été votés par le Corps législatif, la Convention décrète :

Article premier. — Le Corps législatif propose des lois et rend des décrets.

Art. 2. — Sont compris sous le nom général de loi, les actes du Corps législatif concernant : — La législation civile et criminelle ; — L'administration générale des revenus et des dépenses ordinaires de la République ; — Les domaines nationaux ; — Le titre, le poids, l'empreinte et la dénomination des monnaies ; — La nature, le montant et la perception des contributions ; — La déclaration de guerre ; — Toute nouvelle distribution générale du territoire français ; — L'instruction publique ; — Les honneurs publics à la mémoire des grands hommes.

Art. 3. — Sont désignés, sous le nom particulier de décret, les actes du Corps Législatif concernant : — L'établissement annuel des forces de terre et de mer ; — La

permission ou la défense du passage des troupes étrangè¯
res sur le territoire français ; — L'introduction des force[s]
navales étrangères dans les ports de la République ; —
Les mesures de sûreté et de tranquillité générales : — La
distribution annuelle et momentanée des secours et travaux publics ; — Les ordres pour la fabrication des
monnaies de toute espèce ; — Les dépenses imprévues et
extraordinaires ; — Les mesures locales et particulières
à une administration, à une commune, à un genre de
travaux publics ; — La défense du territoire ; — La ratification des traités ; — La nomination et la destitution
des commandants en chef des armées : — La poursuite de
la responsabilité des membres du Conseil, des fonctionnaires publics ; — L'accusation des prévenus de complots
contre la sûreté générale de la République ; — Tout changement dans la distribution partielle du territoire français ; — Les récompenses nationales.

Là s'arrête la discussion de la Convention sur les
questions ayant quelque rapport avec le système électoral qui devait former toute une partie de la Constitution montagnarde.

L'œuvre d'Hérault de Séchelles avait été presque
entièrement adoptée sans discussion et voici quels
sont les articles votés depuis le 10 juin jusqu'au 15
juin 1793 :

Article premier. — La République française est une et
indivisible.

Art. 2. — Le peuple français est distribué, pour l'exercice de sa souveraineté, en Assemblées primaires de
cantons.

Art. 3. — Il est distribué, pour l'administration et pour
la justice, en départements, districts, municipalités.

Art. 4. — Tout homme né et domicilié en France, âgé
de vingt et un ans accomplis ; — Tout étranger âgé de
vingt et un ans accomplis, qui, domicilié en France depuis
une année, — y vit de son travail, — ou acquiert une
propriété, — ou épouse une Française, — ou adopte un
enfant, — ou nourrit un vieillard ; — Tout étranger
enfin, qui sera jugé par le Corps législatif avoir bien

mérité de l'humanité, — est admis à l'exercice des droits de citoyen français.

Art. 5. — L'exercice des droits de citoyen se perd : — Par la naturalisation en pays étranger ; — Par l'acceptation de fonctions ou faveurs émanées d'un gouvernement non populaire ; — Par la condamnation à des peines infamantes ou afflictives, jusqu'à réhabilitation.

Art. 6. — L'exercice des droits de citoyen est suspendu : — Par l'état d'accusation ; — Par un jugement de contumace, tant que le jugement n'est pas anéanti.

Art. 7. — Le peuple souverain est l'universalité des citoyens français.

Art. 8. — Il nomme immédiatement ses députés.

Art. 9. — Il délègue à des électeurs le choix des administrateurs, des arbitres publics, des juges criminels et de cassation.

Art. 10. — Il délibère sur les lois.

Art. 11. — Les Assemblées primaires se composent des citoyens domiciliés depuis six mois dans chaque canton.

Art. 12. — Elles sont composées de deux cents citoyens au moins, de six cents au plus, appelés à voter.

Art. 13. — Elles sont constituées par la nomination d'un président, de secrétaires, de scrutateurs.

Art. 14. — Leur police leur appartient.

Art. 15. — Nul n'y peut paraître en armes.

Art. 16. — Les élections se font au scrutin, ou à haute voix, au choix de chaque votant.

Art. 17. — Une Assemblée primaire ne peut prescrire un mode uniforme de voter.

Art. 18. — Les scrutateurs constatent le vote des citoyens qui, ne sachant pas écrire, préfèrent de voter au scrutin.

Art. 19. — Les suffrages sur les lois sont donnés par oui et par non.

Art. 20. — Le vœu de l'Assemblée primaire est proclamé ainsi : Les citoyens réunis en Assemblée primaire de..... au nombre de..... votants, votent pour ou votent contre, à la majorité de.....

Art. 21. — La population est la seule base de la représentation nationale.

Art. 22. — Il y a une députation à raison de quarante mille individus.

Art. 23. — Chaque réunion d'Assemblées primaires,

résultant d'une population de 39.000 à 41.000 âmes, nomme immédiatement un député.

Art. 24. — La nomination se fait à la majorité absolue des suffrages.

Art. 25. — Chaque Assemblée fait le dépouillement des suffrages, et envoie un commissaire pour le recensement général au lieu désigné comme le plus central.

Art. 26. — Si le premier recensement ne donne point de majorité absolue, il est procédé à un second appel, et on vote entre les deux citoyens qui ont réuni le plus de voix.

Art. 27. — En cas d'égalité de voix, le plus âgé a la préférence, soit pour être ballotté, soit pour être élu. En cas d'égalité d'âge, le sort décide.

Art. 28. — Tout Français exerçant les droits de citoyen est éligible dans l'étendue de la République.

Art. 29, — Chaque député appartient à la nation entière.

Art. 30. — En cas de non-acceptation, démission, déchéance ou mort d'un député, il est pourvu à son remplacement par les Assemblées primaires qui l'ont nommé.

Art. 31. — Un député qui a donné sa démission ne peut quitter son poste qu'après l'admission de son successeur.

Art. 32. — Le peuple français s'assemble tous les ans, le premier dimanche de mai, pour les élections.

Art. 33. — Il y procède, quel que soit le nombre des citoyens ayant droit d'y voter.

Art. 34. — Les Assemblées primaires se forment extraordinairement, sur la demande du cinquième des citoyens qui ont droit d'y voter.

Art. 35. — La convocation se fait, en ce cas, par la municipalité du lieu ordinaire du rassemblement.

Art. 36. — Ces Assemblées primaires ne délibèrent qu'autant que la moitié, plus un, des citoyens qui ont droit d'y voter, sont présents.

Art. 37. — Les citoyens, réunis en Assemblées primaires, nomment un électeur à raison de 200 citoyens présents ou non ; deux depuis 300 jusqu'à 400 ; trois depuis 501 jusqu'à 600.

Art. 38. — La tenue des Assemblées électorales et le mode des élections sont les mêmes que dans les Assemblées primaires.

Art. 39. — Le Corps Législatif est un, indivisible et permanent.

Art. 40. — Sa session est d'un an.

Art. 41. — Il se réunit le premier juillet.

Art. 42. — L'Assemblée nationale ne peut se constituer, si elle n'est composée au moins de la moitié des députés, plus un.

Art. 43. — Les députés ne peuvent être recherchés, accusés ni jugés, en aucun temps, pour les opinions qu'ils ont énoncées dans le sein du Corps Législatif.

Art. 44. — Ils peuvent, pour fait criminel, être saisis en flagrant délit : mais le mandat d'arrêt ni le mandat d'amener ne peuvent être décernés contre eux qu'avec l'autorisation du Corps législatif.

Suivent les articles 45 à 53 sur la tenue des séances du Corps législatif et les articles 53 à 56 sur les fonctions.

De la discussion sur le projet d'Hérault de Séchelles, que nous avons rapporté plus haut, nous pouvons conclure que l'idée fondamentale qui présida au vote de la Constitution fut celle de l'égalité civile et politique des hommes. Mais, à côté de ce principe que les Conventionnels poussèrent à l'extrême afin de démocratiser le suffrage, encore plus que ne l'avaient fait les Girondins, nous sentons surgir la crainte de favoriser l'esprit fédéraliste des départements et de les armer ainsi contre Paris. Mais il fallait cependant ne pas s'aliéner la province. Les Montagnards considéraient le vote de la Constitution comme un moyen de rallier à eux les départements insurgés ; ils cherchèrent une transaction et nous verrons par quel artifice ils arrivèrent à la fois à appliquer dans tout l'Acte constitutionnel le principe d'égalité, à mettre la province dans l'impuissance de nuire à la capitale et à lui donner cependant un rôle important dans la confection des lois.

Le principe qui présida au vote de la Constitution se trouve nettement exprimé dans le rapport d'Hérault de Séchelles. « C'est toujours à la dernière limite, disait-il dans la séance du 10 juin, que nous nous sommes attachés à saisir les droits de l'humanité. Si quelquefois nous avons été forcés de renoncer à cette sévérité de théorie, c'est qu'alors la possibilité n'y était plus..... Le Code dont nous nous sommes débarrassés pour jamais attribuait une odieuse préférence à des citoyens nommés actifs, souvenir qui n'est plus que du domaine de l'histoire qui sera forcée de la raconter en rougissant. »

Et, en effet, il suffit désormais d'être domicilié depuis six mois dans le canton pour pouvoir être admis aux Assemblées primaires. Aucun cens n'est plus exigé. Nous sommes loin, désormais, de la Constitution bourgeoise de 1791.

La quote-part de contribution payée par le département n'entre même plus en ligne de compte pour la détermination du nombre des députés qui doivent lui être attribués. Il y a un député en raison de 40.000 individus : désormais, la population est la seule base de la représentation nationale.

En cela, du reste, la Constitution du 24 juin 1793 ne faisait que reproduire le plan de Condorcet. Nous constatons, du reste, à chaque article de la Constitution montagnarde une très grande analogie avec les dispositions du projet girondin. Comme lui, comme aussi l'œuvre constitutionnelle de 1791, elle est précédée d'une Déclaration des droits fondée sur les théories philosophiques du xviiie siècle. Les premiers articles du plan de Condorcet votés par la Convention, avant la journée du 2 juin, s'y trouvent reproduits avec cette différence sans doute que nous retrouvons dans tout l'Acte constitutionnel, à savoir que celui-ci est conçu dans une forme infiniment plus concise que celle des autres Constitutions. Comme le projet girondin, la Constitution du 24 juin déclare que la République française est une et indivisible ; que tout homme âgé de vingt et un ans accomplis, né et domicilié en France, est citoyen de la République. Elle reconnaît comme elle que le peuple souverain est l'universalité des citoyens français. Comme elle encore, elle établit le suffrage universel en décrétant que les Assemblées primaires se composent des citoyens domiciliés depuis six mois dans chaque canton.

Toutefois, si la Convention s'était efforcée de démocratiser la Déclaration des droits plus encore que ne l'avait fait la Gironde, elle semble avoir donné à certaines élections un caractère moins démocratique. C'est ainsi que, tandis que le projet de Condorcet faisait élire les membres du Conseil exécutif « immédiatement par les citoyens de la République dans leurs Assemblées primaires », et établissait dans ce but le double scrutin que nous avons analysé, l'Acte constitutionnel du 24 juin établit des Assemblées électorales chargées de procéder à la nomination des membres du Conseil exécutif et des diverses administrations.

Au sujet des formes de délibération des Assemblées primaires, nous constatons une différence entre les deux Constitutions. En effet, tandis que le projet girondin portait : « Chaque votant écrira ou fera écrire sur son bulletin oui ou non. Il le signera ou le fera signer en son nom, par l'un des membres du bureau, avant de le déposer dans l'urne, » le projet montagnard décrète seulement : « Les élections se font au scrutin, ou à haute voix, au choix de chaque votant. » L'Acte constitutionnel du 24 juin présentait donc à ce sujet une motion plus libérale, puisqu'il laissait la forme du vote au choix de chaque votant et déclarait qu'une « Assemblée primaire ne peut, en aucun cas, prescrire un mode uniforme de voter. »

La Constitution du 24 juin 1793, ayant pour base la souveraineté populaire s'exerçant selon les principes de J.-J. Rousseau, c'est-à-dire par le suffrage universel, peut donc être considérée comme éminemment démocratique. Composée dans le but d'accorder à la masse du peuple plus de droits que ne l'avait fait Condorcet, le projet d'Hérault de Séchelles fit un pas en avant et sa Déclaration des droits plus égalitaire que les précédentes contient en germe les principes imbus du pur esprit démocratique que nous avons trouvé dans les divers articles de la Constitution.

Parfois, cependant, l'Acte constitutionnel paraît être moins démocratique que le projet girondin. C'est ainsi que les Montagnards rétablirent, dans certains cas, le suffrage à deux degrés. Les administrateurs, par exemple, étaient nommés à un double scrutin, et Hérault de Séchelles disait dans son rapport que : « Le peuple lui-même n'est pas en état de les choisir. » Ces paroles, qui peuvent nous étonner de la part d'un Jacobin, semblent bien indiquer que les Montagnards avaient, dans l'intelligence du peuple, moins de confiance que n'en avaient les Girondins. Condorcet, en effet, reconnaissait au peuple presque la même intelligence qu'aux autres classes de la société. Ce qui fait, d'après lui, l'infériorité du peuple, c'est le manque d'instruction. Pour Hérault de Séchelles, non seulement l'instruction fait défaut à la populace, mais son intelligence, de plus, n'est pas digne de toute confiance.

Le referendum, établissant la sanction des lois par le peuple, nous est encore une preuve de ce peu de confiance. Tandis que, d'après le projet girondin, il suffisait pour faire échouer une loi que, dans un ou deux départements, la majorité des Assemblées primaires se déclarât hostile au projet de loi, dans la Constitution montagnarde, il faut que, quarante jours après l'envoi de la loi proposée, dans la moitié des départements plus un, le dixième des Assemblées primaires de chacun d'eux, régulièrement formées, réclame contre le projet de loi.

En dehors de ces restrictions, l'Acte constitutionnel était aussi démocratique que possible. Il fut cependant critiqué amèrement. Si les Jacobins avaient fait un éloge pompeux de cette œuvre qui était la leur, le côté droit fit, au moment de la discussion, tous ses efforts pour en empêcher la lecture. Dans le sein même de la Montagne, nous trouvons des hommes qui critiquent cette Constitution. C'est ainsi qu'alors que Robespierre demandait aux Jacobins de « rédiger une adresse, sur l'heureux événement qui paraît concilier les suffrages du peuple et de tous les amis de la liberté, » Chabot s'opposa à cette mesure.

« Le projet qui vous a été présenté aujourd'hui, dit-il, mérite sans doute de très grands éloges, parce qu'il surpasse tout ce qui nous a été donné jusqu'à ce jour ; mais s'ensuit-il que les hommes de la Montagne doivent le prôner avec enthousiasme, sans examiner si le bonheur du peuple est assuré par ce même projet? On ne s'appesantit pas assez sur le sort du peuple, et c'est ce qui manque à l'Acte constitutionnel qui a été présenté. »

Pour corroborer ces paroles, l'ex-capucin attribua plusieurs défauts à la Constitution. Il l'accusa tout d'abord de ne pas parler des droits naturels de l'homme, et d'élever un pouvoir colossal et liberticide en établissant un pouvoir exécutif.

Ces critiques, qui portaient d'autant plus qu'elles émanaient d'un Montagnard de la première heure, bien qu'exagérées dans leur forme, contenaient cependant une idée juste. Ainsi que nous l'avons dit, l'Acte constitutionnel était moins démocratique que le projet de Condorcet. La Constitution montagnarde qui n'était, en somme, que la copie du plan girondin, tout en en admettant les principes en atténuait les conséquences. Et, cependant, hantée par la crainte de voir tomber Paris aux mains des Girondins que les calomnies jacobines accusaient de fédéralisme et de royalisme, l'imagination populaire se figura que la nouvelle Constitution était la plus démocratique de toutes celles qui s'étaient succédé depuis 1789.

Elle devint la bible du parti démocrate et avancé. Les socialistes eux-mêmes l'invoqueront un jour et la donneront pour base à toutes leurs revendications.

Quoi qu'il en soit des qualités et des défauts de l'Acte constitutionnel de 1793, il répondit aux espérances des jacobins. Nous avons vu que le but principal de la Gironde, en chargeant Hérault de Séchelles de préparer une Constitution, avait été de présenter à la France une œuvre qui ralliât toutes les parties de la nation et qui surtout apaisât les départements insurgés. L'Acte constitutionnel répondait à ce désir. Par sa Déclaration des droits, il donnait satisfaction aux exigences de la populace parisienne. Par l'établissement du referendum, il donnait une garantie aux départements. Ceux-ci craignaient Paris ; ils redoutaient surtout la dictature de Danton ou de Robespierre. Le referendum et la création d'un pouvoir exécutif de vingt-quatre citoyens calmaient leurs craintes puisqu'ils devaient avoir le dernier mot au sujet de la confection des lois et que leur concours était indispensable pour la nomination des membres du pouvoir exécutif.

Aussi, quand l'Acte constitutionnel fut présenté, conformément au décret de la Convention du 27 juillet 1793, à l'acceptation des Assemblées primaires, les quatre-vingt-six départements votèrent en faveur de cette Constitution et, le 10 août, Hérault de Séchelles, dans un discours qu'il fit au Champ-de-Mars, remercia les Français d'avoir accepté l'œuvre constitutionnelle dont il était l'auteur et s'écria en terminant : « Maintenant, tandis que nous constituons la France, l'Europe l'attaque de toutes parts. Jurons de défendre la Constitution jusqu'à la mort. La République est éternelle ! » Paroles qui furent peut-être sincères sur les lèvres de celui qui les prononça, mais qui ne devaient guère avoir de suite, car la Constitution fut aussi éphémère que la République. Elle ne devait jamais être appliquée.

§ III. — *Ajournement de l'application de la* Constitution.
Gouvernement révolutionnaire

Dès que l'adhésion des départements à la Constitution fut connue et cette Constitution proclamée, l'Assemblée devait, semble-t-il, prononcer sa dissolution suivant ainsi l'exemple que lui avait donné la Constituante. Cela paraissait d'autant plus naturel que la Convention avait elle-même déclaré, dans son article 8 du décret du 27 juin : « Immédiatement après la publication du vœu du peuple français, la Convention indiquera l'époque prochaine des Assemblées primaires pour l'élection des députés à l'Assemblée nationale et la formation des autorités constituées ». Or, depuis le 10 août 1793, l'on attendait en vain chaque jour le

décret qui devait convoquer les Assemblées primaires
à de nouvelles élections législatives faites conformément aux règles établies par la nouvelle Constitution.
Ce décret ne paraissait pas ; il ne devait jamais paraître.
La Convention sentit cependant qu'il serait imprudent
de ne pas expliquer les causes de son peu d'empresse-
ment à exécuter le décret du 27 juin ; aussi, déclara-
t-elle la Constitution inapplicable dans la situation
actuelle. Cette situation était grave, en effet : les
coalisés marchaient sur Paris ; Mayence et Valen-
ciennes avaient capitulé. A l'intérieur, des soulèvements
et des révoltes mettaient la République en péril : Lyon
continuait sa résistance contre le parti montagnard ;
Toulon était en pleine insurrection. Dès le mois de
juillet, les sections y avaient organisé un mouvement insurrectionnel et plusieurs républicains avaient
été condamnés à mort par un tribunal populaire ;
Louis XVII y fut même proclamé roi de France. Cette
révolte était d'autant plus grave qu'elle se faisait avec
la complicité des chefs de la marine et que Toulon
port de mer se trouvait dans une position excellente
pour tendre la main à l'étranger. C'est, du reste, ce qui
arriva et, le 28 août, les escadres anglaise et espagnole
mouillèrent dans la rade. La Vendée surtout était le
centre de l'insurrection et l'armée catholique et royale
semblait devoir vaincre définitivement les troupes
patriotes. Tous ces faits étaient autant de raisons pour
la Convention de retarder son essai de la Constitution.
Une ère de prospérité est indispensable à l'essai d'un
nouveau système de gouvernement et le calme alors
était loin de régner en France.

Mais la raison principale qui fit ajourner l'application de l'Acte constitutionnel, fut que la France avait
pour gouvernement celui qui est demeuré si tristement

célèbre sous le nom de gouvernement révolutionnaire.

M. Aulard semble dire que le gouvernement révolutionnaire ne date que du 10 octobre 1793, époque
à laquelle la Convention nationale décréta que le « gouvernement de la France serait révolutionnaire jusqu'à
la paix ». Cette affirmation nous paraît être une erreur.
Sans doute, la date officielle du point de départ du
gouvernement révolutionnaire est celle du 10 octobre,
puisque c'est ce jour-là qu'il fut consacré par l'Assemblée nationale. Mais, en fait. nous croyons pouvoir en
faire remonter les origines jusqu'au 10 août 1792.
Depuis cette époque, en effet, le principe de la séparation des pouvoirs que contenait la Déclaration des
droits de 1789 était battu en brèche par la Législative
d'abord et par la Convention ensuite. L'Assemblée Législative y porta une nouvelle atteinte par la création
d'un Conseil exécutif provisoire formé de six membres nommés par elle.

Ce conseil, qui tint sa première séance le 13 août
1792, et ne devait cesser ses fonctions qu'au 30 germinal an II, subit de profondes modifications.

Il manquait, en effet, d'autorité : aussi, lui adjoi-
gnit-on, le 1er janvier 1793, un Comité de défense
générale chargé de le surveiller. Celui-ci n'eut aucun
prestige ni aucune action sur le Conseil exécutif provisoire. Il comprenait trop de membres et la publicité
de ses délibérations nuisait à son autorité. Ses séances
étaient tout entières employées à des délibérations
interminables. On discutait, on s'agitait, on prenait
une foule de décisions, mais celles-ci n'étaient nullement observées ; l'on délibérait, mais l'on n'agissait
pas. A une époque où, pour arrêter la marche rapide
des événements graves qui menaçaient l'unité de la

France et la sécurité des Français, il eût fallu un gouvernement fort et agissant, une Assemblée délibérante, ressemblant plus à un club qu'à un pouvoir exécutif, se trouvait chargée de la direction de la politique intérieure et extérieure de la nation.

Violemment attaqué par Isnard et Barère, le Comité de défense générale fut transformé en Comité de Salut public. Les plus fougueux Montagnards en furent les membres. Nous y trouvons : Barère, Delmas, Bréard, Cambon, Danton, Guyton-Morveau, Treilhard, Delacroix, Robert Lindet. Chargé en principe de surveiller le pouvoir exécutif, il ne songea en pratique qu'à se substituer à lui et sut parvenir à son but. Ce fut lui qui devait être le véritable pouvoir exécutif de la France.

Le Comité de Salut public devait en principe n'avoir qu'une durée d'un mois, mais il fut en fait réélu chaque mois. Son règne peut être divisé en deux périodes : l'une qui va depuis l'époque de sa création jusqu'à la chute de Danton : l'autre qui commence au 10 janvier 1793 pour ne se terminer qu'au 9 thermidor an III.

L'âme du premier Comité de Salut public fut Danton, dont le but nous apparaît bien nettement. Sous prétexte de « surveiller et d'aider l'action du Conseil exécutif provisoire », le Comité de Salut public voulait s'y substituer entièrement. Nous en trouvons du reste la preuve dans le discours que Barère prononça au début du mois d'avril 1793 et qui contient l'exposé des attributions du Comité de Salut public : « Former un plan de défense de terre et de mer, dit-il ; scruter dans les circonstances actuelles les opinions politiques et la conduite militaire des généraux ; revoir la composition des différents états-majors ; veiller à

la défense des côtes ; augmenter la cavalerie nationale ;
animer les travaux dans les ports et seconder l'em-
pressement des braves marins ; comprimer les trames ;
faire rechercher et fabriquer des armes pour les nombreux défenseurs de la liberté ; suivre la marche nouvelle des armées, veiller à leur approvisionnement en
tout genre ; presser l'action de l'administration publique ; surveiller et aider l'action du Conseil exécutif
provisoire ; éteindre par des mesures fortes et promptes
les torches de la guerre civile ». Tel était le but que
Barère assignait au Comité de Salut public et que
Danton devait chercher à faire aboutir.

Ce comité n'avait pas toutefois la confiance publique.
Chaque jour apportait à Paris la nouvelle d'une
récente défaite de nos armées et ces échecs successifs, joints aux succès vendéens, discréditaient complètement le Comité de Salut public.

Le 10 juillet 1793, il fut remanié ; le nombre de
ses membres fut réduit de 16 à 9. Danton se trouva
exclu du nouveau comité et, le 24 juillet, Robespierre
l'y remplaça. Il en fut l'âme, comme Danton avait été
celle du premier Comité de Salut public. Il incarna
en fait tout le pouvoir exécutif et même le pouvoir
législatif, car les mesures législatives prises pendant
toute la durée du passage de Robespierre au Comité,
le furent à l'inspiration de l' « Incorruptible ».

Robespierre avait pour lui la population parisienne
tout entière et l'annonce de sa nomination au Comité
de Salut public avait été accueillie avec le plus vif
enthousiasme. Il est difficile, semble-t-il, de comprendre les raisons de cet engouement parisien pour
un homme qui devait verser tant de sang un jour.
Même avant la Terreur, il paraît étrange de le voir
recueillir tant de sympathies. Avec sa petite taille, son

visage pâle qui reflète toujours la tristesse, Robespierre fait tout d'abord une mauvaise impression. C'est de plus un bien piètre orateur. Il ne raisonne pas, il parle, il dit des mots, des phrases sans suite ; il fait des périodes oratoires aussi creuses que puériles. Ses discours sont un assemblage de lieux communs et de métaphores démodées, de citations antiques et de phrases apprises par cœur dans Rousseau et qui se trouvent on ne sait trop comment ni pourquoi dans le galimatias que Robespierre débite du haut de la tribune. Quand on lit un de ses discours, on y lit des considérations sur la nature, les droits de l'homme, la raison, la souveraineté du peuple. Le raisonnement est absurde et le style détestable, ampoulé et déclamatoire. Robespierre est un « esprit creux et gonflé, dit Taine, qui, parce qu'il est plein de mots, se croit plein d'idées, jouit de ses phrases et se dupe lui-même pour régenter autrui » ; et l'on se demande alors comment un tel homme a pu un seul moment attirer à lui tous les cœurs.

Cet engouement parisien pour Robespierre, avant la Terreur, s'explique par le caractère même de cet homme qui sut conquérir les âmes faibles, les caractères un peu efféminés encore plus que les esprits. A une époque aussi troublée que celle de la Révolution, où tous les grands principes directeurs de l'humanité avaient été détruits, où les traditions nationales ne vivaient plus que dans le souvenir, les femmes, le peuple qui a de nombreux points de ressemblance avec l'esprit féminin, sentaient le besoin de recourir à une religion et de pratiquer un nouveau culte, puisque l'ancien n'était plus. Ce culte, ils le trouvèrent dans la Révolution même, qui est elle-même une religion, et Robespierre, en 1793, va incarner la Révolution ; il deviendra l'idole du peuple et des femmes. Noceur par tempérament, il se donne comme un modèle de pureté et on le surnomme « l'Incorruptible » ; aristocrate de naissance et de caractère, il parle contre la noblesse pour plaire au peuple ; incrédule et impie, il se fait passer pour dévot pour plaire aux femmes ; il combat l'athéisme, invoque l'Etre suprême et se pose comme lui en défenseur des pauvres et des opprimés. Le peuple de Paris se livre alors tout entier à cet homme qui lui apparaît sous l'aspect d'un héros ou d'une divinité nouvelle.

Robespierre, soutenu comme il l'était par le peuple, pouvait donc à son gré organiser la tyrannie. Dès le 28 juillet 1793, le Comité de Salut public acquiert le droit « de décerner des mandats d'amener ou d'arrêt contre les personnes suspectes ou prévenues » (1). Le 2 août, cinquante millions sont mis à sa disposition. Le 10 octobre, il est décrété que « le Conseil exécutif provisoire, les ministres, les généraux, les corps constitués, sont placés sous la surveillance du Comité de Salut public qui en rendra compte sous les huit jours à la Convention » (2). Un décret du 23 ventôse an II élargit encore les attributions du Comité : « Le Comité de Salut public, y est-il dit, destituera, conformément à la loi du 14 frimaire, (3) tout fonctionnaire qui manquera d'exécuter les décrets de la Convention nationale, ou les arrêtés du Comité, ou qui se sera rendu coupable de prévarication ou de négligence dans l'exercice de ses fonctions ; il le fera

---

(1) Procès-verbal de la Convention, tome XVII, p. 234.
(2) Décret du 10 octobre.
(3) La loi du 14 frimaire donnait au Comité de salut public le droit de destituer les fonctionnaires.

poursuivre selon la rigueur des lois et pourvoira pro
visoirement à son remplacement » (1).

Ces décrets, qui mettaient sous la domination du
Comité de Salut public tous les rouages du gouvernement, lui donnaient une puissance extraordinaire.
Il possédait la toute puissance et celle-ci ne s'exerçait
pas seulement à Paris, mais encore sur le territoire
tout entier par l'organisation des représentants en
mission.

Telle fut la force de ce gouvernement qui prit naissance après le coup d'État du 31 mai et demeura si
tristement célèbre sous le nom de gouvernement révolutionnaire. Celui-ci se trouva fortifié encore par la
suppression du Conseil exécutif provisoire, remplacé,
le 12 germinal, par douze Commissions exécutives
instituées dans le but de fortifier le pouvoir exécutif,
de l'aveu même de Carnot à la Convention.

A la tête d'un pouvoir aussi formidable qui ne faisait que se fortifier chaque jour davantage au lieu de
se désagréger, Robespierre, secondé dans ses vues par
Saint-Just et Couthon, avait entre les mains tous les
éléments nécessaires à l'établissement du gouvernement personnel.

Il ne nous appartient pas de retracer ici les phases
diverses de la dictature de Robespierre. Toute la vie
nationale se trouva concentrée entre les mains du plus
abominable tyran qui fût jamais ; toutes les libertés
individuelles supprimées, la Constitution de 1793
était demeurée lettre morte.

Cependant, la population parisienne se détournait
peu à peu de la Révolution. Les mots de dictature et

(1) Décret du 23 ventôse, an II.

de tyrannie circulaient de plus en plus sur les lèvres plébéiennes. Robespierre sentit crouler son trône. Soutenu seulement par les Jacobins, exécré, perdu dans l'opinion publique, il devait subir au 9 thermidor la juste expiation de ses crimes.

CHAPITRE V

Constitution de l'An III. Régime électoral

·Peut-être avons-nous été un peu long dans l'étude du gouvernement révolutionnaire, mais nous avons jugé nécessaire de donner la structure de ce gouvernement qui suspendit, pendant de longs mois, toute la vie nationale, de ce pouvoir de fait qui annihila complètement l'exercice du système électoral de 1793 et l'autorité de l'Assemblée nationale.

L'esprit public se modifia après la chute de Robespierre ; la vieille tradition royaliste qui sommeillait au cœur de la majorité des Français se réveilla au souffle de l'espérance et de la paix, aussi bien dans le peuple de Paris que dans la bourgeoisie et dans la Convention elle-même. La Convention nationale, débarrassée des Jacobins et poussée par l'opinion, allait donc aborder avec un nouvel état d'esprit, la discussion d'une Constitution nouvelle, qui, détruisant le système démocratique de 1793, devait nous reporter quatre années en arrière.

Nous avons vu que la Constitution de 1793, discutée et votée avec une rapidité nécessitée par l'urgence de donner une Constitution promise au peuple, avait été aussitôt ajournée, quant à son exécution. La position critique de nos armées, l'invasion étrangère avaient occasionné la suspension de la mise en activité du régime constitutionnel et la création d'un gouvernement fort. Il n'y avait plus de roi pour prendre la direction de notre politique ; on la confia à une minorité de citoyens dirigés par la passion et l'intérêt, qui se servit de la France au lieu de la servir. Cependant, la valeur de nos officiers et de nos soldats, qui n'étaient autres que les éléments de nos vieilles armées royales, avait repoussé l'invasion étrangère ; on pouvait sans crainte commencer à décentraliser un peu le pouvoir et délimiter nettement les attributions du pouvoir exécutif et du pouvoir législatif ; on pouvait donner à la France une Constitution.

Il n'y eut pas, au sujet de cette Constitution, une entente parfaite entre les citoyens, et les démocrates crurent trouver un moyen de recouvrer leur popularité. Leurs préférences allaient naturellement à la Constitution de 1793, qui était essentiellement démocratique, et ils en demandaient l'application immédiate. Elle était à leurs yeux la meilleure de toutes celles dont les différentes Assemblées nationales avaient doté la France ; du reste, n'ayant jamais été appliquée, on devait, d'après eux, en essayer la mise en activité et ne lui en substituer une autre que dans le cas où les effets produits seraient de nature à troubler l'ordre public. En réalité, l'ordre public les laissait parfaitement indifférents, mais ils songeaient que la mise en activité du système électoral de 1793 devait donner aux républicains avancés la majorité aux élections et arrêter d'un seul coup les essais de contre-révolution qui avaient rallié toutes les classes de la société.

La Convention n'avait, au contraire, aucune envie d'établir cette république démocratique qui découlait logiquement de la Constitution de 1793, et tous ses vœux allaient au rétablissement du système bourgeois de la Constituante. Toutefois, elle n'osa pas tout d'abord faire ouvertement part de ses desseins ; elle fit indirectement une campagne en faveur du régime censitaire, et elle attendit, cherchant à prévoir si la France devait la suivre dans cette voie. Elle hésita à rejeter la Constitution établie et quand elle se décida enfin à préparer un nouveau système électoral, elle ne parla plus de Constitution, mais chargea une Commission de préparer ce qu'elle appela seulement des « lois organiques ».

Les démocrates, qui avaient surpris les menées de la Convention, s'efforcèrent de provoquer un mouvement populaire. Ce mouvement aboutit, le 1er germinal, dans le faubourg Saint-Antoine, à une démarche des sections des Quinze-Vingts et de Montreuil. « Elles vinrent se plaindre à la barre des souffrances du peuple, dit M. Aulard, du prix élevé des subsistances, des intrigues des ennemis de l'intérieur avec les ennemis de l'extérieur. Vous avez dans vos mains, disaient-elles, le moyen le plus efficace pour faire cesser la tempête politique dont nous sommes si douloureusement le jouet. Mettez-le en usage, organisez dès aujourd'hui la Constitution populaire de 1793 ; le peuple français l'a acceptée, a juré de la défendre ; elle est un palladium et l'effroi de ses ennemis (1) ».

La Convention n'écouta pas les doléances de ce peuple qui venait se plaindre d'une tempête politique qu'il déchaînait lui-même et Thibaudeau, s'opposant nettement à la mise en activité de la Constitution de

---

(1) AULARD. *Hist. pol.* p. 545.

1793, s'écria à la barre de l'Assemblée : « Je ne sais ce qu'on veut dire en parlant chaque jour d'une Constitution démocratique. Entendez-vous par Constitution démocratique un gouvernement où le peuple exerce lui-même tous les droits ? (Tous les membres : non, non !) Je ne connais qu'une Constitution démocratique : c'est celle qui offrirait au peuple la liberté, l'égalité et la jouissance paisible de ses droits. (Vifs applaudissements).

Dans ce sens, la Constitution existante n'est point démocratique, car la représentation nationale serait encore au pouvoir d'une commune usurpatrice, qui plusieurs fois a tenté de l'anéantir et de tuer la liberté ». « Et il annonça nettement, dit M. Aulard, qu'il aurait plusieurs amendements à proposer à la Constitution. La Convention vota, séance tenante, que, dans le courant de la décade, il serait nommé une commission chargée spécialement de travailler à la confection des lois organiques qui doivent mettre en activité la Constitution démocratique de 1793 ». Et, loin d'entrer dans la voie que lui avait indiquée Thibaudeau, elle accepta d'introduire dans une loi de police qu'elle porta le même jour un amendement de Châles qui mettait au nombre des crimes « les cris séditieux qu'on se permettait de pousser dans les rues et les autres lieux publics contre la souveraineté du peuple, la république, la Constitution de 1793, acceptée par le peuple, et la représentation nationale ». Le 4 germinal, Siéyès lui-même crut devoir déclarer à la tribune que la Constitution « est respectable, ne peut être attaquée », et qu'elle « est pour nous la loi suprême (1) ».

(1) AULARD. *Hist. pol.*, p. 545.

Il semblerait donc, à lire le compte-rendu de cette séance du 1ᵉʳ germinal, qu'un mouvement spontané se soit formé ce jour-là dans l'Assemblée, en faveur de la Constitution de 1793. Ce n'est qu'une illusion. La Convention n'avait point varié dans ses desseins ; mais elle voulait travailler dans le calme. Tous ses efforts, elle les mettait à ne point énerver les passions et à calmer l'agitation sectionnaire qui commençait de nouveau à se manifester, et quand Merlin (de Douai), proposa, le 8 germinal, la convocation des Assemblées primaires pour le 1ᵉʳ floréal, l'Assemblée nationale répondit par un décret indiquant pour le 12 la création d'une commission chargée de préparer les « lois organiques ». L'insurrection du 12 germinal acheva d'irriter les Conventionnels contre ce peuple qui voulait attirer à lui tout le pouvoir et, le 14, la Convention composa la commission qu'elle avait créée des 7 membres suivants : Siéyès, Merlin (de Douai), Thibaudeau, Mathieu, Lesage, Cambacérès et Creuzé-Latouche.

Cette Commission ne s'empressa pas tout d'abord de remplir le but de sa formation ; elle paraissait timide, hésitante. Aussi, se rendant compte de son impuissance, demanda-t-elle son remplacement. ce qui lui fut aussitôt accordé : Cambacérès. Merlin (de Douai), Thibaudeau, Lesage, Siéyès, Larevellière-Lépeaux, Louvet, Daunou, Creuzé-Latouche, Berlier et Boissy d'Anglas composèrent cette nouvelle commission qui fut ainsi remaniée le 17 floréal : Lanjuinais, Durand-Maillane et Baudin furent nommés en remplacement de Siéyès, Merlin et Cambacérès qui, étant membres du Comité de Salut public, ne pouvaient en même temps faire partie de la commission. Le nombre de ses membres avait été porté, ainsi que nous venons de le voir par leur énumération, de 7 à 11 ; on la nomma désormais la Commission des Onze.

Il est impossible de donner des détails précis sur les travaux de cette commission, car il existe fort peu de documents la concernant. Nous savons seulement qu'il se forma, parmi quelques-uns de ses membres, un parti orléaniste, qu'il n'y fut presque jamais agité de questions démocratiques et qu'elle s'occupa non point seulement de préparer des lois organiques, mais surtout de « préparer le plan d'une Constitution raisonnable ». « La commission décida unanimement, dit Thibaudeau, de mettre de côté la Constitution de 1793 ».

Sous le titre de lois organiques, la Commission des Onze ne voulait donc que rayer d'un coup de plume l'œuvre montagnarde. Si elle eut peut-être quelques hésitations, ces hésitations furent vite vaincues par l'insurrection populaire des 3 et 4 prairial. La force brutale de la populace avait agi comme aux 5 et 6 octobre et, comme jadis la Constituante, la Convention eut peur. Elle en acquit une énergie qui avait semblé lui faire défaut. L'insurrection écrasée, l'Assemblée n'eut plus qu'un projet : mettre le peuple dans l'impossibilité de tenir une place prépondérante dans l'exercice des fonctions publiques et c'est dans cet état d'esprit que la Commission des Onze allait élaborer la nouvelle Constitution.

Le rapport de cette commission fut lu à la Convention dans la séance du 5 messidor an III. Boissy d'Anglas, le rapporteur, le fit précéder d'un long discours préliminaire dans lequel, après avoir rappelé aux Conventionnels toutes les horreurs de la Révolution, il attaqua directement et avec une certaine violence la Constitution de 1793 et résuma les idées sous l'empire desquelles la Commission des Onze avait élaboré

le projet de Constitution. « Nous avons examiné la
Constitution de 1793, dit-il, et nous avons cherché
avec soin à en conserver tout ce qui pourrait être utile,
à modifier ou à changer tout ce qui pouvait être contraire à notre unique but, le salut, la liberté et la
gloire du peuple français ; mais il est de notre devoir
de vous déclarer que cette Constitution, méditée par
des ambitieux, rédigée par des intrigants, dictée par
la tyrannie, et acceptée par la Terreur, n'est que la conservation formelle de tous les éléments du désordre,
l'instrument préparé pour servir l'avidité des hommes
cupides, l'intérêt des hommes remuants, l'orgueil des
ignorants et l'ambition des usurpateurs. Nous vous
déclarons tous unanimement que cette Constitution
n'est autre chose que l'organisation de l'anarchie ».

Puis, attaquant tout particulièrement le referendum
organisé par la Constitution montagnarde, Boissy
d'Anglas continua en ces termes : « Conçoit-on une
délibération presque perpétuelle de six mille Assemblées primaires dans un pays de vingt-six millions
d'hommes, dont la partie la plus nombreuse se doit
presque sans relâche aux travaux de l'agriculture, à
ceux de l'industrie et des arts, des manufactures et du
commerce, dont la partie la plus éclairée doit encore
des soins et des veilles aux beaux arts et à l'étude, et
dont la totalité ne peut méditer assez constamment sur
les objets qui lui seraient soumis pour arriver à d'u-
tiles résultats ?...... » (1). Et il résuma ainsi le caractère des divers chapitres de la Constitution de 1793 :
« Dans cette table informe de chapitres qui jamais ne
méritera le nom de Constitution, distribution du ter-

(1) *Moniteur* du 12 messidor, an III.

ritoire, état des citoyens, formation des Assemblées
primaires, division des pouvoirs, attribution et limite
des fonctions, tout est vague, tout est esquissé par l'i-
gnorance et l'ineptie : la méchanceté seule a écrit
positivement, a buriné profondément les principes de
fermentation et de discorde qui devaient produire les
séditions, favoriser le pillage, prolonger l'anarchie,
perpétuer les massacres et amener la tyrannie. Tout
ce qu'on peut lire ou retenir de clair ou de positif
dans ces tables odieuses, c'est la mention du droit
d'insurrection partielle, la conservation de la secte
jacobine et des factieuses affiliations, le maintien d'une
commune formidable, destinée à opprimer la France
entière en enchaînant les représentants, et à soumettre toutes les richesses de la République au caprice
crapuleux des orateurs démagogues de quelques sections » (1). Ces paroles, qui flétrissaient si vivement le
jacobinisme et toutes les mesures révolutionnaires,
soulevèrent des applaudissements unanimes dans
l'Assemblée, et Boissy d'Anglas opposa aussitôt à la
politique montagnarde, comme pour mieux les faire
ressortir, les travaux de la commission. « Vous devez,
dit-il, par son prochain établissement (de la Constitution), garantir enfin la propriété du riche, l'existence
du pauvre, la jouissance de l'homme industrieux, la
liberté et la sûreté de tous. Vous devez faire prendre
au peuple français, au milieu des nations qui l'environnent, le rang que lui assigna la nature et l'influence
que doivent lui donner sa force, ses lumières, son
commerce ; faire régner la tranquillité sans oppression, la liberté sans agitation, la justice sans cruauté,

___
(1) *Moniteur* du 12 messidor, an III.

l'humanité sans faiblesse. Vous devez créer un gouvernement fort sans qu'il soit dangereux, rendre son mouvement rapide, en posant des bornes à son activité ; diviser le pouvoir qui fera des lois, sans l'affaiblir ; ralentir la marche législative, et la mettre à l'abri de toute précipitation funeste sans paralyser son énergie ; combiner les pouvoirs de sorte que leur réunion opère le bien, et que leur opposition rende le mal presqu'impossible ; assurer à l'ordre judiciaire une indépendance absolue qui ne donne jamais d'inquiétude à l'innocence, et qui ne laisse jamais de sécurité au crime ; environner le pouvoir exécutif d'une autorité et d'une dignité qui le fassent respecter au-dedans et considérer au dehors, sans qu'il puisse inspirer d'alarmes à la liberté, voilà le but sage et glorieux vers lequel doivent se diriger toutes nos méditations » (1).

Le rapporteur ne faisait, en réalité, que reproduire les idées invoquées au jour de l'élaboration des principes de 1789. Mais au lieu de les pousser à l'extrême comme l'avaient fait la Constituante, la Législative et la Convention à son début, il demanda à l'Assemblée de « se garantir avec courage des principes illusoires d'une démocratie absolue et d'une égalité sans limites » et porta à l'un des « immortels principes » le coup le plus mortel qui lui eût jusqu'alors été porté. « L'égalité civile, en effet, voilà tout ce que l'homme raisonnable peut exiger. L'égalité absolue est une chimère ; pour qu'elle pût exister, il faudrait qu'il existât une égalité entière dans l'esprit, la vertu, la force physique, l'éducation, la fortune de tous les hommes ».

_____

(1) *Moniteur* du 12 messidor, an II.

Puis, revenant aux théories de la Constituante, Boissy d'Anglas exposa logiquement (ce que notre première Assemblée nationale n'avait jamais fait, car elle partait de principes ultra-démocratiques pour les restreindre singulièrement dans la pratique), la supériorité de la bourgeoisie sur le peuple dans l'exercice du gouvernement et la prédominance que doit exercer la richesse. « Nous devons être gouvernés par les meilleurs, dit-il ; les meilleurs sont les plus instruits et les plus intéressés au maintien des lois : or, à bien peu d'exceptions près, vous ne trouvez de pareils hommes que parmi ceux qui, possédant une propriété, sont attachés au pays qui la contient, aux lois qui la protègent, à la tranquillité qui la conserve, et qui doivent à cette propriété et à l'aisance qu'elle donne, l'éducation qui les a rendus propres à discuter avec sagacité et justesse les avantages et les inconvénients des lois qui fixent le sort de leur patrie. L'homme sans propriété, au contraire, a besoin d'un effort constant de vertu pour s'intéresser à l'ordre qui ne lui conserve rien, et pour s'opposer aux mouvements qui lui donnent quelques espérances....... » Repoussant implicitement les idées égalitaires de Jean-Jacques, Boissy d'Anglas déclara nettement que ses préférences allaient à un gouvernement bourgeois, car « un pays gouverné par les propriétaires est dans l'ordre social ; celui où les non-propriétaires gouvernent est dans l'état de nature ». Et, en déduction logique de son principe, le rapporteur proposa aux conventionnels de décréter que, « pour être éligible au Corps législatif, il faut posséder une propriété foncière quelconque. Vous verrez, dit-il, si la valeur de cette propriété doit être fixée, ou si, comme nous l'avons pensé, la quotité étant toujours relative à la fortune du propriétaire, la garantie n'est pas la même, quelle que soit son étendue. Ce n'est point gêner la liberté des électeurs, c'est présenter aux électeurs, c'est présenter au corps social un moyen d'épurer les choix ; c'est un cautionnement, en quelque sorte ; c'est un gage de responsabilité que la société entière réclame, lorsqu'elle va investir un de ses membres de la fonction de stipuler en son nom. » Malgré cette grave atteinte portée à l'égalité et aux principes de 1789, Boissy d'Anglas maintenait l'égalité civile. «Nous n'avons pas cru qu'il fût possible de restreindre le droit de citoyen, de proposer à la majorité des Français, ou même à une portion quelconque d'entre eux, d'abdiquer ce caractère auguste. »

En définitive, dans ce discours préliminaire, le plus important de tous ceux prononcés à la fin de la Convention, Boissy d'Anglas reflète nettement la réaction profonde qui s'opérait dans la classe bourgeoise contre les idées révolutionnaires et ultra-démocratiques. Sans doute, il reconnaît à tout Français la qualité de citoyen et l'égalité civile ; mais le principe de l'égalité tel qu'il fut posé dans la Déclaration des droits de 1789 et dans celle de 1793, il le nie formellement quand il s'agit de l'appliquer à l'exercice du gouvernement. Le gouvernement des meilleurs, c'est-à-dire de ceux qui détiennent une portion de la propriété foncière, voilà le seul qu'il admette et juge équitable, renversant d'un seul coup les principes philosophiques du xviiie siècle, principes directeurs et promoteurs de nos grandes scènes révolutionnaires.

Mais le rétablissement du régime censitaire ne suffisait pas à la commission ; elle voulait aller plus loin encore et, profonde admiratrice de l'Amérique, elle voulut en imiter la Constitution en faisant inaugurer par la Convention le système de la dualité des Chambres. Laissons encore la parole à Boissy d'Anglas : « Il ne peut, dit-il, y avoir de Constitution stable là où il n'existe dans le Corps législatif qu'une seule et unique Assemblée ; car s'il ne peut y avoir de stabilité dans les résolutions, il est bien évident qu'il n'y en aura pas dans la Constitution qui leur servira de base. Comme il n'y aura point de lois fixes, il n'y aura point d'habitudes politiques ; comme il n'y aura point d'habitudes politiques, il n'y aura point de caractère national, et alors rien ne défendra plus la Constitution que le peuple aura jurée. Il suffira que quelques membres, contrariés dans leurs vues, en supportent impatiemment le joug, pour que l'Assemblée, se trouvant tout à coup agitée, sans savoir pourquoi, soit conduite involontairement à le secouer et à le détruire. La division du Corps législatif en deux sections mûrit toutes les délibérations en leur faisant parcourir deux degrés divers ; elle est le garant que les règles tracées à chacune d'elles pour la formation de la loi seront respectées par toutes les deux. La première portera plus d'attention à ses décisions, par cela seul qu'elles devront subir une révision dans la seconde ; la seconde, avertie des erreurs de la première et des causes qui les auront produites, se prémunira d'avance contre un jugement erroné dont elle connaîtra le principe ; elle n'osera pas rejeter une décision qui lui présentera le sceau de la justice et de l'approbation générale ; elle n'osera pas en adopter une contre laquelle s'élèveront cette même justice, cette même opinion publique » (1).

------

(1) *Moniteur* du 13 messidor, an III,

Boissy d'Anglas, craignant toutefois que son projet ne paraisse à quelques-uns devoir amener la création d'une nouvelle noblesse, déclare rejeter l'idée d'une chambre de pairs héréditaires qui n'est qu'une « production de l'orgueil féodal, pour conserver les privilèges des grands, et défendre l'autorité du trône ». Il ne veut pas davantage de la création d'un Sénat à vie qui n'est qu'une « institution aristocratique ». Il demande seulement à la Convention la division du Corps législatif en « deux conseils également élus par le peuple, et ne différant l'un de l'autre que par le nombre et l'âge de leurs membres. L'un, nommé le Conseil des Cinq Cents, sera chargé de proposer les lois ; l'autre, nommé le Conseil des Anciens et composé de deux cent cinquante membres, aura le droit de les examiner, et la loi ne sera parfaite que lorsqu'elle aura été acceptée par lui. »

En résumé, deux Chambres élues chacune au régime censitaire, voilà le projet que la Commission des Onze proposait au vote de la Convention, par l'organe de son rapporteur. Le projet, présenté par la Commission des Onze, fut imprimé et la discussion renvoyée au 16 messidor.

Déclaration des droits et des devoirs de l'homme et du citoyen. — Le 11 messidor, Faure avait appelé l'attention de l'Assemblée sur le projet de Déclaration des droits. Il avait prétendu qu'elle serait insuffisante si elle n'était accompagnée d'une déclaration des devoirs. L'observation avait paru juste et la Commission des Onze avait reçu de la Convention l'ordre d'en tenir compte.

Dans la séance du 16, Daunou prend la parole au nom de la Commission : « Citoyens, dit-il, vous avez renvoyé à votre Commission une matière tendant à ajouter une déclaration des devoirs du citoyen à la Déclaration des droits de l'homme. La Commission avait pensé que la déclaration des devoirs était renfermée dans celle des droits, qu'ils étaient corrélatifs, et que les lois constitutionnelles et civiles offraient un développement suffisant des devoirs du citoyen. Néanmoins, elle a cru nécessaire d'ajouter un article à des devoirs trop méconnus et trop longtemps foulés aux pieds ; elle a cru nécessaire aussi de vous proposer quelques amendements que je lirai lorsque la discussion s'ouvrira sur chaque article. Elle n'a pas voulu faire une nouvelle déclaration des droits, mais ôter à la première ce qu'elle avait de royaliste, et à la dernière ce qu'elle avait d'anarchique, pour en composer un ensemble aussi parfait qu'il est possible » (1).

Mailhe demande si cette déclaration est obligatoire, ou si elle ne doit présenter « qu'une brillante série d'abstractions philosophiques », et le rapporteur lui répond que cette déclaration n'est pas une loi.

« Alors, dit Mailhe, ne sera-t-elle pas au moins inutile ? Le rapporteur me répond qu'elle doit être le recueil de tous les principes sur lesquels repose l'organisation sociale ; qu'elle est le préambule nécessaire de toute organisation libre et juste ; qu'elle est le guide des législateurs.

Mais qu'est-ce que des bases auxquelles on n'est pas essentiellement lié ? Qu'importe à la marche de la Constitution un guide que l'on peut abandonner ? Que signifient, à la tête d'une organisation sociale,

---

(1) *Moniteur* du 19 messidor, an III.

des principes qui n'ont pas force de loi ; des principes qu'on peut par conséquent invoquer, suivre et enfreindre tour à tour, selon les passions ou les intérêts du moment......... Cependant, mon vœu n'est pas que vous regrettiez le projet de déclaration qui est soumis à votre examen. J'en admire la sagesse, et je reconnais la nécessité des principes qu'elle contient ; mais je désire que vous en déterminiez la nature, l'objet et les effets. Parmi ces principes, il en est qui doivent être considérés comme des éléments généraux, comme des guides du Corps législatif, et dont l'application pourra s'opérer sans danger par des lois réglementaires » (1).

Malgré ces légères critiques, il se montre partisan lui aussi d'une déclaration des devoirs.

« Gardez-vous surtout de présenter au peuple une déclaration de ses droits, sans y joindre une déclaration de ses devoirs. Jusqu'à présent, on ne lui a parlé que de sa souveraineté ; il est temps de lui apprendre les moyens de la conserver cette souveraineté sacrée à laquelle sont attachés son existence, sa gloire et son bonheur. Il est temps de lui dire que, de l'observation de ses devoirs, dépend le maintien de ses droits...» (2).

Daunou lit ensuite l'article Iᵉʳ du projet de Déclaration des droits. Il est ainsi conçu :

Art. 1ᵉʳ. — Le but de la société est le bonheur commun.
Le gouvernement est institué pour garantir à l'homme la jouissance de ses droits.

Boissieux demande alors que l'on définisse ce qu'est le bonheur commun ; Lanjuinais répond que voilà

_____

(1) *Moniteur* du 19 messidor, an III.
(2)

deux mille ans que l'on connaît 288 espèces de bonheur ; il ne faut donc pas espérer le définir et il
demande purement et simplement la suppression de
l'article.

Bréard voudrait que l'on transposât les deux premiers articles de la Déclaration des droits, que le
premier soit ainsi conçu : « Le but de la société est
le bonheur commun », et que le deuxième soit ainsi
rédigé : « Les droits de l'homme en société sont la
liberté, l'égalité, la sûreté, la propriété » (1).

Chénier vote pour la rédaction des Onze, qui présente des idées très cohérentes.

En effet, dit-il, « vous avez à vous arrêter à deux
questions : Quel est le but de la société ? Quel est le
but du gouvernement ? » Or, le but de la société est
le bonheur commun et le but du gouvernement est de
garantir les droits que chacun a apportés en entrant
dans la société.

La rédaction de la Commission est adoptée et
l'article II est ensuite voté en ces termes : « Les droits
de l'homme en société sont la liberté, l'égalité, la
sûreté, la propriété ».

L'article III est proposé ainsi qu'il suit : « La liberté
consiste à pouvoir faire ce qui ne nuit pas à autrui ».

Mais Hermann pense que la rédaction de cet article
ne répond pas à la vérité. « Tous les jours, dit-il, un
citoyen peut élever sur son terrain un mur qui nuira
à son voisin en lui ôtant le jour, et, cependant, on
n'attaquera pas son droit. Je demande qu'on dise :
tout ce qui ne nuit pas aux droits d'autrui » (2).

---

(1) *Moniteur* du 19 messidor, an III.
(2)

Cet amendement est voté avec l'article.

La fin de la Déclaration des droits est ensuite votée sans discussion ; les articles XVIII et XIX concernant la souveraineté sont ainsi rédigés :

Art. 18. — La souveraineté réside essentiellement dans l'universalité des citoyens ; elle est une, indivisible, imprescriptible, inaliénable.

Art. 19. — Nul individu et nulle réunion partielle de citoyens ne peuvent s'attribuer la souveraineté.

Daunou passe en fin de séance à la lecture de l'article que la Commission propose au sujet de la déclaration des devoirs. Cet article contient l'exposé des devoirs de l'homme en société.

La Convention en ordonne l'impression et l'ajournement.

Defermont propose ensuite d'ajouter à la Déclaration des droits une disposition qui se trouvait dans les déclarations précédentes : « Tous les hommes naissent et demeurent égaux en droits ». Cette proposition est acceptée.

Dubois-Crancé monte alors à la tribune pour faire remarquer que l'on a manqué la définition de l'une des trois bases de l'état social, de l'égalité. « L'égalité, dit-il, consiste dans l'extinction de tous les privilèges, dans le droit égal qu'ont tous les citoyens de parvenir à toutes les fonctions publiques. Je demande qu'on fasse revivre cette préférence qu'admet la véritable égalité, celle des talents et des vertus pour être appelé à remplir les emplois de la société. Je demanderais donc que l'article fût rédigé en ces termes : « L'égalité consiste dans l'anéantissement de tout privilège, de toute hérédité d'emplois, dans le droit qu'ont tous les citoyens d'y parvenir, soit immédiatement, soit

graduellement, sans autre distinction que celle des
talents et des vertus » (1).
Cette proposition est renvoyée à la Commission.

§ II — *Discussion de l'Acte Constitutionnel*

Dès que le vote de la déclaration fut achevé et bien
que ce vote ne fût pas complet, puisque certains articles
avaient été renvoyés à l'examen de la Commission, il
fut procédé à la discussion de l'Acte constitutionnel.
Le premier article est voté ainsi : La République française est une et indivisible. L'universalité des citoyens
français est le souverain.

Divers articles sont ensuite votés, qui ne concernent
pas notre sujet et, dans la séance du 19 messidor,
Thomas Payne monte à la tribune pour faire quelques
observations sur le plan de Constitution ; mais comme
il est depuis longtemps malade, un secrétaire lit son
travail.

Celui-ci a tout d'abord pour objet de critiquer
l'article Ier du titre II du projet de Constitution, ainsi
conçu : « Tout homme né et résidant en France, qui,
âgé de vingt-un ans accomplis, s'est fait inscrire sur
le registre civique de son canton, qui a demeuré depuis,
pendant une année, sur le territoire de la République,
et qui paye une contribution directe quelconque, foncière ou personnelle, est citoyen français ». Payne
réclame un amendement à cet article, « car, dit-il,
puisque ceux-là seuls doivent être reconnus citoyens,
quel nom aura le reste du peuple ? Je veux parler de
cette portion sur laquelle retombent tous les travaux,

---

(1) *Moniteur* du 20 messidor, an III.

et sur laquelle tombera, par la suite, la charge des taxes indirectes. Cette portion-ci, dans la composition de la société, est fort au-dessus de celle où il n'y a d'autre mérite que d'être oisif propriétaire du sol ; car, qu'est le sol sans culture, et que sont les productions sans manufactures ? » (1). Et comme suprême argument, Payne fait remarquer que l'article proposé par la Commission est contraire aux trois premiers articles de la Déclaration des droits mise en tête de la Constitution.

Il fut répondu à ces observations, dans la séance du 21 messidor. Merlin (de Douai), oppose tout d'abord le raisonnement suivant aux arguments de Thomas Payne : « Il a prétendu qu'aux termes de la Constitution, il n'y aurait que le propriétaire qui fût imposable, et comme la Constitution exigeait qu'on payât une contribution pour exercer les droits de citoyen, il n'y aurait que les propriétaires qui seraient citoyens. C'est là une pure supposition. Il y aura en France trois espèces de personnes, les propriétaires de fonds, les salariés ou gens qui vivront de leur travail et de leur industrie, et les mendiants ; les deux premiers seront sujets : l'un à la contribution foncière, et l'autre à la contribution personnelle, et ils pourront exercer également les droits de citoyen, qui ne seront plus réservés, comme on l'a dit, à la classe unique des propriétaires. Quant à celle des mendiants, elle n'est point imposable, et je pense bien que vous ne voudrez pas confier le sort de l'Etat à l'homme qui n'a rien et ne produit rien, à l'homme qui n'en est que le fléau ; je pense que vous ne voudrez pas donner à cet homme la

_____

(1) *Moniteur* du 21 messidor, an III.

moindre influence sur le gouvernement de la société ;
autrement, ce serait tendre évidemment à son boule-
versement et à sa destruction. » Lanjuinais vient encore
renforcer ces arguments pleins de précision et de raison. « Qui de nous, dit-il, pourrait encore soutenir le
spectacle hideux d'Assemblées politiques en proie à
l'ignorance crasse, à la basse avidité, à la crapuleuse
ivresse ; il faut que l'aveugle soit conduit par celui qui
a des yeux ; il faut que celui à qui l'intelligence n'a
pas été donnée, consente à prendre celle des autres
pour guide ». Ce serait, du reste, une véritable injustice que d'appeler à l'exercice des droits politiques les
hommes qui n'ont rien, car à part ceux dont le dénue-
ment est le résultat d'infirmités naturelles ou acquises,
« il sera toujours vrai de dire, en général, que l'indigence suppose ou la fainéantise ou la paresse. Le
beau gouvernement, que celui où des légions de mendiants, des colonies d'hôpitaux vont dans les Assemblées politiques émettre leurs vœux sur les propriétés
de ceux qui les nourrissent ! (1) ».

Avant de passer au vote de cet article, l'Assemblée
décide qu'elle s'occupera d'abord de la discussion des
4 premiers articles du titre X qui, ayant rapport aux
contributions publiques avaient, par conséquent, une
relation directe avec l'article Ier du titre II de la Constitution, établissant la nécessité du paiement d'une contribution pour pouvoir exercer les droits de citoyen.
Ces articles sont renvoyés après examen à la Commission.

Au cours de la séance du 23 messidor, Daunou
déclare que chacun ayant le droit de s'inscrire pour une

_____

(1) *Moniteur* du 21 messidor, an III.

contribution personnelle, il est nécessaire de fixer un
minimum à cette contribution. La Commission avait
envisagé trois solutions : fixer le minimum de la contribution personnelle à la moindre cote de la commune ;
le fixer en valeur de froment, ou le fixer enfin en journées de travail. La Commission des Onze revenait
ainsi nettement à la législation de 1791 ; mais, comme
le fit remarquer Daunou, une différence fondamentale
existait à ce sujet entre l'œuvre de la Constituante et
le nouveau projet.

« Dans la Constitution de 1791, il fallait, pour être
citoyen actif, payer une contribution égale à la valeur
de trois journées de travail, et l'on ne pouvait suppléer
à cette condition par aucune contribution volontaire ;
ici vous garantissez à chacun le droit de payer un tribut à la patrie, et de le revêtir avec plénitude de tous
les caractères de citoyen (1) ».

Après une longue discussion entre Dubois-Crancé,
Creuzé-Latouche, Guyomard, Girod-Pouzol, Lanjuinais, Daunou et Génifflieux, la rédaction du comité est
adoptée en ces termes :

Titre X

Contributions publiques

Art. 1er. — Les contributions publiques sont délibérées
et fixées chaque année par le Corps législatif.

Elles ne peuvent subsister au-delà de ce terme, si elles
ne sont expressément renouvelées.

Art. 2. — Le Corps législatif peut créer tel genre de contributions qu'il croira nécessaire ; mais il doit établir
chaque année une imposition foncière et une imposition
personnelle.

---

(1) *Moniteur* du 27 messidor, an III.

Art. 3. — Tout individu qui, n'étant pas dans le cas des articles V et VI du titre II de la Constitution, n'a pas été compris au rôle des contributions directes, a le droit de se présenter à l'administration municipale de sa commune et de s'y inscrire pour une contribution personnelle égale à la valeur locale de trois journées de travail agricole.

Art. 4. — L'inscription mentionnée dans l'article précédent ne peut se faire que durant le mois de messidor de chaque année.

Un fait très remarquable, et qui prouve le revirement profond qui s'était accompli dans les idées depuis quelques mois, est qu'aucune protestation violente ne s'éleva au sein de la Convention contre l'obligation du paiement d'une contribution égale à la valeur de trois journées de travail. Une telle proposition faite en 1793 aurait mis en péril l'Assemblée ; en 1791, l'opposition à un décret de même nature fut formidable, non seulement de la part du peuple, mais aussi et surtout de la part de certains constituants. En l'an III, la condition proposée pour le droit de vote paraît toute naturelle.

La séance du 23 messidor continua par la discussion du titre II de la Constitution, intitulé : « État politique des citoyens ». L'article Ier présenté par la Commission est ainsi conçu : Tout homme né et résidant en France, qui, âgé de 21 ans accomplis, s'est fait inscrire sur le registre civique de son canton, qui a demeuré depuis, pendant une année, sur le territoire de la République, et qui paie une contribution directe, foncière et personnelle, est citoyen français.

Villetard voudrait qu'on fixât à 25 ans, au lieu de 21, l'âge auquel on pourra voter dans les Assemblées primaires, car il craint « la mobilité et l'irréflexion de la jeunesse ».

A l'encontre de cette opinion, Grégoire fait remarquer qu'il y a en Suisse des cantons où les jeunes gens

14

sont admis de 16 à 18 ans dans les Assemblées primaires, et Daunou ajoute que « l'admission de la jeunesse dans les Assemblées sera le complément nécessaire de son éducation ; elle y portera un cœur encore étranger à la corruption, du patriotisme et souvent des lumières neuves (1) ».

L'Assemblée s'inclina devant ces raisons, rejeta l'amendement Villetard et vota l'article Ier du titre II présenté par le comité, ainsi que l'article II ainsi conçu : « Sont citoyens, sans aucune contribution, les Français qui auront fait une ou plusieurs campagnes pour la cause de la liberté. »

Dans la séance du 21 messidor, l'article III est mis en discussion. Il est proposé en ces termes par la Commission des Onze : « L'étranger devient citoyen français, lorsqu'après avoir atteint l'âge de 21 ans, et avoir déclaré l'intention de se fixer en France, il y a résidé pendant 7 années consécutives, pourvu qu'il y paye une contribution directe et qu'en outre, il y possède une propriété foncière, ou un établissement d'agriculture ou de commerce, ou qu'il ait épousé une Française. »

La Commission se montrait à ce sujet beaucoup plus stricte que ne l'avait été la Constituante, que ne l'avait été surtout la Constitution de 1793. Celle de 1791 portait en effet : « Ceux qui, nés hors du royaume de parents étrangers, résident en France, deviennent citoyens français après cinq ans de domicile continu dans le royaume, s'ils y ont en outre acquis des immeubles ou épousé une Française, ou formé un établis-

---

(1) *Moniteur* du 28 messidor, an III.

sement d'agriculture ou de commerce, et s'ils ont
prêté le serment civique (1) ».

La Constitution montagnarde étendait davantage
encore la qualité de citoyen. « Tout étranger, y était-
il dit, âgé de 21 ans accomplis, qui, domicilié en France
depuis une année, — y vit de son travail, — ou acquiert
une propriété, — ou épouse une Française, — ou
adopte un enfant, — ou nourrit un vieillard ; — tout
étranger enfin qui sera jugé par le Corps législatif avoir
bien mérité de l'humanité, est admis à l'exercice
des droits de citoyen français (2) ».

Il ne suffit plus désormais pour un étranger d'être
âgé de 21 ans accomplis, d'être domicilié en France
depuis une année, d'y vivre de son travail ou d'y
acquérir une propriété, comme l'exigeait l'acte constitutionnel de 1793 ; il ne suffit même plus, comme en
1791, d'être domicilié en France depuis cinq ans ; pour
qu'un étranger puisse à l'avenir acquérir le titre de
citoyen, il lui faudra avoir résidé en France depuis 7
ans, payer une contribution directe et posséder sur le
territoire une propriété foncière, ou un établissement
d'agriculture ou de commerce.

Cette différence entre la législation de l'an III et les
législations antérieures s'explique facilement. En 1791,
malgré des symptômes menaçants, l'Europe était
encore en paix, et l'Assemblée nationale voulait se
montrer libérale ; aussi avait-elle une législation large
vis-à-vis des étrangers. Les législateurs de 1793, pour
des causes différentes, avaient étendu davantage encore
le droit de citoyen ; disciples dociles de Rousseau, ils

---

(1) Constitution de 1791, titre II, art. 3.
(2) Constitution du 24 juin 1793, art. 4.

avaient voulu en pousser les doctrines jusqu'à l'extrême, jusqu'aux dernières limites de l'égalité. Mais en l'an III, la Révolution avait passé, l'invasion étrangère avait menacé l'unité nationale. La Convention craignait l'Europe et ne voulait à aucun prix étendre, au delà de certaines limites assez restreintes, le droit de citoyen ; d'où la rédaction de l'article III du titre II proposée par le comité. « Que l'Assemblée constituante ait offert aux étrangers une grande facilité à obtenir le titre de citoyen français, s'écrie Mailhe, dans la séance du 24 messidor, on voit le motif de son erreur : elle n'avait pas appris à connaître toute la perfidie des gouvernements qui nous environnent. Que les anarchiques auteurs de la Constitution de 1793 se soient montrés encore plus faciles, il ne faut pas s'en étonner : ils étaient d'accord avec les étrangers pour rendre odieux, avilir et dissoudre le gouvernement républicain. Mais nous qui avons si cruellement éprouvé les dangers d'une trop facile admission, nous saurons y ajouter toutes les conditions que commande une saine politique (1) ». Et Mailhe déclare ne pas trouver assez rigoureux le projet du comité.

Lakanal soutient lui aussi cette opinion et voudrait que la condition de résidence soit portée de 7 à 10 années. Quoi qu'il en soit, sur la réponse de Daunou, l'article III est voté sans amendement.

L'article IV est ensuite adopté en ces termes :

« **Les citoyens français peuvent seuls voter dans les assemblées primaires, et être appelés aux fonctions établies par la Constitution** ».

---

(1) *Moniteur* du 28 messidor, an III.

L'article **V** porte :

« L'exercice du droit de citoyen se perd : 1° par la naturalisation en pays étranger ;
2ᵉ Par l'affiliation à toute corporation étrangère, qui supposerait des distinctions de naissance, ou qui exigerait des vœux de religion ;
3° Par l'acceptation de fonctions ou de pensions offertes par un gouvernement étranger ;
4° Par la condamnation à des peines afflictives ou infamantes jusqu'à réhabilitation ».

Cette rédaction est adoptée et il est procédé à la discussion des trois articles suivants.

Art. 6. — L'exercice du droit de citoyen est suspendu : 1° par l'interdiction judiciaire pour cause de fureur, de démence ou d'imbécillité ;
2ᵉ Par l'état de faillite ;
3ᵉ Par l'état de domestique à gages, attaché au service de la personne ou du ménage ;
4ᵉ Par l'état d'accusation ;
5ᵉ Par un jugement de contumace, tant que le jugement n'est pas anéanti.

Cet article est, après discussion, renvoyé au comité pour être l'objet d'une nouvelle rédaction.

L'article VII est adopté en ces termes :

« Tout citoyen qui a résidé sept années hors du territoire de la République, sans mission ou autorisation donnée au nom de la nation, est réputé étranger ; il ne redevient citoyen français qu'après avoir satisfait aux conditions prescrites par l'article III ».

Le rapporteur lit ensuite l'article VIII ainsi conçu :

« Les jeunes gens ne peuvent être inscrits sur le registre civique, s'ils ne prouvent qu'ils savent lire et écrire, et qu'ils ont appris une profession mécanique. — Cet article n'aura d'exécution qu'à compter de l'an 9° de la République ».

Villetard observe que cet article privera des droits de citoyen une grande quantité de jeunes gens.

Creuzé de la Touche répond en soutenant le projet de la Commission : « On n'a pas critiqué, je pense, la disposition du projet de Constitution qui astreint pour l'avenir les jeunes citoyens à savoir lire et écrire. En effet, quelle part utile pourrait prendre aux actes politiques de la société celui qui ne saurait ni les juger, ni les examiner, ni constater par lui-même sa propre volonté ? » (1).

Un député (dont le nom ne nous a pas été conservé), oppose au projet du Comité un nouvel argument : « Si cet article passe tel qu'il est, dit-il, plus de deux tiers des habitants de la République ne pourront jouir des droits de citoyen. Une grande partie de la France est en petite culture, les hameaux sont très éloignés les uns des autres ; ainsi l'instituteur, qui serait placé dans le chef-lieu du canton, serait au moins à une ou deux heures de chaque village, et l'on ne doit pas espérer que l'habitant de la campagne fera faire chaque jour à ses enfants un pareil chemin pour leur apprendre à lire et à écrire. Il n'y aura donc que les habitants des villes qui pourront donner quelque instruction à leurs enfants ; encore devons-nous croire que les ouvriers des villes, à qui leurs enfants sont très utiles, ne s'en priveront pas pour les envoyer à l'école. Je demanderais qu'on n'exigeât que de savoir une profession mécanique » (2).

Daunou fait observer que « l'exécution de l'article est ajournée à l'an neuvième de la République, et qu'il est conçu de manière qu'il n'est point applicable à ceux qui, sans réunir les conditions qu'il exige, jouissent dès à présent des droits de citoyen ».

---

(1) *Moniteur* du 28 messidor, an III.
(2)   —

Charles Lacroix déclare approuver la première
partie de l'article, bien qu'il doute que cette disposition puisse jamais être bien exécutée, et qu'il craigne
l'établissement d'une « véritable aristocratie des scien-
ces ».

Fermont demande que l'exécution de l'article soit
repoussée jusqu'à l'an douzième de la République.

Quant à Cambacérès, il admet l'idée de faire apprendre un art mécanique à tous les hommes, mais trouve
la condition de savoir lire et écrire beaucoup trop
rigoureuse et demande le renvoi à la Commission.

C'est à ce dernier avis que se range la Convention.

La discussion sur cet article est reprise dans la
séance du 26 messidor. Daunou explique, dans un
long discours, les raisons qui ont dirigé le Comité dans
la rédaction de l'article VIII du titre II et invite les
Conventionnels à le voter. « L'article, dit-il, ne blesse
aucun intérêt actuel, il maintient tous les droits qui
sont acquis, il respecte toutes les habitudes qui ne
sont pas réformables : et si, portant vos regards sur
les générations futures, vous cherchez à les appeler
à un plus haut degré de sociabilité, du moins vous
n'imposez pas aux générations, à qui la Constitution
doit être offerte, des conditions qui ne leur seraient
plus donné de remplir. » Le but principal de la Commission, fut, du reste, de créer « un ordre de choses où
il y eût entre les citoyens de moins énormes distan-
ces. D'un côté, le citoyen pauvre est appelé aux éléments de l'instruction familière au riche ; et de l'autre, le riche est obligé à l'apprentissage des honorables
travaux du pauvre » (1). Du reste, les effets politiques

(1) *Moniteur* du 1er thermidor, an III.

de l'ignorance sont désastreux, car l'homme qui ne sait ni lire ni écrire sera toujours sous la dépendance de l'homme plus éclairé, et Daunou demande en terminant, au nom de la Commission des Onze, que la Convention vote l'article VIII du titre II avec une légère addition que le Comité a cru devoir y apporter, à savoir que « les opérations nouvelles de l'agriculture sont comprises au nombre des professions mécaniques » et que l'exécution de l'article n'aura lieu qu'à compter de l'an douzième de la République.

Cette nouvelle rédaction est adoptée.

Il est ensuite procédé à la discussion du titre III du projet de Constitution : « Assemblées primaires», L'article Iᵉʳ est proposé en ces termes : « Les Assemblées primaires se composent des citoyens résidant depuis un an dans le canton ».

Bentabole observe qu'un citoyen peut être nommé à une fonction publique qui l'oblige à changer de canton ; « or, dit-il, je vous demande s'il peut être pour cela privé de son droit de suffrage, et si, après deux mois de résidence, il ne doit pas être admis dans l'Assemblée primaire », Garan est de cet avis et trouve même que cet article « tend à introduire l'esprit de localité qui, comme l'esprit de corporation, est le plus grand ennemi du patriotisme ».

Defermont répond que le bon citoyen, est au contraire, celui qui « commence par être attaché à sa famille, à ses concitoyens, à ses foyers, à sa commune. Rendons les Français non cosmopolites mais citoyens, dit-il, et la République se consolidera » (1).

Géniffieux observe qu'il « faut à la fois empêcher

---

(1) *Moniteur* du 1ᵉʳ thermidor, an III.

les intrigants des villes d'aller accaparer les suffrages dans les campagnes, et ne pas priver le citoyen de son droit de suffrage. Pour éviter le premier inconvénient, il suffit de substituer le mot « domicilié » au mot « résidant ». Alors le riche habitant de la ville, qui craindra de n'y point obtenir les suffrages de ses concitoyens, n'ira point se faire élire dans sa campagne. Sur le second objet, dit-il, décrétez, pour prévenir toutes réclamations, que tout citoyen qui n'a pas un an de domicile dans le canton où il se trouve peut aller voter dans celui qu'il a quitté » (1).

Lanjuinais, qui succède à Génifficux à la tribune, expose en ces termes les motifs du Comité : « La Commission, dit-il, a eu deux motifs pour vous proposer la condition d'un an de résidence : le premier, c'est que, ne pouvant circonscrire l'état politique des citoyens, elle a dû chercher le moyen d'écarter des Assemblées politiques les hommes inconnus et suspects. J'observe à cet égard qu'aucune nation libre n'a donné plus de latitude que nous à ces droits. Son second motif a été d'écarter des élections ces hommes dangereux que les factions ne manquent jamais de disséminer dans les communes pour s'emparer des suffrages ; ces hommes, semblables aux agents de Robespierre, qui venaient s'établir dans les communes lointaines, s'y disaient citoyens, en exerçaient les droits et tyrannisaient la société » (2).

Larevellière-Lépeaux soutient les raisons de la Commission des Onze et Chares Lacroix propose la rédaction suivante de l'article Ier du titre III : « Les Assem-

---

(1) *Moniteur* du 1er thermidor, an III,
(2)

blées primaires se composent de citoyens domiciliés depuis un an dans le même canton. Le domicile s'acquiert par une année de résidence. »

Cette proposition est adoptée sauf rédaction.

Les articles suivants sont ensuite votés sans discussion :

Art. 2. — Nul ne peut se faire remplacer dans les Assemblées primaires, ni voter pour le même objet dans plus d'une de ces Assemblées.

Art. 3. — Le nombre des citoyens ayant le droit de voter dans chaque Assemblée primaire, est de quatre cents au moins et de cinq cents au plus. Cependant, il y a une Assemblée primaire au moins par canton.

Art. 4. — Les Assemblées primaires se constituent provisoirement sous la présidence du plus ancien d'âge ; le plus jeune remplit les fonctions de secrétaire provisoire.

Art. 5. — Elles sont définitivement constituées par la nomination au scrutin d'un président, d'un secrétaire et de trois scrutateurs.

Art. 6. — S'il s'élève des difficultés sur les qualités requises pour voter, l'Assemblée statue provisoirement, sauf le recours aux tribunaux ordinaires.

Art. 7. — En tout autre cas, le Corps législatif prononce seul sur la validité des opérations des Assemblées primaires.

Art. 8. — Nul ne peut paraître en armes dans les Assemblées primaires.

Art. 9. Leur police leur appartient.

Art. 10. — Ce qui se fait dans une Assemblée primaire, au delà de l'objet de sa convocation et contre les formes déterminées par la Constitution, est nul.

Defermont demande alors que « les corps électoraux soient chargés d'exprimer les vœux du peuple sur la Constitution » (1).

Les membres de l'Assemblée n'accueillent pas favo-

---

(1) *Moniteur* du 1er thermidor, an III.

rablement cette proposition et la discussion s'engage immédiatement sur le point de savoir s'il y aura ou non des corps électoraux.

Louvet (de la Somme), trouve que l'idée de faire choisir immédiatement par le peuple ses représentants et ses autres mandataires est peut-être très belle, mais guère applicable. Il est probable, en effet, que tous les citoyens ayant droit de suffrage n'auraient pas la même facilité de l'exercice. « Je vois bien, dit-il, que ceux qui habiteront les chefs-lieux de canton pourront aisément voter ; mais ceux dont les communes ou l'habitation seront éloignées d'une lieue, de deux lieues, de deux lieues et demie, le pourront-ils également ? Retenus par leurs travaux, par leurs soins domestiques, dans une maison où la terre réclame leurs bras, hors de leurs moments de repos, qu'on ne choisira pas, et qu'on ne peut guère fixer, parce qu'ils ne sont pas uniformes, iront-ils, par de mauvais temps, passer des journées précieuses au chef-lieu du canton, et y faire des dépenses qui porteraient de nouveaux préjudices aux ressources de leur nombreuse famille ?..... Plus de la moitié de la population française serait, par le fait, exclue du droit de suffrage, non par le fait de l'insouciance et de l'apathie, mais par celui de la nature des choses..... Le résultat serait d'amener la centralisation de tous les choix dans la commune la plus populeuse de chaque canton..... En effet, quand il s'agit d'une élection, chaque localité, par suite de l'attachement et de la prédilection qu'on porte au lieu qu'on habite, voudrait fournir le sujet à élire. Or, supposons dans un département une commune dont la population excède 4, 6, 10, 20 fois la population attachée à chaque Assemblée primaire, il est évident qu'au moyen des communications, de l'accord de la coalition, qui ne

manquera pas d'exister entre les différentes Assemblées primaires renfermées dans cette ville, ce sera
elle, elle seule, qui présentera les candidats ayant
réuni le plus de voix » (1).

Aussi, Louvet se déclare-t-il partisan des corps
électoraux qui ont « donné des hommes dont les uns,
à l'origine de la Révolution, ont préparé le règne de
la liberté, et les autres depuis ont retrouvé cette liberté
et l'ont ramenée triomphante dans un pays, au milieu
d'un peuple si digne d'en jouir..... Or, qu'oppose-
t-on contre les corps électoraux : 1° qu'ils ne laissent
pas au peuple la nomination immédiate de ses fonctionnaires. Mais je crois avoir prouvé qu'il est impossible que l'exercice de ce droit soit complet, égal, à
l'abri des influences locales, à l'abri de la centralisation du choix. »

On leur oppose, en second lieu, que l'intrigue peut
diriger une Assemblée électorale ; mais il est évident,
et les faits sont là pour le justifier, que si l'intrigue
est dangereuse, c'est surtout dans les grandes communes qui auraient seules les élections.

Les corps électoraux étant formés de citoyens pris
dans chaque canton, à raison du nombre ayant droit
de suffrage, il en résulte que les citoyens français de
tous les cantons sont tous, relativement à leur nombre,
également représentés pour la nomination des fonctionnaires et y ont tous une part égale. Ils ne font pas,
si l'on veut, immédiatement ces nominations, mais ils
les font par des citoyens qu'ils ont commis à cet effet,
par des citoyens qui ont chacun la confiance de leur
canton, par des citoyens de leur voisinage qui ont les

(1) *Moniteur* du 1er thermidor, an III.

mêmes intérêts, les mêmes espérances, et par là, tout
le monde est tranquille, tout le monde est sans défiance,
et l'on prévient les mécontentements sourds....... Un
second avantage des corps électoraux, c'est de procurer
une distribution à peu près égale des choix sur la
totalité du département ; je dis à peu près égale, car
les grandes propriétés ont encore, même dans ce corps,
quelque avantage ; mais, ordinairement du moins,
l'inégalité n'est pas frappante, elle n'est jamais dangereuse, et les diverses parties d'un département se
voyant représentées, on y vit sans inquiétude et sans
ombrage........
A côté de ces avantages, on peut encore compter
pour quelque chose celui de ne pas trop fatiguer les
citoyens par des élections souvent répétées, de ne pas
trop les détourner de leurs travaux, ce qui est toujours nuisible pour eux, et funeste à la chose publique....... » (1).
Baudin (des Ardennes), parlant au nom de la Commission des Onze, combat la demande de Louvet.
D'après lui, la conservation des corps électoraux est
une des opinions favorites du royalisme. « La
Constitution de 1791 adopta ce mode, dit-il, qui
lui était antérieur et qui lui convenait parfaitement,
parce qu'il est, en effet, très monarchique. Rien
n'est mieux assorti à ce système de gouvernement et
ne l'affermit davantage que de diminuer le plus qu'il
est possible l'influence de la masse des citoyens, et
surtout d'établir dans l'ordre politique un grand
nombre de degrés intermédiaires, non pour être par-
courus successivement, mais pour former autant de

(1) *Moniteur* du 1er thermidor, an III.

barrières qui ne soient jamais franchies par ceux auxquels on les oppose ». D'après Baudin, la Constituante, tout en abolissant la distinction entre les trois ordres existant sous l'ancien régime, avait ensuite créé, par l'établissement des collèges électoraux, quatre ordres nouveaux, mais très distincts : 1° ceux qui ne paient rien, ou même payant une contribution inférieure à celle qui était requise, et n'étant pas admis, comme dans la nouvelle Constitution, à l'offrir quand ils le veulent, restaient exclus des droits politiques ; 2° la classe des citoyens actifs, pour lesquels tout se réduisait à élire non pas leurs mandataires, mais des électeurs ; 3° la classe des électeurs, composée des citoyens payant un impôt plus considérable ; 4° la classe des éligibles.

L'orateur trouve cette législation contraire à l'égalité et, à ce titre, il n'est pas disposé à accepter la proposition de Louvet. De plus, la façon dont les corps électoraux ont rempli leur mission, ne fait que confirmer Baudin dans son intention de voter contre l'établissement de collèges électoraux. D'après lui, le choix des Assemblées électorales n'était point d'accord avec celui de leurs commettants. De plus, les corps électoraux ont le danger de former, de quelque manière qu'on les compose, un ordre presque exclusif de candidats, entre lesquels se concentrent presque nécessairement les élections.

Quant à la raison alléguée en faveur des corps électoraux, que leur maintien aura l'avantage de balancer le crédit des villes et de les empêcher d'envahir toutes les nominations au préjudice des campagnes, Baudin la repousse sous ce prétexte que « si, dans le département qui fournit jusqu'à seize députés à la représentation, les seize hommes les plus éclairés et les plus

vertueux étaient dans une même commune, et qui plus
est dans une même section, l'intérêt du département,
ou plutôt l'intérêt national, n'est-il pas de les prendre
où il les rencontre » ?

Baudin rejette donc radicalement la proposition
faite par Louvet de rétablir les Assemblées électorales.
Il reconnaît, toutefois, que le mode de scrutin proposé
par la Commission est défectueux et en présente un
autre qui lui paraît préférable, en ce sens qu'il n'enlè-
verait pas un grand nombre de bras aux travaux des
champs.

« Voici, dit-il, comme je conçois qu'on pourrait
opérer : d'abord il serait peut-être praticable, comme
notre collègue Louvet le demandait, de faire recueillir
les suffrages dans chaque commune, sans aucun dépla-
cement ; on les porterait de là au chef-lieu de canton,
et ensuite à celui de département. Il est essentiel de
remarquer qu'il n'y aurait point d'Assemblée perma-
nente ni délibérante ; chaque citoyen pourrait aller
voter à l'heure qui lui serait le plus commode, sans
être détourné de ses travaux. Après le recensement
général, on imprimerait la liste de tous ceux qui
auraient obtenu des suffrages, sans aucune exception,
à moins qu'il n'y eût d'abord majorité absolue, auquel
cas tout serait consommé ; mais si, comme il est probable, les suffrages indiquaient un très grand nombre
de candidats, en publiant leurs noms, il me paraît
évident qu'on donnerait à la fois, et aux citoyens bien
intentionnés, le moyen de faire un bon choix, et à tous
ceux qui auraient été désignés, la satisfaction d'être
connus pour tel. Je ne présage point la question de
savoir s'il conviendrait de marquer le nombre des suffrages accordés à chacun, je crois qu'il y a de fortes
raisons pour l'affirmative. La liste étant publiée, on

ferait un second tour de scrutin ; et s'il ne donnait point
de pluralité, ce serait alors que se formerait la liste de
présentation réduite à un nombre triple, et qui finirait
par celle à deux colonnes selon ce qui est détaillé dans
la loi réglementaire sur les élections, méthode ingé-
nieuse empruntée en partie du conclave, et dont votre
commission peut vous dire qu'en ayant fait l'essai,
elle s'est assurée que, par elle, la cabale la plus savante
se trouverait déjouée, à moins qu'on ne supposât la
majorité corrompue » (1).

Baudin conclut au maintien de l'article de la Commission des Onze et au renvoi à la Commission de
l'amendement qu'il propose.

Bordas juge, au contraire, que l'article présenté par
le Comité offre un grand danger. Le mode d'élection
qu'il établit rapporte tout au centre de chaque département, force les quatre cinquièmes de la population
de la France à accepter pour leurs magistrats, pour
leurs représentants, ceux qu'il plaira à la très faible
partie de nommer. C'est établir l'aristocratie des
grandes cités. « Quel spectacle, ajoute-t-il, offriront
ces Assemblées ? La réunion de quelques esclaves, de
tous les royalistes forcenés, des ennemis déclarés de
notre Révolution, des émigrés rentrés...... (1).

Guyomard répond que, plus le nombre des votants
est considérable, moins l'intrigue est à redouter, ce
qui est un premier avantage des Assemblées primaires
sur les corps électoraux. Il répond en outre à une
objection faite à la proposition du Comité : « On
craint, dit-il, que les villes, s'accordant sur le choix

---

(1) *Moniteur* du 2 thermidor, an III.
(2)   —

des mêmes individus, n'excluent de la représentation
les cultivateurs dont les voix sont supposées divergentes ; elles seront encore plus divergentes dans les
villes, en raison du nombre des concurrents ; et si une
petite ville, ce qui est difficile, pouvait s'accorder sur
le choix unanime d'un sujet, les autres villes voisines
en porteraient un autre.

Le premier scrutin, si on exige la majorité des
suffrages, ne servira donc qu'à éclairer le choix et à
indiquer les candidats aux Assemblées primaires. Si,
par hasard, quelqu'un, au premier tour de scrutin,
réunissait la majorité, il est clair qu'un mérite bien
connu serait la cause de sa nomination ; et s'il se
trouve parmi les candidats, ce dont je ne doute pas,
un cultivateur, les cantons agricoles se réuniront pour
le nommer.

Je ne pense pas, du reste, que la simple nomination
d'un électeur, résidant à la ville ou à la campagne, lui
fasse mieux connaître les sujets au sein d'une Assemblée électorale qu'il ne les connaissait auparavant. Je
pense qu'un premier scrutin renvoyé aux Assemblées
primaires est plus propre à éclairer le choix et laisse
moins de prise à l'intrigue » (1).

Guyomard rejette donc l'idée de la création d'Assemblées électorales, se montre partisan d'un premier
tour de scrutin et conclut au maintien de l'article
proposé par le Comité.

Mais Lahaye objecte que les Assemblées primaires
ne sont point en état de faire les élections qu'on leur
attribue, c'est-à-dire celles : « 1° des membres du
Corps législatif ; 2° des membres du tribunal de Cas-

(1) *Moniteur* du 2 thermidor, an III.

sation ; 3° des membres du jury national ; 4° des présidents, accusateur public et greffier du tribunal criminel de département », etc.....

Si Lahaye juge les Assemblées primaires incapables de remplir ces fonctions, c'est parce qu'elles « ne s'attachent jamais qu'aux hommes qui dominent dans leur sein ; de sorte que chacune est portée à nommer celui qui a surpris ou gagné sa confiance. Les Assemblées primaires ne voient point au-delà d'elles-mêmes. Chaque Assemblée de village nommera son démagogue, et perdra de vue l'homme de mérite qui demeure hors du canton, si elle-même le connaît » (1). Et Lahaye supplie la Convention de décréter en principe qu'il y aura des Assemblées électorales.

Cornillau soutient la théorie de celui qui vient de le précéder à la tribune et, faisant allusion au projet présenté par la Commission des Onze, il s'écrie : « Vous n'adopterez pas une loi qui exclurait à jamais des fonctions publiques l'homme sage, probe, humain, bienfaisant, que l'amour de la retraite, de la paix, a fixé dans les campagnes. Tel serait cependant le résultat de l'article XIV » (1). L'orateur termine ses observations en proposant une nouvelle rédaction de cet article.

Malgré l'opposition de Garan-Coulon, qui déclare que ceux qui préfèrent les Assemblées électorales, sous prétexte de ne pas priver le peuple de l'exercice de ses droits, ne songent pas sans doute que c'est l'en dépouiller que de le transférer à d'autres. Malgré les dernières objections de Lanjuinais qui reproduit les moyens développés par les précédents orateurs en faveur du

(1) *Moniteur* du 2 thermidor, an III.

système des élections immédiates, l'Assemblée décrète, à la fin de sa séance du 27 messidor, qu'en principe il y aura des corps électoraux, et charge la Commission des Onze de lui présenter un projet sur leur organisation et la nature de leurs fonctions.

Les séances de la Convention qui suivirent eurent pour objet la discussion d'un projet, aussi nouveau en France qu'important, présenté par le comité ; nous voulons parler de la division du Corps législatif en deux Chambres.

Lakanal exposa, au début de la séance du 29 messidor, les raisons qui avaient motivé la proposition du comité et la façon dont il envisageait les pouvoirs de chacune des deux Chambres :

« Nos malheurs passés, dit-il, démontrent la nécessité de diviser le Corps législatif en deux branches. Il ne peut plus être question ici que de rechercher le système de division le plus propre tout à la fois à garantir les législateurs de l'activité funeste de l'enthousiasme, et le peuple français de l'invasion de la souveraineté.

Dans le projet de Constitution qui vous est présenté, les deux sections du Corps législatif sont nommées par les collèges électoraux : leur élection est donc également pure dans sa source.

D'après les conditions d'éligibilité, la différence de l'âge entre les membres des deux Conseils est de dix ans ; cette différence est peu notable, soit pour l'esprit ; il est à 30 ans dans toute sa force ; soit pour le cœur ; si vous exceptez Saint-Just, tous les ambitieux qui ont ensanglanté la liberté, parce qu'ils ne voyaient en elle qu'une proie à dévorer, étaient âgés de plus de 30 ans.

Le Conseil des représentants aura 250 membres de plus que celui des Anciens ; l'un et l'autre peuvent donc renfermer un égal nombre d'hommes mûris par l'âge et les méditations ; il peut même dans la suite se trouver, dans le Conseil des Cinq Cents, des hommes qui auront siégé dans celui des Anciens. On peut donc assurer que les deux Conseils sont composés à peu de chose près d'éléments semblables.

Il en est bien autrement des fonctions dont ils seront investis : le Conseil des Cinq cents discute et élabore la loi ; le Conseil des Anciens l'approuve ou la rejette ; le premier de ces Conseils ne sera donc qu'un comité de préparation, un bureau de travail : ses attributions se borneront à la simple initiation de la loi. La puissance nationale résidera donc tout entière dans le Conseil des Anciens ; elle n'aura pour contrepoids que l'opinion publique. Ce Conseil fera la loi, il assistera même en quelque sorte à son exécution, puisqu'il tiendra sous sa dépendance le pouvoir exécutif qu'il peut accuser, qu'il peut absoudre, en le couvrant de sa protection et de l'impunité. Où se trouve dans cet ordre de choses la garantie de la liberté contre la puissance sans frein du Conseil des Anciens ? Peut-on se promettre d'ailleurs qu'une aussi grande différence d'autorité entre les Conseils ne rompra pas bientôt l'harmonie qui doit les unir pour le bien commun ? L'un ne se croira-t-il pas supérieur à l'autre dans l'opinion ? La puissance du premier, la nullité douloureuse du second doivent nécessairement enfanter à la longue ces combats de l'amour-propre auxquels le peuple ne manque jamais de prendre part, et qui le divisent bientôt en deux parties avides de vengeance ; de là, les excès populaires, de là, les forfaits de l'anarchie.

Que voulut notre Comité de Constitution, que voulez-vous vous-mêmes ? Poser une barrière contre la précipitation des délibérations ; laisser le temps à la réflexion de découvrir les vices des lois avant de les donner au peuple ; ralentir les pas des législateurs pour les rendre plus assurés ; pondérer sagement toutes les parties de la puissance nationale.

Je propose : 1° de composer les deux Conseils d'éléments entièrement semblables, pour le nombre de leurs membres, les conditions d'éligibilité ;

2° de conférer à chacun des deux Conseils proposés, un droit négatif et d'adhésion sur les délibérations de l'autre ;

3° d'ajourner à la législature à venir le projet de loi qui, renvoyé avec l'exposé des motifs de refus à celui des deux Conseils qui l'aura proposé, y serait de nouveau consacré par un second décret rendu à la majorité absolue des suffrages ;

4° de décréter que les membres de l'un des Conseils qui aura un projet de loi à présenter, l'annoncera d'avance pour prévenir les propositions simultanées (1) ».

Dans ce plan, qu'un ancien législateur recommandable par ses lumières a indiqué le premier, les deux sections du Corps législatif se trouvent équilibrées l'une par l'autre, et se servent réciproquement de modérateur sans se porter ombrage.

Echafformax aîné prend la parole après Lakanal et fait un rapprochement entre le nouveau Conseil proposé et le Sénat romain. Il déclare avoir toujours été séduit par les sénats antiques dont les lumières, l'austérité des mœurs et des vertus, sont encore le modèle de la postérité. Mais il ne croit pas que la Convention doive organiser le Conseil des Anciens d'après les

_____

(1) *Moniteur* du 4 thermidor, an III.

mêmes bases que les sénats antiques, car il faut compter avec les passions des hommes. Or, si un étranger venait un jour à pénétrer dans le Conseil des Anciens, se créait des partis, quelle garantie aurait-on de la liberté et de la sûreté nationales ? Aussi, l'orateur propose-t-il un autre système : « Prononcez d'une manière claire dans votre Constitution, dit-il, l'indé-pendance des deux sections ou de deux Conseils de la législature ; que tour à tour le sort leur donne l'initia-tive des lois ; qu'une proposition de loi ne soit jamais décrétée sans avoir été lue et discutée dans trois séances des comités ou commissions chargés de la préparer ; qu'une loi qui aura acquis la majorité dans une section de la législature soit discutée d'une manière solennelle dans l'autre section : si elle est rejetée, qu'elle passe par l'examen successif des deux sections législatives, et qu'elle ne puisse avoir force de loi qu'après avoir été lue et discutée dans plusieurs séances par les deux sections réunies, et acquis les deux tiers des suffrages ».

Bardas déclare accepter lui aussi l'idée de la dualité des Chambres, mais propose un amendement au pro-jet du Comité, il demande :

1° Que le Conseil des Anciens s'appelle Sénat ; ce nom rappellera de grands souvenirs ;

2° que, dans le cas où les deux Conseils seraient divisés entre eux, ils se réunissent pour délibérer et décider en commun sur l'objet qui les divisera.

Larevellière-Lépeaux monte ensuite à la tribune et répond aux diverses objections ou observations qui ont été faites et à celles qui pourraient être faites à la proposition du comité.

Première observation : Des lois très salutaires pour-raient être frappées de nullité par les Anciens, et l'État être entraîné à la ruine ; on cite pour exemple le veto opposé par Louis XVI.

Or, il n'est pas à craindre que jamais les Anciens refusent une proposition faite par les Cinq Cents, lorsqu'elle sera appuyée par l'opinion publique, car ils courraient le risque de perdre leur existence politique et physique pour renverser une Constitution qui ne leur a rien ôté et qui leur donne tout.

Deuxième observation : Le Conseil des Anciens aurait trop de puissance s'il pouvait arrêter l'exécution des lois ; et la police du lieu des séances qu'on propose de lui donner, lui communique une force redoutable.

Or, les Anciens n'auront pas beaucoup de refus à faire ; car l'idée seule d'un refus rendra plus sérieuse la discussion d'un projet de loi au Conseil des Cinq Cents. De plus, ce n'est pas une puissance redoutable que celle d'un Corps, qui d'un côté, ne propose rien, et de l'autre, ne dispose que des places de membres du Directoire, et encore sur la présentation du Conseil des Cinq Cents, d'où émaneront originairement leurs nominations.

Troisième observation : Le pouvoir exécutif est dans l'entière dépendance du Conseil des Anciens, puisqu'il peut l'accuser.

Or, le pouvoir exécutif est moins dans sa dépendance à cet égard, que dans celle des Cinq Cents, puisqu'il ne peut l'attaquer en nulle sorte que sur l'initiative du Conseil des Cinq Cents. C'est précisément la nécessité de pourvoir à ce que le pouvoir exécutif ne soit dans la dépendance absolue d'aucun Corps, pour qu'on ne puisse pas l'affaiblir et le détruire par des attaques ; car le Conseil des Cinq Cents ne se déterminera qu'à bon escient à mettre en prévention un homme qui en serait relevé par le Conseil des Anciens ; et le Conseil des Anciens ne s'avisera pas non plus d'admettre la prévention et de prononcer, sans de très fortes raisons, l'accusation contre un homme qui pourra revenir prendre sa place après avoir été acquitté par un jury national et par des juges tous parfaitement indépendants du Corps législatif (1).

Quatrième observation : On voudrait non seulement que les deux Conseils eussent une initiative et un refus respectifs, mais aussi qu'ils se communiquassent leurs observations.

Ici, j'aimerais mieux, dit Larevellière, une Assemblée unique que deux Corps que l'on mettrait ainsi en présence, et, pour me servir d'une expression familière, le poing sous le nez.

Un procès par écrit, entre deux pareils athlètes, serait le combat de deux taureaux ; tout ce que l'amour-propre et l'ambition la plus dévorante ont d'activité et de fureur, serait bientôt mis en œuvre par les chefs des deux Conseils, et vous n'auriez fait qu'organiser constitutionnellement la guerre civile la plus prochaine et la plus inévitable ».

Comme les exemples de l'Angleterre et de l'Amérique avaient été invoqués en faveur de ce système, l'orateur répond qu'il n'est pas possible d'établir une comparaison entre le système de dualité des Chambres présenté par le Comité et ceux de l'Angleterre et de l'Amérique. L'Angleterre, en effet, a un pouvoir royal qui « seul produit des lois de fait, ainsi point de débats ». Quant à la Chambre haute, elle est composée d'une antique pairie très respectable aux yeux de la

_____

(1) *Moniteur* du 4 thermidor, an III.

multitude, d'autant qu'elle est le canal des grâces, et que sa grande fortune la rend la source de beaucoup de bienfaits ; d'où il résulte qu'il ne peut s'engager aucun débat dangereux entre les deux branches de la législature.

L'Amérique est presque dans le même cas ; son Sénat est très fort par ses grandes propriétés, et parce qu'il exerce concurremment avec le président des États-Unis, une portion du pouvoir exécutif, parce que seul il est le tribunal suprême de la nation.

Cinquième objection : La minorité fait la loi à la majorité.

Or, ici on déplace la question. Il est bien vrai que, dans toute association libre et indépendante, il faut que la majorité fasse la loi à la minorité : c'est un point sans lequel nulle association ne peut exister.

Cela est vrai à plus forte raison pour toute association politique. Mais un Corps législatif est-il une association libre et indépendante ? Non, certainement ; c'est uniquement un instrument appartenant à l'association politique elle-même. Ainsi, dès que la société a voulu et continué de vouloir que tel de ses instruments politiques soit constitué de telle manière plutôt que de telle autre ; qu'on y vote à tel nombre de voix en plus ou en moins qu'à tel autre nombre, le principe n'est nullement blessé (1) ».

Ces cinq objections ayant été ainsi résumées et réso lues par Larevellière, Villetard déclare être d'avis lui aussi de diviser le Corps législatif en deux parties, mais avoue n'être pas d'accord avec le Comité sur le nombre des membres de chacun des deux Conseils. Il

---

(1) *Moniteur* du 5 thermidor, an III.

voudrait de plus qu'on ne pût entrer qu'à 45 ans au lieu de 40, dans la Chambre d'acceptation des lois.

Creuzé-Latouche lui répond alors : « Nous avons fixé à 40 ans l'âge auquel on pourrait y entrer, parce que nous n'avons pas voulu que ceux qui y seraient admis, eussent passé toute la force de l'âge, et qu'il ne leur restât plus que la faiblesse et la débilité de la vieillesse (1) ».

Roux (de la Haute-Marne), propose ensuite un amendement. Il propose que tous les membres du Corps législatif soient nommés indistinctement, sans qu'il soit spécifié à quelle Chambre ils appartiendront. Ils se réuniraient après les élections et fixeraient eux-mêmes le choix de ceux d'entre eux qui composeraient le Conseil des Anciens.

Deleyre déclare que le nouveau plan de Constitution l'effraie et l'attriste, car la rivalité de pouvoir ou d'influence élèvera bientôt entre les deux Chambres une lutte naturelle de passions et d'opinions ; et dès lors, l'harmonie, loin d'être rétablie, sera éloignée à jamais par la destruction de l'unité de représentation qui doit caractériser et distinguer de toutes les autres démocraties, la République française, une et indivisible.

Cette opinion démocratique ne souleva aucun enthousiasme dans l'Assemblée, ce qui prouve bien la réaction qui s'opérait en elle, et après quelques dernières observations de Cambacérès, de Savary, de Larevellière et de Daunou, les articles suivants sont décrétés :

Art. 6. — Le Corps législatif est composé d'un Conseil des Anciens et d'un Conseil des Cinq Cents.

_____

(1) *Moniteur* du 5 thermidor, an III.

Art. 7. — **Les deux** Conseils résident toujours dans la même commune.

Art. 8. — Les membres du Corps législatif reçoivent une indemnité ; elle est la même dans l'un et l'autre Conseils.

Art. 9. — Le directoire exécutif ne peut faire passer ou séjourner aucun corps de troupe dans la distance de six myriamètres de la commune où le Corps législatif tient ses séances, si ce n'est sur sa réquisition ou avec son autorisation.

Art. 10. — Il y a près du Corps législatif une garde de citoyens pris dans la garde nationale de tous les départements, et choisis par leurs frères d'armes.

Cette garde ne peut être au-dessous de 1500 hommes en activité de service. Le Corps législatif détermine le mode de ce service et sa durée.

Le rapporteur donne ensuite lecture de l'article XI :

« Le Conseil des Anciens est composé de 250 membres ».

Malgré les observations de Delbrel, qui voudrait que le Conseil des Anciens fût composé de 300 membres et l'autre de 450, et que la majorité des voix dans le Conseil des Anciens fût des deux tiers plus une, l'article est adopté.

L'article XII, qui entre ensuite en discussion, est ainsi conçu :

« Il (le Conseil des Anciens) est renouvelé tous les dix ans par moitié ; ses membres sont quatre années en fonctions ; ils peuvent être réélus de suite, après quoi il faudra un intervalle de deux ans pour qu'ils puissent être réélus de nouveau ».

Cambacérès combat les derniers termes de cet article. Il pense que la rééligibilité doit toujours avoir lieu sans intervalle, et que ce principe doit s'appliquer à toutes les fonctions publiques. « Pour garantir le peuple d'une séduction idéale, dit-il, on ne doit point mettre d'entraves à l'exercice de ses droits. Nul ne doit être forcé de voter contre son gré, et, en certains cas, la confiance est exclusive ».

Creuzé-Latouche trouve, au contraire, qu'il y a un grand danger à laisser les mêmes individus se perpétuer dans les fonctions publiques. Hardy cite à ce sujet l'exemple des décemvirs dont la réélection entraîna la perte de la liberté.

Girod-Pouzol appuie l'article du Comité. Dubois-Crancé voudrait que l'on mît d'abord aux voix la durée de la législature, qu'il propose de fixer à trois ans et que l'on examinât ensuite la question de savoir si elle sera renouvelée par moitié ou par quart.

Garan-Coulon demande que, seul, le Conseil des Anciens soit renouvelé par moitié.

Guyomard trouve qu'une session de quatre ans est beaucoup trop longue, car on écarte ainsi de la législature ceux qui pourraient bien quitter leurs affaires pendant deux ans, mais ne pourraient pas les abandonner pendant quatre.

Daunou n'est pas favorable à l'idée du renouvellement par quart, car les nouveaux venus n'auront jamais assez d'influence pour contrebalancer les trois autres quarts anciens. D'un autre côté, Dubois-Crancé craint que, si le Conseil des Anciens est renouvelé par moitié, la moitié nouvelle, qui aura la même force que l'ancienne, ne lutte contre celle-ci et n'occasionne des chocs qui pourront être funestes pour la chose publique.

Devant cette divergence d'opinions et sur la demande de Garran, le renvoi à la Commission est décrété.

Dans la séance du 1er thermidor, une nouvelle rédaction de cet article est ainsi présentée par Daunou :

« Le Conseil des Anciens est renouvelé tous les ans par tiers ; ses membres sont trois années en fonctions ; ils peuvent être réélus de suite ; après quoi il faudra un intervalle de deux ans pour qu'ils puissent être réélus de nouveau ».

Cette nouvelle rédaction de l'article XII est adoptée sans discussion. L'article XIII est ensuite voté en ces termes : « Chaque département concourt, à raison de sa population seulement, à la nomination des membres du Conseil des Anciens ».

L'article XIV est ainsi conçu :

« Tous les dix ans, le Corps législatif, d'après les états de la population qui lui sont envoyés, détermine le nombre des membres du Conseil des Anciens que chaque département doit fournir.
Aucun changement ne peut être fait dans ce nombre durant cet intervalle ».

Charles Lacroix propose cet amendement : « Aucun changement ne peut être fait à cette répartition ». L'article et l'amendement sont adoptés ainsi que l'article XV :

« Les membres du Conseil des Anciens sont nommés par les citoyens de chaque département réunis en Assemblées primaires ».

Le rapporteur lit ensuite l'article XVI ainsi conçu :

« Nul ne peut être élu membre du Conseil des Anciens :
S'il n'est âgé de 40 ans accomplis ;
Si de plus il n'est marié ou veuf ;
S'il n'a pas habité le territoire de la République pendant les quinze années qui auront immédiatement précédé l'élection ;
Si enfin il ne possède pas une propriété foncière quelconque depuis une année au moins ».

Cambacérès demande que le chiffre de 40 ans soit poussé à 45, avec la réserve que l'article n'aura d'exécution que dans six années, car il craint que, sans cela, le Conseil des Anciens soit composé d'hommes peu attachés à la Révolution.

Boissy d'Anglas appuie cette proposition. Duffaulx demande que l'article soit adopté tel qu'il a été présenté par la Commission.

Le premier paragraphe est voté ; le second : « si de plus il n'est marié ou veuf » est ensuite soumis à la discussion.

Hardy, envisageant la loi du divorce, voudrait que l'on remplaçât les mots : « s'il n'est marié », par « s'il n'est ou n'a été marié ».

Cambacérès et Villetard proposent que « l'homme vertueux qui adopte un enfant », soit compris dans l'article comme pouvant faire partie du Conseil des Anciens, sans être marié ou veuf. Cette proposition n'est pas acceptée, et, sur les conclusions de Larevellière-Lépeaux, les paragraphes II et III sont adoptés sans amendement.

Quant au dernier paragraphe : « Si enfin il ne possède une propriété foncière quelconque, depuis une année au moins », la Commission le supprime pour les raisons suivantes exposées par Daunou : « La Commission a pensé, dit-il, que puisque vous aviez décrété qu'il y aurait des électeurs, il fallait faire peser sur eux la condition qu'il renferme, et laisser concourir le talent aux places d'élection (1) ».

Le rapporteur lit ensuite l'article XVII ainsi conçu :

« Les membres nouvellement élus au Conseil des Anciens, se réuniront le 1er du mois de prairial, au lieu qui aura été indiqué par le Corps législatif précédent, ou dans le lieu même de ses dernières séances, s'il n'en a pas été désigné un autre ».

---

(1) *Moniteur* du 6 thermidor, an III.

Cet article est adopté et le rapporteur donne ensuite lecture des articles XVIII, XIX, XX et XXI, qui sont renvoyés à la Commission.

Art. 18. — Si, pendant la première quinzaine, la moitié des membres nouvellement élus au Conseil des Anciens, ne s'est pas réunie, les présents ne pourront s'occuper d'aucun Acte législatif ; mais ils enjoindront aux membres absents de se rendre à leurs fonctions sans délai. »

Art. 19. — Les membres qui ne se sont pas rendus dans le délai d'un mois, sont punis d'une amende égale à la valeur de 1.500 myriagrammes de blé (environ 300 quintaux), s'ils ne proposent pas une excuse qui soit jugée légitime par le Conseil des Anciens.

Art. 20. — Aussitôt que les membres du Conseil des Anciens sont réunis au nombre de 188, ou après l'expiration de la première quinzaine, quel que soit le nombre des membres réunis, ils vérifient les pouvoirs des membres nouvellement élus, et tous ensemble ils se constituent Conseil des Anciens, et se nomment un président et des secrétaires.

Ces articles sont renvoyés à la Commission, et l'article XXI est adopté en ces termes :

« Les fonctions du président et des secrétaires ne peuvent excéder la durée d'un mois ».

La séance du 2 thermidor est consacrée à la discussion des articles relatifs au Conseil des Cinq Cents.

Art. 22. — Le Conseil des Cinq Cents est invariablement fixé à ce nombre.

Art. 23. — Les dispositions contenues dans les articles 12, 13, 14, 15, 17, 18, 19 et 21 relatifs à l'organisation du Conseil des Anciens, sont communes au Conseil des Cinq Cents.

Ces articles sont adoptés. L'article XXIV a rapport aux conditions exigées pour la candidature au Conseil des Cinq Cents. Il est ainsi conçu :

« Pour être élu membre du Conseil des Cinq Cents, il faut être âgé de 30 ans accomplis, avoir habité le territoire de la République pendant les 10 années qui auront immédiatement précédé l'élection.

La condition d'habitation exigée par le présent article, et celle prescrite par l'article XVI du présent titre, ne concernent point les citoyens qui sont sortis du territoire de la République avec mission du gouvernement ».

Delacroix demande, au nom de la moralité, que les membres du Conseil des Cinq Cents soient, comme les membres du Conseil des Anciens, mariés ou veufs.

Garran s'oppose à cet amendement, car il juge possible d'avoir de bonnes mœurs quoiqu'on ne soit pas marié à 30 ans.

Bentabole soutient l'opinion de Delacroix et demande la condition du mariage pour les membres du Conseil des Cinq Cents. Sans cela, dit-il, « vous donnerez à ce Conseil un air de jeunesse, un air de minorité qui sera défavorable » (1).

Larevellière répond en donnant les raisons qui ont motivé la décision du Comité. « Nous avons voulu donner un caractère auguste au Conseil des Anciens, qui a besoin d'une force morale plus grande pour contrebalancer dans les Cinq Cents la vigueur du nombre, de l'âge et de la popularité » (1).

Malgré ces raisons, l'article est adopté avec l'amendement de Delacroix.

C'est alors que Siéyès, dans un long discours, expose tout un nouveau plan d'organisation du pouvoir législatif. Siéyès part de ce principe que : « En fait de gouvernement, et plus généralement en fait de Constitution politique, unité toute seule est despotisme, division toute seule est anarchie : division avec unité donne la garantie sociale, sans laquelle toute

(1) *Moniteur* du 7 thermidor, an III.

liberté n'est que précaire ». Il faut donc diviser pour empêcher le despotisme ; centraliser pour empêcher l'anarchie. Or, Siéyès ne connaît que deux systèmes de division des pouvoirs : « le système de l'équilibre et celui du concours, ou, en termes à peu près semblables, le système des contrepoids et celui de l'unité organisée »....... « Nous savons tous, continue-t-il, qu'il n'y a qu'un pouvoir politique dans une société, c'est celui de l'association ; mais on peut appeler improprement pouvoirs au pluriel, les différentes procurations que ce pouvoir unique donne à ses divers représentants ; comme aussi c'est par abus ou par pure politique que nous prenons ou qu'on nous donne individuellement le titre de représentants. Il n'y a qu'un représentant ici, c'est le corps de la Convention, et il y a au dehors autant de représentants qu'il y a de genres de procurations politiques données à des corps ou à des individus occupés de fonctions publiques.

Il faut bien que tous ceux qui exercent une fonction politique pour le peuple, soient ses représentants, s'ils ont mission, ou des usurpateurs s'ils ne l'ont pas. Tout est représentation dans l'état social ».....

Mais il règne à présent, comme en 1789, « une erreur grandement préjudiciable : c'est que le peuple ne doit déléguer de pouvoirs que ceux qu'il ne peut exercer lui-même. On attache à ce prétendu principe la sauvegarde de la liberté : c'est comme si l'on voulait prouver aux citoyens qui ont besoin d'écrire à Bordeaux, par exemple, qu'ils conserveront bien mieux toute leur liberté s'ils veulent se réserver le droit de porter leurs lettres eux-mêmes, au lieu d'en confier le soin à cette partie de l'établissement public qui en est chargée.

Il est constant que se faire représenter dans le plus
de choses possibles, c'est accroître sa liberté, comme
c'est la diminuer que d'accumuler des représentations
diverses sur les mêmes personnes....... Au lieu d'engager le peuple à se réserver l'exercice de tous les
pouvoirs qu'il est de son intérêt de mettre en représentation, il serait plus utile et plus juste de lui dire :
Gardez-vous d'attacher à la qualité d'un représentant
unique tous les droits que vous avez vous-mêmes ;
distinguez soigneusement vos diverses procurations
représentatives, et que la Constitution ne permette à
aucune classe de vos représentants de sortir des limites
de sa procuration spéciale....... Mais, dira-t-on, que
deviennent alors les pouvoirs illimités ? Les pouvoirs
illimités sont un monstre, en politique, et une grande
erreur de la part du peuple français. Il ne la com-
mettra plus à l'avenir. Vous lui direz encore une
grande vérité méconnue parmi nous, c'est qu'il n'a
pas lui-même ces pouvoirs, ces droits illimités que
ses flatteurs lui ont attribués. Lorsqu'une association
politique se forme, on ne met point en commun tous
les droits que chaque individu apporte dans la société,
toute la puissance de la masse entière des individus.

On ne met en commun, sous le nom de pouvoir
public ou politique, que le moins possible, et seulement ce qui est nécessaire pour maintenir chacun
dans ses droits et ses devoirs. Il s'en faut bien que
cette portion puissance ressemble aux idées exagérées
dont on s'est plu à revêtir ce qu'on appelle la souveraineté ; et remarquez que c'est bien de la souveraineté du peuple que je parle, car s'il en est une,
c'est celle-là. Ce mot ne s'est présenté si colossal
devant l'imagination, que parce que l'esprit des
Français, encore plein des superstitions royales, s'est

fait un devoir de le doter de tout l'héritage de pompeux attributs et de pouvoirs absolus, qui ont fait
briller les souverainetés usurpées ; nous avons même
vu l'esprit public, dans ses largesses immenses, s'irriter
encore de ne pas lui donner davantage ; on semblait
se dire, avec une sorte de fierté patriotique, que si la
souveraineté des grands rois est toute puissante, si
terrible, la souveraineté d'un grand peuple doit être
bien autre chose encore..... Or, la souveraineté du
peuple n'est point illimitée » (1).

Après cette sortie contre le principe de la souveraineté illimitée du peuple, Siéyès revient à la division
des pouvoirs ou plutôt des procurations diverses,
qu'il est de l'intérêt du peuple et de la liberté publique,
de confier à différents corps de représentants. Tous
ses vœux vont à ce qu'il appelle : le système politique
du concours. « Il consiste non pas à employer plusieurs corps de représentants à la construction ou
plutôt à la reconstruction du même ouvrage ; mais il
en confie à divers représentants des parties différentes,
de manière que le résultat de tous ces travaux produit,
avec certitude, l'ensemble demandé. Il ne donne pas
deux ou trois têtes au même corps, afin de corriger,
par les défauts de l'une le mauvais effet des défauts
de l'autre : mais, séparant avec soin, dans une même
tête, les différentes facultés qui concourent à déterminer la volonté avec sagesse, et leurs opérations res-
pectives, il les accorde par les lois d'une opération naturelle qui fait, de toutes les parties de l'établissement
législatif, une seule tête » (2).

(1) *Moniteur* du 7 thermidor, an III.
(2)   —

Ces principes une fois posés, Siéyès propose à la Convention quatre articles qu'il a rédigés en vue de l'organisation du pouvoir législatif.

Article premier.—Il y aura, sous le nom de tribunaux, un corps de représentants, au nombre de trois fois celui des départements, avec mission spéciale de veiller aux besoins du peuple et à ceux de l'exécution de la loi, et de proposer à la législature toute loi, règlement ou mesure qu'il jugera utile.

Les Assemblées seront publiques.

Art. 2. — Il y aura, sous le nom de gouvernement, un corps de représentants, au nombre de sept, avec mission de veiller aux besoins du peuple et à ceux de l'exécution de la loi et de proposer à la législature toute loi, règlement ou mesure qu'il jugera utile.

Les Assemblées ne seront point publiques.

Art. 3. — Il y aura, sous le nom de législature, un Corps de représentants au nombre de neuf fois celui des départements, avec mission spéciale de juger et prononcer sur les propositions du tribunal et sur celles du gouvernement.

Les jugements avant la promulgation porteront le nom de décrets.

Art. 4. — Il y aura, sous le nom de « Jurie constitutionnaire », un corps de représentants au nombre des trois vingtièmes de la législature, avec mission spéciale de juger et prononcer sur les plaintes en violation de Constitution, qui seraient portées contre les décrets de la législature.

Siéyès ajoutait que, si ces articles étaient adoptés, il deviendrait aisé de les compléter pour la nomination, les fonctions, le renouvellement, etc...

En résumé, voici quelle était toute la doctrine de Siéyès.

En fait de Constitution politique : unité seule est despotisme, division seule est anarchie. C'est la division avec l'unité qui donne la garantie sociale. Or, comment divisera-t-on les pouvoirs ?

Deux systèmes peuvent être envisagés : celui de

l'équilibre et celui du concours. Le premier, que l'on peut encore appeler le système des contrepoids, consiste à nommer deux ou trois représentants pour exercer la même fonction identique. Or, ce système est mauvais, car si les deux procurations chargées de la mission restent indépendantes, la marche des affaires est incertaine ; si, au contraire, la marche des affaires reprend, c'est qu'il n'y a plus ni contrepoids, ni équilibre, et qu'il s'est établi, dans les Chambres, cette action unique contre laquelle on avait voulu se prémunir par le jeu du veto.

L'autre système, qui est celui du concours, consiste à confier à divers représentants des parties différentes du même ouvrage, de manière que le résultat de tous les travaux produise l'ensemble demandé. Ce système est, aux yeux de Siéyès, le meilleur, et il propose son application, au moyen des quatre articles que nous venons d'énumérer.

Sur les observations de Thibaudeau, ce projet fut renvoyé à la Commission, et la discussion continua sur le projet de Constitution.

Art. 25. — Aussitôt que 376 membres sont réunis, ou après l'expiration de la première quinzaine, quel que soit leur nombre, ils vérifient les pouvoirs des membres nouvellement élus, et tous ensemble se constituent Conseil des Cinq Cents.

Les articles votés ensuite ont rapport aux fonctions du Corps législatif, au droit de police et de discipline des Conseils et à leur résidence.

Tous ces articles sont acceptés presque sans discussion, et, dans la séance du 3 thermidor, les députés passent à la discussion des articles additionnels sur les Assemblées primaires, constituant la fin du titre III.

Art. 12. — Elles s'assemblent de plein droit le 1ᵉʳ germinal de chaque année, et procèdent à la nomination :

1° Des membres de l'Assemblée électorale ;

2° Du président de l'Administration municipale du canton, lorsqu'il doit être renouvelé ;

3° Des juges de paix et de leurs assesseurs lorsqu'il y a lieu.

Art. 13. — Immédiatement après les élections prescrites par l'article précédent, il se tiendra des Assemblées communales qui éliront les agents de chaque commune et leurs adjoints, ou, dans les communes au-dessus de 5.000 habitants, des officiers municipaux.

Art. 14. — Les Assemblées soit primaires soit communales ne font aucune autre élection que celles qui leur sont attribuées par la loi.

Art. 15. — Toutes les élections se font au scrutin secret.

Art. 16. — Tout citoyen qui est légalement convaincu d'avoir vendu ou acheté un suffrage, est exclu des Assemblées primaires et de toute fonction publique pendant vingt ans ; en cas de récidive il l'est pour toujours.

La discussion est ensuite ouverte sur l'organisation des Assemblées électorales, contenue dans le titre IV du projet de la Commission des Onze.

L'article 1ᵉʳ est exposé en ces termes :

« Chaque Assemblée primaire nommera un électeur à raison de 500 citoyens, présents ou absents, ayant droit de voter en la dite Assemblée ».

Garan-Coulon trouve les corps électoraux trop nombreux, car il craint qu'on ne parvienne à les séduire soit par des repas, soit par des présents.

Daunou fait remarquer qu'il est plus facile de séduire une grande Assemblée qu'une Assemblée peu nombreuse ; de plus, la Commission a voulu empêcher qu'à Paris, le corps électoral ne soit plus nombreux que la section de la législature et ne se croit capable de rivaliser avec elle.

L'article est adopté avec un amendement de Bréard,

demandant que les Assemblées électorales soient assez nombreuses pour faire le bien et trop peu pour faire le mal.

L'article II est également voté avec la rédaction suivante :

« Les membres des Assemblées électorales sont nommés chaque année, et ne peuvent être élus qu'après un intervalle de deux ans ».

Le rapporteur lit ensuite l'article III :

« Nul ne pourra être nommé électeur s'il ne réunit aux qualités nécessaires pour exercer les droits de citoyen français, l'une des conditions suivantes, savoir :
Dans les communes au-dessus de six mille âmes, celle d'être propriétaire d'un bien évalué, sur les rôles de contribution, à un revenu égal à la valeur locale de quatre cents journées de travail ou d'être locataire, soit d'une habitation évaluée, sur les mêmes rôles à un revenu égal à la valeur de cent cinquante journées de travail, soit d'un bien rural évalué de même à deux cents journées de travail.

Dans les communes au-dessous de six mille âmes, celle d'être propriétaire d'un bien évalué, sur les rôles de contribution, à un revenu égal à la valeur locale de deux cent cinquante journées de travail, ou d'être locataire, soit d'une habitation évaluée, sur les mêmes rôles, à un revenu égal à la valeur de deux cents journées de travail, soit d'un bien rural évalué de même à deux cents journées de travail.

Et dans les campagnes, celle d'être propriétaire d'un bien évalué, sur les rôles de contribution, à la valeur locale de deux cent cinquante journées de travail, ou d'être fermier ou métayer de biens évalués, sur les mêmes rôles, à la valeur de quatre cents journées de travail.
A l'égard de ceux qui seront en même temps propriétaires ou usufruitiers d'une part, et locataires, fermiers ou métayers de l'autre, leurs facultés, à ces divers titres, seront cumulées jusqu'au taux nécessaire pour établir leur éligibilité » (1).

---

(1) *Moniteur* du 9 thermidor, an III.

Guyomard déclare ne pas comprendre pourquoi l'on exige, pour être électeur, d'autres conditions que celles qui sont imposées aux citoyens pour exercer leurs droits et demande que « les conditions exigées des citoyens suffisent pour être électeur » (1).

Daunou fait observer que les conditions qui avaient été primitivement exigées pour l'éligibilité à la législature, ont été reportées sur les électeurs ; et il ajoute que « c'est une garantie que l'État exige de tous ses membres ; le nouveau système a cet avantage qu'un homme vertueux, mais pauvre, pourra occuper les premières fonctions de la République » (2).

Savary ajoute « qu'il n'y a point de parité entre les fonctions électorales et les fonctions législatives ; les unes n'ont rien de difficile et n'exigent qu'un jugement sain et de la probité, et il n'est donc pas dangereux de les concentrer dans une classe de citoyens inaccessibles par leur fortune à la séduction ; les autres, au contraire, sont très difficiles à remplir ; elles veulent des talents, des lumières, des vertus. Aussi, dit-il, la Commission vous propose de laisser aux électeurs la faculté de chercher ces qualités dans toutes les classes de citoyens, et de porter au Corps législatif celui qui les réunira » (3). Et Creuzé-Latouche ajoute que « la plupart des législateurs sortiront sans doute des corps électoraux, mais qu'il faut bien donner à la nation la garantie qu'ils seront éclairés, que les lois seront bonnes et que l'État sera maintenu » (4).

Un membre de l'Assemblée (dont le nom ne nous

(1) *Moniteur* du 9 thermidor, an III.
(2) —
(3) —
(4) —

a pàs été conservé), prend alors la parole et s'élève
contre une opinion qui lui paraît être un préjugé :
« C'est de présumer que la propriété foncière attache
d'une manière plus forte à la chose publique celui qui
la possède que celui qui ne la possède pas » (1). Mais,
l'on n'était plus en 1793. Quelques mois d'absurdité
avaient accablé la France du plus terrible des fléaux ;
les esprits commençaient à revenir à la raison et les
dernières paroles de cet orateur inconnu furent brus-
quement interrompues par un grand nombre de voix,
qui criaient dans la salle que ce n'était pas un préjugé, que la propriété foncière était bien, en réalité,
fortement attachée à la chose publique.

Géniffieux, pour concilier toutes les opinions, propose alors de réduire à moitié la condition de propriété
et demande « qu'on puisse devenir électeur lorsqu'on
est propriétaire ou fermier d'un bien foncier, évalué
à deux cents journées de travail » (2). L'article est
adopté avec cet amendement.

On fait alors observer qu'une classe nombreuse de
citoyens est laissée de côté ; ce sont les enfants des
citoyens éligibles, mais qui ne remplissent pas encore
les mêmes conditions que leurs pères.

« Nous ne voulons pas, répond Lanjuinais, accorder des privilèges aux oisifs ; nous ne voulons pas
qu'ils viennent dire : mon père a quarante écus de
garantie, je demande qu'elle me serve à moi, à mon
frère, qui n'en avons pas. Non, il faut que les fils du
citoyen se procurent cette garantie par leur industrie
et les services qu'ils rendront à la société » (3).

(1) *Moniteur* du 9 thermidor, an III.
(2)   —
(3)   —

Delacroix demande alors comment l'on distinguera de ces oisifs « les fils qui travaillent à l'exploitation des terres ou dans les manufactures, sous le nom de leur père, gagnant plus qu'il ne leur faudrait pour donner à l'État cette garantie » (1).

Guyomard ne répond pas à cette question, mais demande une garantie contre les corrupteurs ; il voudrait que tout citoyen qui a trente mille livres de rente ne pût être électeur. Ce à quoi, du reste, il est répondu à l'unanimité que c'est une absurdité.

Larevellière, qui lui succède à la tribune, déclare rejeter l'amendement qui tend à reconnaître les qualités pour devenir électeur, dans le fils du citoyen qui paie la contribution exigée, sans que ce fils lui-même soit obligé de la payer. « Que résulterait-il de là ? s'écrie-t-il. C'est qu'un grand propriétaire dans les campagnes fera nommer pour électeurs, parmi ses fermiers, le père, les enfants, les petits-enfants, les domestiques, etc. L'homme riche des villes, placé à la tête d'une vaste entreprise et d'ateliers nombreux, en fera tout autant ; d'où il résultera que nos Assemblées électorales seront très souvent composées d'un très grand nombre d'hommes sans moyens, et d'un petit nombre d'hommes riches qui les auront dans leur entière dépendance, et qui se partageront les emplois publics ; car vous imaginez bien qu'un certain naturel fera parfaitement sentir à cette multitude d'électeurs qu'elle ne peut véritablement occuper avec fruit les fonctions législatives. Les voix porteront nécessairement alors sur ceux dont ils dépendent et vous aurez

_____

(1) *Moniteur* du 9 thermidor, an III,

ce qu'on affecte de tant redouter, beaucoup d'hommes à trente mille livres de rente » (1).

Larevellière déclare rejeter l'amendement.

Un membre de l'Assemblée voudrait qu'on ne pût être électeur avant l'âge de 25 ans. Cet amendement est adopté et le rapporteur lit ensuite l'article suivant:

Art. 4. — L'Assemblée électorale de chaque département se réunit le 20 germinal de chaque année, et termine en une session de 10 jours au plus, et sans pouvoir s'ajourner, toutes les élections qui se trouvent à faire : après quoi elle est dissoute de plein droit.

Les électeurs ne reçoivent aucune indemnité.

Ce dernier alinéa soulève des critiques. ,

Goupilleau (de Fontenay) voudrait que cet article ne fût point constitutionnel, afin qu'une législature pût, si elle le trouvait utile, indemniser les électeurs.

Creuzé-Latouche trouve, au contraire, « qu'indemniser les électeurs serait changer une fonction honorable en une opération mécanique pour laquelle on serait payé ». Cet article est renvoyé à la Commission.

Goupilleau demande alors à la Convention de décider « si ce seront les mêmes électeurs qui auront fait les premières nominations, qui se rassembleront pour élire de nouveaux députés, dans le cas où le Conseil des Anciens, ayant changé la résidence du Corps législatif, la majorité des deux Conseils ne serait pas rendue, à l'expiration des 20 jours, au lieu indiqué par le Conseil des Anciens ». Cette question est, elle aussi, renvoyée à la Commission.

Cornillau propose ensuite à la Convention de

_____

(1) *Moniteur* du 9 thermidor, an III.

décréter que les Assemblées électorales siégeront alternativement dans les différentes communes de l'arrondissement ; il me semble, dit-il, que cette disposition
est nécessaire pour prévenir l'influence d'une commune sur les autres, et les jalousies qui en résulteraient
nécessairement.

Cette proposition est renvoyée à la Commission.

La séance du 4 thermidor débute par une opposition de Thibaudeau à la proposition faite par la Commission de graduer les fonctions publiques. Il la
regarde d'abord comme « contraire aux droits des
citoyens, qui doivent tous également être éligibles
aux fonctions et emplois publics, dès qu'ils sont une
fois admis à l'exercice des droits politiques, comme
contraire à la souveraineté du peuple, dont le droit et
l'intérêt sont d'avoir une entière liberté et une grande
latitude dans les choix. Or, le droit de choisir se trouve
ainsi fort limité, puisqu'on exclut de l'éligibilité les
99 centièmes des citoyens. Le système de la gradualité
des fonctions a, de plus, un danger, c'est de créer une
aristocratie de fonctionnaires » (1).

Berlier répond que celui qui n'a pas exercé une
fonction publique est comme un mineur pour les
emplois supérieurs. « Fait-on avant d'avoir appris,
dit-il, et l'ordre social ne peut-il pas, ne doit-il pas
même exiger cette garantie : le noviciat civil qui, avec
l'habileté, portera l'âme et la vie dans toutes les branches du système politique » (2).

Puis, réfutant l'objection tendant à dire que les
fonctionnaires publics feront des corporations privilé-

---

(1) *Moniteur* du 9 thermidor, an III.
(2)   —

giées, Berlier s'écrie : « Cette objection serait bonne, sans doute, s'il y avait dans le plan de la Commission des exclusions fondées sur autre chose que sur des conditions communes ; elle serait bonne encore si ces conditions communes appartenaient en quelque sorte à la naissance, ou autre chose semblable ; car alors il y aurait privilège et, conséquemment, injustice.

Mais il n'est ici question de rien de semblable : l'égalité fondamentale est observée par cela même que tous sont aptes aux premières fonctions : au delà il n'y a qu'une garantie imposée par la société, sans lésion des droits d'aucun de ses membres, puisque l'expectative de tous est conservée ; ainsi s'évanouit l'objection » (1).

Après de nouveaux débats, la question préalable est adoptée sur l'article du Comité, et sur tous les articles suivants, à l'exception du dernier qui est adopté ainsi qu'il suit :

« Le commissaire du pouvoir exécutif près l'administration de chaque département, est tenu, sous peine de destitution, d'informer le Directoire de l'ouverture et de la clôture des Assemblées électorales. Ce commissaire ne peut arrêter ni suspendre les opérations, ni entrer dans le lieu des séances ; mais il a le droit de demander communication du procès-verbal de chaque séance, dans les vingt-quatre heures qui la suivent ; et il est tenu de dénoncer au Directoire les infractions qui seraient faites à l'Acte constitutionnel ».

Lebardy propose, par article additionnel, d'exiger des électeurs un serment civique. Boissy s'y oppose, car « il est trop dangereux de mêler aux lois politiques et civiles des idées religieuses » et l'Assemblée passe à l'ordre du jour.

(1) *Moniteur* du 10 thermidor, an III.

La séance se continue par la discussion, du titre VI concernant les corps administratifs et judiciaires, et celle du 6 thermidor est employée à la discussion du titre V : du pouvoir exécutif.

Article premier. — Le pouvoir exécutif est délégué à un directoire de cinq membres nommés par le Corps législatif.

Art. 2. — Le Conseil des Cinq Cents forme une liste triple du nombre des membres du Directoire qui sont à nommer, et la présente au Conseil des Anciens, qui choisit dans cette liste.

Echafferieux aîné propose un autre système contenu en quatre articles ayant pour but de faire choisir les membres du Directoire exécutif sur une liste de candidats présentée par les corps électoraux.

Mailhe repousse ce système et ne « voit rien de plus effrayant pour la liberté qu'un tel système d'élection ».

Thibaudeau fait remarquer que le Corps législatif peut très bien remplir le rôle d'Assemblée électorale dans la nomination des membres du Directoire et que cela n'est pas une atteinte à la souveraineté du peuple. Mais, Saint-Martin (de l'Ardèche), trouve le projet de la Commission des Onze contraire au principe de la séparation des pouvoirs. Il propose, en conséquence, une nouvelle rédaction tendant à faire nommer les membres du Directoire par les Assemblées électorales, sur une liste de candidats présentée par le Corps législatif.

Malgré ces propositions diverses, le projet du Comité, soutenu par Bréard et Villetard, est finalement adopté.

Les articles suivants sont ensuite votés sans discussion.

Art. 3. — Les membres du Directoire doivent être âgés de quarante ans au moins.

Art. 4. — Ils ne peuvent être pris que parmi les citoyens qui ont été membres du Corps législatif, ou agents généraux d'exécution.

La disposition du présent article ne sera observée qu'à commencer de l'an 9e de la République.

Art. 5. — Les membres du Corps législatif ne peuvent être élus membres du Directoire, ni pendant la durée de leurs fonctions législatives, ni pendant la première année après l'expiration de ces mêmes fonctions.

Art. 6. — Le Directoire est partiellement renouvelé par l'élection d'un nouveau membre, chaque année.

Le sort décidera pendant les quatre premières années, de la sortie successive de ceux qui auront été nommés la première fois.

Art. 7. — Aucun des membres sortants ne peut être réélu qu'après un intervalle de cinq ans.

Art. 8. — L'ascendant et le descendant en ligne directe, le frère, l'oncle, le neveu, les cousins au premier degré, les alliés au même degré, ne peuvent être en même temps membres du Directoire, ni n'y succéder qu'après un intervalle de cinq ans.

Art. 9. — En cas de vacance par mort, démission ou autrement d'un des membres du Directoire, son sucesseur est élu par le Corps législatif, dans dix jours pour tout délai. Le Conseil des Cinq Cents est tenu de présenter des candidats dans les cinq premiers jours, et le Conseil des Anciens doit consommer l'élection dans les cinq derniers.

Le nouveau membre n'est élu que pour le temps d'exercice qui restait à celui qu'il remplace. Si néanmoins ce temps n'excède pas six mois, celui qui est élu demeure en fonction jusqu'à la fin de la cinquième année suivante.

Art. 10. — Chaque membre du Directoire le préside à son tour durant trois mois seulement.

Suivent les articles concernant la mission du pouvoir exécutif.

Dans la séance du 24 thermidor, la discussion reprend sur le projet présenté par Siéyès d'établir « un jurie constitutionnaire », projet qui avait été renvoyé à l'examen de la Commission. Il est définitivement rejeté.

La séance du 25 thermidor est consacrée au vote du titre de la révision du projet de la Commission.

Delleville demande à la Convention de s'opposer à tous les changements qui pourraient être faits à la Constitution. Il demande même la peine de mort contre quiconque proposerait de faire des changements à la Constitution. De violents murmures accueillent cette proposition et le rapporteur lit l'article Ier qui est ainsi conçu :

« Lorsque l'expérience fait sentir les inconvénients d'un ou de plusieurs articles de la Constitution, le Conseil des Anciens en propose la révision. »

Une légère modification est demandée par Hardy, acceptée par l'Assemblée et l'article est ainsi voté :

« Si l'expérience faisait sentir les inconvénients de quelques articles de la Constitution, le Conseil des Anciens proposerait la révision ».

Les articles suivants sont ensuite adoptés presque sans discussion.

Art. 2. — La proposition du Conseil des Anciens est, en ce cas, soumis à la ratification du Conseil des Cinq Cents.

Art. 3. — Lorsque, dans un espace de neuf années consécutives, la proposition du Conseil des Anciens ratifiée par le Conseil des Cinq Cents, a été faite à trois époques éloignées l'une de l'autre, de trois années au moins, une Assemblée de révision est convoquée.

Art. 4. — Cette Assemblée est formée de deux membres par département, tous élus de la même manière que les membres du Corps législatif, et réunissant les mêmes conditions que celles exigées pour le Conseil des Anciens.

Art. 5. — Le Conseil des Anciens désigne, pour la réunion de l'Assemblée de la révision, un lieu distant de **vingt myriamètres** au moins de celui où siège le Corps **législatif.**

Art. 6. — L'Assemblée de révision a le droit de changer le lieu de sa résidence, en observant la distance prescrite par l'article précédent.

Art. 7. — L'Assemblée de révision n'exerce aucune fonction législative ni de gouvernement ; elle se borne à la révision des lois constitutionnelles.

Guyomard voudrait que la révision soit bornée aux seuls articles de la Constitution, auxquels le Corps législatif aura proposé de faire des changements, « ou bien, dit-il, l'on exposera la Constitution à être entièrement changée, et l'on amènerait encore des révolutions qui bouleverseraient tout l'ordre établi ».

L'article et l'amendement sont adoptés.

Daunou lit ensuite l'article VIII ainsi conçu :

« Toutes les autorités constituées continuent l'exercice de leurs fonctions, jusqu'à ce que les changements proposés par l'Assemblée de révision soient acceptés par le peuple ; et jusqu'à ce que les nouvelles autorités aient été mises en activité ».

Lanjuinais demande que l'on dise aussi que les articles de la Constitution qui seraient attaqués seront exécutés jusqu'à ce qu'il leur en ait été substitué d'autres. Daunou propose alors de rédiger l'article en ces termes :

« Tous les articles de la Constitution, sans exception, continueront d'être en vigueur, tant que les changements proposés par l'Assemblée de révision n'auront pas été acceptés par le peuple ».

L'article IX porte :

« Les membres de l'Assemblée de révision délibèrent en commun. »

Lecomte (de la Seine-Inférieure), demande qu'il soit décidé si les séances de l'Assemblée de Constitution seront secrètes ou publiques. Lanjuinais voudrait

17

qu'elles soient secrètes. Roux (de la Haute-Marne), réplique qu'il pourrait être quelquefois avantageux qu'elles soient publiques et propose, en conséquence, « qu'il soit laissé à la prudence de l'Assemblée de révision de tenir les séances publiques ou secrètes, selon qu'elle le trouvera plus convenable. Je demande, ajoute-t-il, l'ordre du jour (1) ».

L'Assemblée passe à l'ordre du jour sur les amendements et vote l'article IX.

Hardy voudrait qu'on indiquât la durée possible de l'Assemblée de révision. Son opinion est qu'elle pourrait être fixée à trois mois au plus. Lemoine appuie cette proposition et la Convention décrète que la durée d'une Assemblée de révision ne pourra excéder trois mois.

Les articles suivants sont ensuite votés en ces termes :

Art. 10. — Les citoyens qui sont membres du Corps législatif au moment où une Assemblée de révision est convoquée, ne peuvent être élus membres de cette assemblée.

Art. 11. — L'assemblée de révision adresse immédiatement aux Assemblées primaires le projet de réforme qu'elle a arrêté.

Elle est dissoute dès que ce projet leur a été adressé.

Art. 12. — Les membres de l'Assemblée de révision ne peuvent être recherchés, accusés ni jugés, en aucun temps, pour ce qu'ils ont dit ou écrit dans l'exercice de leurs fonctions.

Pendant la durée de ces fonctions ils ne peuvent, en aucun cas, être mis en jugement, si ce n'est par une décision des membres mêmes de l'Assemblée de révision.

Dans la séance du 26 thermidor, Daunou monte à

---

(1) *Moniteur* du 2 fructidor, an III.

la tribune pour faire la relue de la Constitution. Un
grand nombre de députés s'étonnent de ne pas trouver en tête de la Déclaration des droits un article portant que « tous les hommes naissent et demeurent
égaux en droits ». Mailhe vient alors en donner les
raisons : « Je conviens, dit-il, que tous les hommes
naissent égaux en droits, mais demeurent-ils égaux en
droits ? C'est ce que je ne crois pas. (Murmures).....
Les hommes naissent égaux, mais ils ne restent pas
égaux, même dans l'état naturel, car rien n'est garanti
avant l'établissement de la société ; il n'y a pas dans
cet état d'autre droit que celui de la force qui n'en est
point un.

Dans l'état de société, les hommes ne conservent
pas davantage que dans l'état de nature les droits à
l'égalité, qu'ils avaient en naissant, parce qu'en gran-
dissant, ils n'acquièrent pas tous une égale portion
d'intelligence et des autres facultés ; vous l'avez si bien
senti, que vous avez imposé des conditions à l'exercice
des droits de citoyen.

Tous les hommes, en naissant, ont un droit égal à
l'exercice possible des droits de citoyen, mais vous les
avez suspendus de cette faculté jusqu'à l'âge de 21 ans,
parce que vous avez cru que, jusqu'à cette époque de
la vie, l'homme n'est point capable de sentir toute
l'importance de ses obligations et de les bien remplir.
Vous avez exigé, en outre, pour l'admettre à l'exercice
de ces droits, qu'il payât une contribution, comme
une garantie de son intérêt au maintien de l'ordre
établi. Tous les hommes n'ont point un pareil intérêt,
ou ne l'ont pas au même degré ; ainsi vous voyez que les
hommes ne demeurent pas égaux en droits, puisqu'ils
ne peuvent pas tous également faire usage de ceux
qu'ils avaient en naissant »...... Je demande qu'on

passe à l'ordre du jour sur la réclamation qui est faite (1) ».

La Convention passe à l'ordre du jour et les autres articles de la Déclaration des droits sont ensuite votés presque sans discussion. Puis il est procédé au vote de la déclaration des devoirs.

L'article 1ᵉʳ est adopté sans discussion.

L'article II l'est en ces termes :

« Tous les devoirs de l'homme et du citoyen dérivent de ces principes, gravés par la nature dans tous les cœurs ; ne faites pas à autrui ce que vous ne voudriez pas qu'on vous fît.

Faites constamment aux autres le bien que vous voudriez en recevoir. »

Art. 3. — Les obligations de chacun envers la société consistent à la défendre, à la servir, à vivre soumis aux lois, et à respecter ceux qui en sont les organes.

La Déclaration des droits et celle des devoirs étant adoptées en seconde lecture, on procède alors à la relue de la Constitution. Les premiers articles sont votés sans aucune difficulté ; mais, dans la séance du 27 thermidor, Hardy demande qu'on discute la question de savoir s'il y aura des suppléants. Daunou répond alors : « Le besoin des suppléants n'est pas tellement impérieux qu'on ne puisse s'en passer. Le Corps législatif sera complété tous les ans ; ainsi les places, qui seraient devenues vacantes par la mort ou la démission de quelques membres, seront bientôt remplies, car les Assemblées électorales commenceront d'abord par remplacer ceux qui ne seront plus dans le Corps législatif. En second lieu, il peut y avoir du danger à admettre des suppléants, parce que leurs nomi-

(1) *Moniteur* du 2 fructidor, an III.

nations ne seront jamais faites avec autant de soin que celles des députés. Le plus grand nombre d'électeurs, fatigués d'avoir déjà passé plusieurs jours hors de leurs foyers, y seront rappelés par leurs affaires ; ils se retireront après le choix des députés et laisseront celui des suppléants à une poignée d'intrigants qui trafiqueront entre eux de ces nominations. Or, voyez à quel danger vous vous exposez, si de pareils hommes sont jamais appelés au Corps législatif. Il vaut beaucoup mieux qu'il ne soit jamais complet que de l'être avec de semblables sujets (1) ».

Ruelle objecte que « si l'on n'admet pas de suppléants au Corps législatif, on court le risque de voir un jour un des deux Conseils ou même tous les deux tellement réduits dans leur nombre, qu'ils ne pourront point continuer leurs travaux..... Il est une autre circonstance, ajoute-t-il, qui me paraît rendre indispensable la nomination des suppléants ; c'est celle où le Corps législatif serait dissous ; je vous demande qui le remplacera s'il n'y a point de suppléants.

Cependant, quel danger ne courrait pas la République sans autorité législative ? (2) »

Boissy fait remarquer qu'en Angleterre, où le parlement dure sept années, il n'y a pas de suppléants. Mais Garran réplique que, dans cet Etat, on a toujours senti la nécessité de tenir toujours les Chambres complètes ; car sitôt qu'il manque un député dans l'une d'elles, des lettres patentes ordonnent son remplacement.

Devant ces opinions contradictoires, Lanjuinais

(1) *Moniteur* du 2 thermidor, an III.
(2)   —

demande le renvoi de la proposition à la Commission des Onze, pour présenter le lendemain un article. Ce renvoi est décrété.

L'article LXV donne lieu à une modification. Il avait été adopté ainsi en première lecture :

« Pour être élu membre du Conseil des Cinq Cents, il faut être âgé de 30 ans accomplis, être marié ou veuf, et avoir été domicilié sur le territoire de la République pendant les dix années qui auront immédiatement précédé l'élection ».

La Commission propose de rejeter cette condition : être marié ou veuf ; et la Convention adopte ce retranchement.

La Commission propose en outre d'ajouter au même article la disposition suivante :

« La condition de l'âge de trente ans ne sera point exigée avant l'an septième de la République. Jusqu'à cette époque, l'âge de 25 ans accomplis sera suffisant ».

Cette disposition est adoptée.

Dans la séance du 28 thermidor, Daunou se présente à la barre au nom de la Commission des Onze. « Les réflexions, dit-il, qui ont été faites hier par notre collègue Garran, nous ont fait désirer que la Commission prévît le cas où le nombre des membres du Corps législatif serait notoirement réduit, ce qui empêcherait ce Corps de faire aucun acte. La Commission, en persévérant à regarder l'admission des suppléants comme très dangereuse, a cru que les circonstances créées par notre collègue Garran ne pouvaient se reproduire que très rarement, et voici l'article qu'elle m'a chargé de vous proposer pour y pourvoir :

« Si, par des circonstances extraordinaires, l'un des deux Conseils se trouve réduit à moins des deux tiers de ses membres, il en donne avis au Directoire exécutif, lequel est tenu de convoquer, sans délai, les Assemblées primaires des départements qui auront des membres du Corps législatif à remplacer par l'effet des circonstances. Les Assemblées primaires nommeront sur-le-champ les électeurs qui procèdent aux remplacements nécessaires ».

Cet article est adopté. La fin de la Constitution est également votée presque sans discussion et, dans la séance du 3o, le président déclare achevée la lecture de la Constitution.

Mais il restait encore à présenter celle-ci au peuple et à décider en quelles mains serait mis le « dépôt sacré de la Constitution. » La loi du 5 fructidor décida que les deux tiers de la Convention seraient conservés dans le prochain Corps législatif et régla par le décret du 13 fructidor an III le détail de l'opération. En voici les principaux articles :

Art. 1er. — Les prochaines Assemblées électorales, en exécution des articles I et II du titre 1er de la loi du 5 de ce mois, nommeront d'abord les deux tiers des membres que chacune d'elles doit fournir au Corps législatif, et les choisiront, soit dans la députation actuelle de leur département, soit parmi tous les autres membres de la Convention, si ce n'est ceux qui sont exceptés par l'art. III de la même loi.

Art. 2. — Il sera, en conséquence, adressé à chaque Assemblée électorale, lors de la convocation prescrite par l'art. X du titre II, des exemplaires de la liste des membres qui sont en activité dans la Convention. Les exemplaires seront certifiés par le comité des décrets, procès-verbaux et archives.

Art. 3. — Chaque Assemblée électorale, indépendamment des deux tiers qu'elle doit nommer d'abord, formera une liste supplémentaire triple de la première, et composée de membres également pris sur la totalité de la Convention ; en sorte, par exemple, qu'en supposant une députation de neuf membres dans une totalité, il en sera, avant tout, choisi six pour former la liste des deux tiers, et 18 autres pour la liste supplémentaire.

Art. 4. — Il sera procédé successivement et séparément

à chacune de ces deux élections ; elles seront faites l'une et l'autre au scrutin de liste simple, à la pluralité absolue aux deux premiers tours, et à la pluralité relative au troisième tour, si l'on est obligé d'y recourir. Après chaque tour de scrutin, le bureau en publiera le résultat en annonçant les élections consommées, s'il y en a, et en proclamant les noms de ceux qui, n'étant pas encore élus, auront obtenu des suffrages ainsi que le nombre de voix données à chacun d'eux.

Art. 5. — L'élection du dernier tiers qui sera pris, soit dans la Convention, soit au dehors, ne pourra se faire qu'après avoir achevé celles qui sont prescrites par les articles précédents.

Art. 6. — En cas d'insuffisance du résultat des scrutins de toutes les Assemblées électorales pour la réélection de cinq cents membres de la Convention, ce nombre sera complété par ceux qui auront été réélus dans son sein, pour composer les deux tiers du Corps législatif.

Art. 7. — Cette opération suivra immédiatement la vérification des pouvoirs, et ce sera par scrutin de liste, en observant les conditions prescrites par l'article IV.

Art. 8. — Il sera envoyé à chaque Assemblée électorale un tableau du nombre de députés qu'elle doit fournir d'après les états de population.

Art. 9. — La distribution des députés entre le Conseil des Cinq Cents et le Conseil des Anciens, sera faite pour cette fois par la totalité de ceux qui seront élus pour former le Corps législatif.

Art. 10. — Aucun député en mission ou en congé ne sera éligible dans le département où il se trouvera pendant la tenue de l'Assemblée électorale.

Art. 11. — Le présent décret sera, sur-le-champ, imprimé, et envoyé par l'agence de l'envoi des lois, à tous les départements, jusqu'à concurrence du nombre d'exemplaires nécessaires pour les Assemblées primaires et les communes » (1).

Ce projet de décret, présenté par la Commission des Onze, est rapporté. Larevellière-Lépeaux lit ensuite

---

(1) *Moniteur* du 17 fructidor, an III.

une adresse aux Français pour leur soumettre la Constitution et les décrets.

C'est à ce moment que des événements graves se produisirent. Depuis longtemps déjà, des agitateurs excitaient sourdement le peuple de Paris contre la Convention. Les anciens chefs thermidoriens cherchaient à prendre leur revanche et les royalistes escomptaient un retour prochain de la monarchie. Le 6 fructidor an III, la section du faubourg Montmartre avait demandé le rapport du décret, par lequel cinq cents membres du Corps législatif devaient être pris dans la Convention. Pour toute réponse, la Convention régla, par le décret du 13 fructidor, la mise à exécution de celui du 5. Les Assemblées électorales devaient commencer leurs opérations par élire les deux tiers de la Convention appelés au Corps législatif.

Ce décret ne fit naturellement qu'accroître le mécontentement des agitateurs qui redoublèrent d'activité pour fomenter la guerre civile. L'ouverture des réunions des Assemblées primaires, au sujet de l'acceptation de la Constitution, était fixée au 20 fructidor.

La section Lepelletier rejeta les décrets ; presque toutes les sections de Paris la suivirent dans cette détermination et Dupont annonça, le 27 fructidor, que l'Assemblée primaire du théâtre français venait de rejeter elle aussi les décrets : sur deux mille cent soixante et un votants, deux mille soixante-dix-huit avaient accepté la constitution ; soixante-trois l'avaient refusée ; neuf avaient voté pour un roi ; treize seulement avaient accepté les décrets (1). Dupont poursuivit en ces termes : « Convention nationale, encore quelques

(1) BUCHEZ et ROUX, tome XXXVII, p. 23.

jours et la vérité éclatera ! tu la connaîtras, mais trop tard. Tu verras s'il valait mieux écouter la voix de tes flatteurs, que celle des hommes francs qui consentaient à oublier tes crimes. Nous sommes chargés de lire une adresse, que l'Assemblée primaire trouvera les moyens de faire circuler dans les départements, dans les armées et partout où elle le croira nécessaire. Quand on trompe tout le monde, on mérite d'être trompé par tout le monde » (1).

Ces menaces dirigées contre la Convention montraient bien qu'un vaste complot était mené contre elle. Elle le sentit et prit des mesures pour l'éviter.

Cependant, si Paris avait voté contre les décrets des 5 et 13 fructidor an III, le reste de la nation les avait acceptés, et, dans la séance du 1er vendémiaire an IV, le résultat des recensements des votes sur la Constitution et les articles additionnels fut lu à la Convention : sur 958.226 votants, 916.334 avaient voté pour l'acceptation de la Constitution ; 41.892 pour le refus. Sur 263.121 votants, 167.758 avaient accepté les décrets et 95.573 les avaient refusés. La Constitution et les décrets se trouvaient donc consacrés par la nation. Il est cependant à remarquer qu'il y eut un grand nombre d'abstentions au sujet des décrets. Au lieu de 958.000 votants, en effet, il n'y en eut que 263.000, et 95.000 refus au lieu de 41.000.

Quoi qu'il en soit, le président de la Convention se leva et dit ainsi que chacun des membres : « Au nom du peuple français, je déclare qu'il a accepté la Constitution et je la proclame loi fondamentale de l'Etat ». Puis il ajouta : « Au nom du peuple fran-

_____

(1) Buchez et Roux, tome XXXVII, p. 32,

çais, je déclare que les décrets des 5 et 13 fructidor
sont lois de l'Etat et que les Assemblées électorales
sont tenues de s'y conformer » (1).

Le lendemain, des troubles graves menacèrent
encore une fois la Convention. La capitale était rem-
plie de groupes où l'on discutait les décrets ; des jeunes
gens parcouraient les rues en criant : « A bas les
deux tiers » et cherchaient à affoler le peuple en disant
que « chaque habitant de Paris ne pouvait compter
que sur deux onces de pain pendant l'hiver ». Quelques collisions se produisirent entre les agitateurs et
la force armée, et des coups de feu furent tirés dans
les rues.

La Convention cependant s'apprêtait à se dissoudre,
puisque la Constitution était votée et acceptée. Aussi,
un décret du 10 vendémiaire vint-il fixer au 5 brumaire l'ouverture des séances du Corps législatif.
Trois jours après éclatait la révolte des 12 et 13 vendémiaire ; elle fut écrasée par Barras et Bonaparte et
cette victoire devait être le premier échelon de sa
fortune.

Si nous comparons la Constitution de l'an III avec
celle votée par la Constituante et les deux projets de
1793, nous voyons que des différences fondamentales
séparent les unes des autres ces œuvres constitutionnelles.

Alors que, jusqu'à présent, une Déclaration se trouvait seule en tête de chaque Constitution, une Déclaration des devoirs fut ajoutée en l'an III à celle des
droits. Désormais, ce ne sont plus seulement des
droits que l'on accorde aux citoyens ; on leur recon-

(1) Buchez et Roux, tome XXXVII, p. 25.

naît aussi des devoirs que la Constitution a résumés
dans cette maxime toute chrétienne : « Ne faites pas à
autrui ce que vous ne voudriez pas qu'on vous fît. —
Faites constamment aux autres le bien que vous voudriez en recevoir » (1). Moins démocratique que celle
de 1793, moins démocratique aussi et plus logique que
celle de 1791, la Constitution de l'an III limite l'égalité. Celle-ci avait été étendue par les Déclarations de
1793, jusqu'à ses dernières limites : « Tous les
hommes sont égaux par la nature et devant la loi »,
porte l'article III de la Constitution du 24 juin 1793,
et la Convention consacra ce principe par l'établissement du suffrage universel. La Déclaration de 1789
portait : « Les hommes naissent et demeurent libres
et égaux en droits. Les distinctions sociales ne peuvent
être fondées que sur l'utilité commune ». L'Assemblée Constituante avait ainsi proclamé le principe de
l'égalité, mais elle l'avait modifié dans la pratique en
établissant dans la Constitution du 3 septembre 1791
le régime censitaire qui écartait du droit de vote toute
une partie de la population.

La Constitution du 5 fructidor an III est, avons-
nous dit, moins démocratique que celles de 1793 et
de 1791 et plus logique que cette dernière ; et, en
effet, si dans la pratique le principe de l'égalité se
trouve limité par la Constitution, il l'est également
dans la déclaration, qui porte : « L'égalité consiste
en ce que la loi est la même pour tous, soit qu'elle
protège, soit qu'elle punisse. » Elle ne dit pas que
les hommes « naissent et demeurent libres et égaux
en droits ». « L'égalité civile, avait dit Boissy d'Anglas,

---

(1) *Déclaration des devoirs* du 5 fructidor, an III, art 2.

voilà tout ce que l'homme raisonnable peut exiger » ; et nous avons vu dans le projet de la Commission des Onze, avec quelle ardeur et quelle fermeté fut défendue cette idée, émise par le rapporteur, que si les hommes naissent libres et égaux en droits, ils ne le demeurent pas.

Cette Déclaration des droits et celle des devoirs étaient, du reste, dirigées contre les derniers partisans de Robespierre et avaient été édifiées sur les ruines encore fumantes du jacobinisme. Ces Déclarations et la Constitution du 5 fructidor an III furent peut-être une œuvre de vengeance contre la secte qui avait accaparé le pouvoir à son profit ; elles furent surtout une œuvre de justice, car elles écartèrent du pouvoir les hommes qui ne pouvaient que nuire à la gestion des affaires publiques ; elles furent enfin une œuvre de réaction.

L'esprit qui présida toujours à la discussion du projet de la Commission des Onze était, du reste, bien différent de celui qui avait dicté les constitutions précédentes. En 1791 et en 1793, les législateurs partent, en effet, de principes formulés par les philosophes du XVIII° siècle pour en tirer une Constitution qui n'en sera que l'application, tout en les modifiant, il est vrai, sous l'influence des faits révolutionnaires.

Les législateurs de l'an III partent de l'observation des faits, dont ils ont été les témoins depuis le début de la Révolution, pour élaborer une œuvre législative capable d'en éviter le retour. Les premiers, privés de l'expérience, édifiant leur constitution dans l'inconnu, avaient agi d'après une théorie ; les derniers prirent l'expérience pour point de départ. C'est, du reste, ce qu'avait dit Boissy d'Anglas dans son discours préliminaire : « Que cette expérience si coûteuse ne soit pas perdue pour vous. Il est temps de mettre à profit

les crimes de la monarchie, les erreurs de l'Assemblée
Constituante, les vacillations et les écarts de l'Assemblée Législative, les forfaits de la tyrannie décemvi-
rale, les calamités de l'anarchie, les malheurs de la
guerre civile ». Ce que la Commission des Onze avait
voulu avant tout, c'était empêcher le retour de ces
émeutes populaires qui avaient mis la France en péril,
écarter une législation qui, donnant au peuple les
mêmes droits qu'aux hautes classes, pourrait faire
retomber un jour le pouvoir tout entier entre les
mains d'une minorité de gens ayant pour eux la violence, à défaut des capacités. Ce que la Convention
voulait enfin à tout prix, c'était éviter le retour de la
Terreur et écarter à tout jamais de l'exercice des fonctions publiques, les derniers partisans de Robespierre.
Elle avait subi les conséquences du suffrage universel ;
elle avait compris combien était terrible et despotique
le despotisme d'en bas ; l'Assemblée n'eut qu'un
désir, celui de le rendre illégal et impossible.

Aussi, l'œuvre constitutionnelle de l'an III fut-
elle une œuvre de réaction contre celle de 1793, et
un retour à la législation de la Constituante. Le premier soin de l'Assemblée fut de conférer un privilège
à la bourgeoisie, en rétablissant le régime censitaire
qui privait du droit de vote la grande majorité des
prolétaires.

Pour pouvoir se dire citoyen français, c'est-à-dire
citoyen actif, il ne suffit plus, comme sous l'empire de
la Constitution de 1793, d'être « domicilié en France
et âgé de 21 ans accomplis » ; (1) il faut de plus
s'être « fait inscrire sur le registre civique de son can-

_____

(1) Constitution du 24 juin 1793, art. 4.

ton, avoir demeuré depuis, pendant une année, sur
le territoire de la République, et payer une contribution directe foncière ou personnelle » (1). La Constitution de l'an III se montre cependant moins res-
trictive que celle de 1791, puisque celle-ci exigeait,
pour être citoyen français, la condition de payer une
contribution directe au moins égale à la valeur de
trois journées de travail (2). L'Acte constitutionnel de
l'an III, non seulement n'exige pas, pour pouvoir
être citoyen actif, le paiement d'une telle contribution, mais il réduit le cens au minimum de ce qu'il
peut être, puisqu'il n'en fixe pas le taux. Il suffit
désormais de payer une contribution directe foncière
ou personnelle, si minime qu'elle soit. La Convention élargit même cette condition davantage encore,
puisqu'elle permet à tout Français non inscrit au
rôle des contributions directes de remplir cette for-
malité par un seul acte de sa volonté. La Constitution
porte, en effet : « Tout individu qui, n'étant pas dans
le cas des articles 12 et 13 de la Constitution, n'a pas
été compris au rôle des contributions directes, a le
droit de se présenter à l'administration municipale de
sa commune, et de s'y inscrire pour une contribution
personnelle égale à la valeur locale de trois journées
de travail agricole » (3).

La Constitution de l'an III est, en ce sens, plus
démocratique que celle de 1791. Une catégorie de
citoyens se trouve même être dispensée de cette
condition ; c'est celle comprenant les citoyens qui

(1) Constitution du 5 fructidor, an III, art. 8.
(2) Constitution du 3 sept. 1791, section II, art. 2.
(3) Constitution du 5 fructidor, an III, art. 304.

ont fait une ou plusieurs campagnes pour l'établissement de la République.

Une autre condition indispensable pour être électeur dans les Assemblées primaires est inscrite dans le titre II. Pour pouvoir exercer les droits de citoyen, il fallait, en effet, être inscrit au tableau civique. Or, la Convention subissant d'une manière évidente l'influence des théories de Rousseau dans l' « Emile », exige, dans l'article 16 de la Constitution, que les jeunes gens sachent lire et écrire, et exercer une profession mécanique pour pouvoir être inscrits sur le registre civique. Les opérations manuelles de l'agriculture sont mises au rang des professions mécaniques. Cet article, qui ne devait recevoir d'application qu'à compter de l'an XII de la République, ne reçut jamais d'application, car les événements de l'an VIII devaient faire tomber la Constitution de l'an III.

En dehors des conditions exigées pour l'exercice des droits de citoyen, la Convention avait déterminé certaines causes restrictives de ces droits. « L'exercice des droits de citoyen, porte l'article XIII de la Constitution, est suspendu : 1° Par l'interdiction judiciaire pour cause de fureur, de démence ou d'imbécillité ; — 2° Par l'état de débiteur failli ou d'héritier immédiat, détenteur à titre gratuit, de tout ou partie de la succession d'un failli ; — 3° Par l'état de domestique à gages, attaché au service de la personne ou du ménage ; — 4° Par l'état d'accusation ; — 5° Par un jugement de contumace, tant que le jugement n'est pas anéanti. »

Ces restrictions étaient également celles contenues dans les constitutions précédentes, sauf celle relative à l'état de domesticité, qui, inscrite dans l'œuvre de l'Assemblée Constituante, ne se retrouve plus dans

l'Acte constitutionnel de 1793. La Commission des
Onze tenait beaucoup à cette restriction. Ce qu'elle
voulait avant tout, c'était soustraire les électeurs aux
influences capables de modifier leurs votes et elle
jugeait les domestiques être dans l'impossibilité de se
soustraire aux désirs de leurs maîtres. Boissy d'Anglas
disait, du reste, dans son rapport : « Nous avons cru
que, pour exercer les droits de citoyen actif, il fallait
être libre et indépendant. L'homme en état de domesticité nous a paru n'être ni l'un ni l'autre. Il a changé
contre un salaire quelconque, une portion de sa liberté.
Il est soumis à un autre homme dont il emprunte
malgré lui les opinions et les pensées et dont il dou-
blerait l'influence dans les délibérations publiques ».
    Les citoyens qui ont rempli les conditions que nous
venons d'énumérer et ne se trouvent pas exclus du
scrutin par les restrictions contenues dans la loi, se
réunissent au jour fixé pour former les Assemblées
primaires. Il doit y avoir « au moins une Assemblée
primaire par canton. — Lorsqu'il y en a plusieurs,
chacune est composée de quatre cent cinquante citoyens
au moins, de neuf cents au plus. — Ces nombres
s'entendent des citoyens présents ou absents, ayant
droit d'y voter » (1). Les Assemblées primaires s'assemblent de plein droit le premier germinal de chaque
année, et procèdent, selon qu'il y a lieu, à la nomination : 1° Des membres de l'Assemblée électorale ; —
2° du juge de paix et de ses assesseurs ; — 3° du
président de l'administration du canton, ou des officiers municipaux dans les communes au-dessus de
cinq mille habitants » (2).

_____

(1) Constitution du 5 fructidor, an III, art. 19.
(2)   —   art. 27.

Elles peuvent encore être convoquées pour accepter ou rejeter les changements à l'Acte constitutionnel, proposés par les Assemblées de révision.

L'attribution de beaucoup la plus importante des Assemblées primaires est celle de nommer les électeurs du second degré qui auront pour mission de procéder à l'élection des membres du Corps législatif. Chaque Assemblée primaire nomme un électeur à raison de deux cents citoyens présents ou absents ayant droit de voter dans la dite Assemblée. — Jusqu'au nombre de trois cents citoyens inclusivement, il n'est nommé qu'un électeur. — Il en est nommé deux depuis trois cent un jusqu'à cinq cents ; trois depuis cinq cent un jusqu'à sept cents ; quatre depuis sept cent un jusqu'à neuf cents » (1).

Mais la population n'est pas, comme en 1793, la seule base de la représentation nationale. Il ne suffit pas, pour pouvoir faire partie des corps électoraux, de remplir les conditions nécessaires à l'élection des Assemblées primaires. Il faut encore satisfaire à des exigences contenues dans l'article XXXV de la Constitution de l'an III, et qui nous rapprochent sensiblement de celles qu'avait voulues l'Assemblée Constituante :

« Nul ne pourra être nommé électeur, s'il n'a 25 ans accomplis, et s'il ne réunit aux qualités nécessaires pour exercer les droits de citoyen français, les qualités suivantes :

Dans les communes au-dessus de six mille habitants, celle d'être propriétaire ou usufruitier d'un bien évalué à un revenu égal à la valeur locale de deux cents journées de travail, ou d'être locataire soit d'une habitation évaluée

---

(1) Constitution du 5 fructidor, art. 33.

à un revenu égal à la valeur de deux cent cinquante
journées de travail, soit d'un bien rural évalué à deux
cents journées de travail ; — Dans les communes au-
dessous de six mille habitants, celle d'être propriétaire ou
usufruitier d'un bien évalué à un revenu égal à la valeur
locale de deux cinquante journées de travail, ou d'être
locataire, soit d'une habitation évaluée à un revenu égal
à la valeur de deux cents journées de travail, soit d'un
bien rural évalué à cent journées de travail ; — Et dans
les campagnes, celle d'être propriétaire ou usufruitier
d'un bien évalué à un revenu égal à la valeur locale de
cent cinquante journées de travail, ou d'être fermier ou
métayer de biens évalués à la valeur de deux cents journées de travail. — A l'égard de ceux qui seront en même
temps propriétaires ou usufruitiers d'une part, et locataires, fermiers ou métayers de l'autre, leurs facultés à
ces divers titres seront cumulées jusqu'au taux nécessaire
pour établir leur éligibilité ».

L'article 36 ajoute :

« L'Assemblée électorale de chaque département se
réunit le 20 germinal de chaque année, et termine en une
seule session de dix jours au plus, et sans pouvoir s'ajourner, toutes les élections qui se trouvent à faire ; après
quoi elle se dissout de plein droit ».

Les conditions exigées par la Constitution de l'an III
pour la nomination des électeurs du second degré,
sont donc absolument identiques à celles édictées par
la Constituante, sauf deux légères différences. Alors
que la Constitution de 1791 exigeait dans les campagnes, à défaut de la condition d'être propriétaire ou
usufruitier, celle d'être fermier ou métayer de biens
évalués à la valeur de quatre cents journées de travail,
la Constitution du 5 fructidor an III abaisse le taux
à deux cents journées de travail. De plus, l'Acte
constitutionnel de 1791 exigeait des habitants des
villes de plus ou moins six mille âmes, la condition,
pour pouvoir être électeur du second degré, d'être

propriétaire ou usufruitier, ou locataire d'une habitation dont elle déterminait l'évaluation ; la Constitution
de l'an III exige, à défaut de ces conditions, celle de
posséder un bien rural évalué à deux cents journées
de travail dans les villes au-dessus de six mille âmes,
et à cent journées de travail dans les villes au-dessous
de six mille habitants.

A part ces légères différences, on peut dire que le
droit électoral concernant les électeurs du premier et
du second degré est le même en l'an III que sous la
Constituante.

Les Assemblées électorales élisent, selon qu'il y a
lieu : « 1° Les membres du Corps législatif, savoir :
les membres du Conseil des Anciens, ensuite les
membres du Conseil des Cinq Cents ; 2° les membres
du tribunal de Cassation ; — 3° les haut-jurés ; — 4° les
administrateurs de départements ; — 5° les président, accusateur public et greffier du tribunal criminel ; — 6° les juges des tribunaux civils ».

La mission la plus importante des Corps électoraux,
était celle concernant les élections au Corps législatif.
Or, c'est dans la composition de celui-ci que nous
rencontrons la plus grande innovation de la Convention. Il ne se compose plus désormais d'une seule
Chambre, comme sous le régime des Constitutions précédentes, mais de deux conseils distincts : celui des
Cinq Cents et celui des Anciens.

Ce système de deux Chambres législatives avait été
déjà proposé au début de la Révolution. En 1789,
Lally-Tollendal, parlant au nom du Comité de Constitution avait proposé à l'Assemblée Constituante
la création d'une seconde Chambre. Les deux cents
membres qui devaient la composer auraient été nommés à vie par le Roi sur la présentation des provinces.

Outre les raisons données par le Comité de Constitution de 1791 pour justifier cette création de deux Chambres législatives, l'on citait en leur faveur l'exemple de l'Angleterre et celui de l'Amérique. Mais les constituants qui venaient de renverser l'ancien régime et, par conséquent, de détruire les privilèges de l'ancienne noblesse, craignaient qu'une Chambre haute se constituât en une véritable aristocratie, et le projet du Comité fut repoussé à une grosse majorité, malgré une dernière concession faite par ce Comité et tendant à faire élire les membres de la Chambre haute, au lieu d'en confier la nomination au Roi.

Les raisons invoquées en faveur de la création des deux Chambres législatives furent mieux appréciées en l'an III. Malgré certaines objections comme celle de Deleyre, qui craignait « que la rivalité de pouvoir et d'influence élève bientôt entre les deux Chambres une lutte naturelle de passions et d'opinions », la Convention se laissa séduire par les raisons données par la Commission des Onze, raisons qui étaient plus pratiques que théoriques. C'est encore, en effet, la crainte du retour des faits révolutionnaires qui décida l'Assemblée ici comme dans presque toutes les autres mesures qu'elle adopta. « Nous avons tous senti, disait Girod-Pouzol, qu'une Assemblée unique pouvait renverser la Constitution, en excitant des insurrections continuelles pour envahir tous les pouvoirs ; c'est pour cela que nous avons voulu diviser le Corps législatif en deux Chambres » (1) : et Boissy d'Anglas avait énuméré en ces termes la mission que la Commission voulait confier à chaque partie du Corps

---

(1) *Moniteur* du 5 thermidor, an III.

législatif : « Nous proposons seulement, disait-il,
de diviser le Corps législatif en deux conseils également élus par le peuple, nommés pour le même espace
de temps, et ne différant l'un de l'autre que par le
nombre et l'âge de leurs membres. Le Conseil des
Cinq Cents sera la pensée et, pour ainsi dire, l'imagination de la République : le Conseil des Anciens en
sera la raison ». Trois conditions seulement, en plus
de celles relatives à l'éligibilité au Conseil des Cinq
Cents, étaient exigées des candidats au Conseil des
Anciens ; une condition d'âge et une condition tirée
des théories du xviii° siècle, celle d'être marié ou veuf.
La Constitution du 5 fructidor an III porte, en effet :

Art. 73. — Le Conseil des Cinq Cents est invariablement fixé à ce nombre.

Art. 74. — Pour être élu membre du Conseil des Cinq
Cents, il faut être âgé de trente ans accomplis, et avoir
été domicilié sur le territoire de la République pendant
les dix années qui auront immédiatement précédé l'élection. — La condition de l'âge de trente ans ne sera point
exigible avant l'an septième de la République : jusqu'à
cette époque, l'âge de vingt ans accomplis sera suffisant.

Art. 82. — Le Conseil des Anciens est composé de deux
cent cinquante membres.

Art. 83. — Nul ne peut être élu membre du Conseil
des Anciens : s'il n'est âgé de quarante ans accomplis ;
— si, de plus, il n'est marié ou veuf ; — et s'il n'a pas
été domicilié sur le territoire de la République pendant
les quinze années qui auront immédiatement précédé
l'élection.

Art. 84. — La condition de domicile exigée par le présent article, et celle prescrite par l'article 24, ne concernent point les citoyens qui sont sortis du territoire de
la République avec mission du gouvernement.

Quant aux attributions de chacun des deux conseils,
les articles 76 et 86 les définissent ainsi :

Art. 76. — La proposition des lois appartient exclusivement au Conseil des Cinq Cents.

Art. 86. — Il appartient exclusivement au Conseil des Anciens d'approuver ou de rejeter les résolutions du Conseil des Cinq Cents.

Cette création d'une seconde Chambre avait un double avantage. Tout d'abord, elle affaiblissait un peu la puissance du pouvoir législatif, et c'était un bien. Il est toujours à craindre, en effet, qu'une Chambre unique ne profite de sa situation pour développer sa puissance aux dépens du pouvoir exécutif. Elle fait les lois ; elle vote l'impôt et il est toujours dangereux de ne pas établir de contrepoids à ce formidable pouvoir.

Un second avantage résulte de ce fait que deux Chambres sont moins sujettes à l'erreur qu'une seule. Une Assemblée unique peut faire une loi dans laquelle se glissent des erreurs ; des coalitions peuvent se former en son sein et faire aboutir un projet de loi dans le seul intérêt des membres de cette coalition. Or, une Chambre haute pourra voir ces erreurs et mettre obstacle à cette coalition. Cette innovation de la Convention était certainement une amélioration du système représentatif. Nous trouvons cependant une lacune dans cette législation. La Constitution confiait, en effet, aux mêmes Assemblées électorales la nomination des membres des deux conseils ; un troisième degré d'élection aurait, à notre avis, amélioré la composition du Conseil des Anciens.

Ainsi, en résumé, double degré d'élection, système censitaire, dédoublement du pouvoir législatif, tels sont les traits principaux du droit électoral de l'an III. Il se rapproche très sensiblement de celui de 1791, et à part les deux projets de Constitution de 1793, l'on peut dire que c'est au même principe qu'ont obéi nos Assemblées nationales.

Mais, si l'Acte constitutionnel de l'an III indique très nettement un retour en arrière, est-ce à dire pour cela que la Convention voulut faire une œuvre de réaction ? Si l'on entend par là que la Convention voulut réagir contre la dictature de Robespierre et la Terreur, nous pouvons, sans aucun doute, répondre oui. Ce but éclate dans chaque discussion de l'Assemblée sur le projet de la Commission des Onze. Mais si l'on prend le mot « réaction » au sens actuel, il est incontestable que la Convention ne voulut pas être réactionnaire. Elle n'aimait ni les nobles, ni le clergé, ni la monarchie. Imbue, plus encore que la Constituante, des idées philosophiques du xviiie siècle, elle n'avait qu'un but, la réalisation des immortels principes qui étaient le fondement du nouveau régime. Bourgeois parvenus, les membres de cette Assemblée tenaient avant tout à conserver les privilèges que la Constituante leur avait accordés. Aussi est-ce dans le même dédain qu'ils enveloppèrent la noblesse et le peuple, craignant les représailles de l'une et la jalousie de l'autre. Despotisme d'en haut, despotisme d'en bas, tout fut un égal sujet de crainte pour cette Assemblée qui mettait tous ses soins à confier à la bourgeoisie un pouvoir édifié sur les ruines de l'ancien régime et sur les débris de la Terreur.

CONCLUSION

I — Vue générale sur le droit électoral de la Constituante, de la Législative et de la Convention. Mauvais effets de cette législation électorale. — II. Fausseté du principe de l'électorat.

Si nous jetons un rapide coup d'œil sur le droit électoral élaboré par nos diverses Assemblées révolutionnaires, nous retrouvons la même pensée dominante, le même souci de faire de la bourgeoisie une classe privilégiée, et la même idée politique que l'électorat est une fonction, dans la Constitution de 1791 et celle de l'an III. Seule la Constitution démocratique de 1793 fait exception.

Quand l'Assemblée constituante entreprit la Constitution dont elle devait doter la France en 1791, en dehors des principes économiques et sociaux dont elle subissait l'influence, elle avait devant les yeux deux exemples de pays soumis au régime parlementaire : l'Angleterre et l'Amérique.

Sans doute, elle se forma une théorie du régime parlementaire, mais il est bien difficile d'édifier sur une pure abstraction tout un nouveau système de gouvernement. La Constituante voyait au delà de la Manche une nation qui pratiquait un régime politique fondé sur la souveraineté nationale ; elle connaissait aussi celui de l'Amérique dont la base était la même ; elle obéit, sans peut-être même s'en apercevoir à l'exemple de l'Angleterre, bien qu'elle rejetât une grande partie de son système politique ; elle subit surtout l'influence des idées américaines, que nos armées avaient importées en France, et dont La Fayette était un profond admirateur.

Or, les élections anglaises étaient soumises au régime censitaire. Dans les premiers temps du parlement de la Grande-Bretagne, les élections s'étaient faites, il est vrai, au suffrage universel ; en France, ce mode de suffrage avait également régi les élections aux Etats Généraux pendant le cours du xv° siècle. Mais le système électoral anglais fut modifié, comme il l'avait été en France, et, à partir du règne de Henri VI d'Angleterre, il fallut désormais, pour avoir le droit de voter aux élections du parlement, posséder un « franc tennement » produisant chaque année un revenu net de quarante shellings. Dès lors, le suffrage censitaire se trouva succéder en Angleterre au suffrage universel, et de là, passa dans les colonies anglaises d'Amérique.

L'Assemblée Constituante allait imiter ces deux pays, bien que, cependant, profondément empreinte des idées philosophiques du xviii° siècle, et des théories de Rousseau qui avaient laissé en elle une trace ineffaçable. Or, Jean-Jacques avait proclamé les principes d'égalité et de liberté qui conduisaient logiquement à la démocratisation complète de tout suffrage. Mais notre première Assemblée révolutionnaire avait encore l'âme trop royaliste pour oser faire une telle innovation et cédant aux idées physiocratiques sur lesquelles s'appuyait alors toute la science économique, cédant aussi aux exemples de l'Angleterre et de l'Amérique, elle établit le régime censitaire que nous avons analysé. Les citoyens sont divisés en deux classes : les citoyens actifs jouissant des droits politiques ; les citoyens passifs, n'ayant que l'exercice des droits civils. Pour être citoyen actif, plusieurs conditions sont exigées. Il faut : être Français, être domicilié dans la ville ou dans le

canton depuis le temps déterminé par la loi ; être âgé
de vingt-cinq ans accomplis ; payer dans un lieu quelconque du royaume une imposition directe au moins
égale à la valeur de trois journées de travail, et en
représenter la quittance ; avoir prêté le serment civique ;
n'être pas dans un état de domesticité : être inscrit
dans la municipalité de son domicile, au rôle des gardes
nationales.

Quiconque remplit ces conditions est citoyen actif,
c'est-à-dire électeur du premier degré, car il y a deux
degrés d'élections. Les citoyens actifs se réunissent au
chef-lieu du canton en Assemblées primaires et nomment les électeurs du second degré. Ceux-ci doivent
remplir de nouvelles conditions ; il leur faut être propriétaires, usufruitiers, locataires ou métayers d'un
bien donnant un revenu évalué sur les rôles de contribution à cent, cent cinquante, deux cents ou quatre
cents journées de travail, suivant le cas.

L'Assemblée nationale avait voulu, par cette législation, concentrer entre les mains de la bourgeoisie les
élections du second degré.

Quant à l'éligibilité au Corps législatif, le paiement
d'une contribution d'un marc d'argent avait été tout
d'abord exigée pour pouvoir y être admis ; mais, devant
les protestations soulevées par cette condition, celle-
ci fut retirée, et désormais tout citoyen actif pouvait
prétendre à la fonction de député.

La Convention, en votant la Constitution du 24
juin 1793, raya d'un seul coup toutes les dispositions
formant l'œuvre électorale de la Constituante. « La
représentation, avait dit Condorcet, doit être prise
immédiatement dans le peuple ; autrement on ne le
représente pas ». Et conformément à ce principe, la
Convention vota l'établissement du suffrage universel.

La seule base de la représentation nationale est la
population. Il y a un député par quarante mille âmes.
Tout Français âgé de vingt et un ans et tout étranger
remplissant certaines conditions ont le droit de suffrage. Une seule condition est exigée pour pouvoir
faire partie des Assemblées primaires : celle de posséder depuis six mois un domicile dans le canton. Les
Assemblées primaires nomment immédiatement leurs
députés.

A cette Constitution mort-née, succéda celle du 5
fructidor an III.

Nous revenons avec elle au système électoral de
1791, au régime censitaire et au suffrage indirect.
Mais des atténuations étaient apportées au système de
l'Assemblée Constituante. Pour être citoyen actif, en
effet, il suffit de payer une contribution directe quelconque ; le cens se trouve donc ainsi réduit au minimum et, de plus, tout homme né et résidant en France
peut satisfaire à cette condition, alors même qu'il
n'est pas compris au rôle des contributions directes,
puisque la Constitution lui donne « le droit de se
présenter à l'administration municipale de sa commune, et de s'y inscrire pour une contribution personnelle égale à la valeur de trois journées de travail
agricole ».

Bien qu'émané des mêmes principes, le droit électoral contenu dans la Constitution de l'an III se trouvait
donc être plus large que celui de l'Assemblée Constituante. La Constitution de l'an III contenait d'ailleurs
des innovations importantes. C'est ainsi que le Corps
législatif était divisé en deux Assemblées : le Conseil
des Cinq Cents et le Conseil des Anciens. De plus,
cédant aux influences de Rousseau, la Convention
exigeait des jeunes gens qui voulaient être inscrits sur

le registre civique, la condition de savoir lire et écrire et exercer une profession mécanique. Or, l'on ne pouvait exercer les droits politiques, si l'on ne justifiait de cette inscription.

Quant aux électeurs du second degré, composant les Assemblées électorales chargées d'élire les membres du Conseil des Anciens et du Conseil des Cinq Cents, ils devaient avoir vingt-cinq ans et justifier d'une certaine propriété ou d'un loyer, d'un fermage ou d'un usufruit. Nous pouvons donc dire que, sauf quelques modifications, le droit électoral de l'an III fut le même que celui de notre première Assemblée révolutionnaire, dicté par la même pensée et le même désir de mettre le pouvoir aux mains des gens les plus capables de l'exercer.

Or, ce régime censitaire, ce suffrage restreint qui semblait devoir faire de la noblesse et de la bourgeoisie les classes dirigeantes, qui paraissait devoir confier les fonctions publiques aux citoyens les plus aptes à sauvegarder l'intérêt national, n'avait abouti qu'aux résultats les plus contraires à cet intérêt.

C'est, en effet, dans la Constitution de 1791 que nous trouvons le point de départ de cette lutte électorale qui, aujourd'hui encore, subsiste et divise la nation en partis ennemis et engagés les uns contre les autres dans une guerre à mort. Son second effet fut de favoriser l'arrivée au pouvoir d'une secte qui put, en s'appuyant sur le peuple qu'elle avait su corrompre, élever aux fonctions publiques ses membres jacobins dont le passage au pouvoir devait laisser une trace sanglante derrière eux.

Il peut paraître étrange que tel ait été le résultat d'une institution qui visait au contraire à faire de la bourgeoisie une classe privilégiée. Mais nos premiers constituants avaient légiféré surtout en théoriciens ; ils avaient compté sans les passions humaines. Or, l'essence de l'âme est la passion et les passions politiques sont de celles que l'on ne refrène pas. C'est aux hommes les plus violents ; c'est au parti le moins scrupuleux et le plus corrompu, qu'appartient le plus souvent la victoire, parce que les moyens qui s'offrent à eux pour arriver au but, ils les emploient, quels qu'ils puissent être.

C'est ainsi que, pour nous en tenir à l'époque révolutionnaire, nous avons vu tour à tour Feuillants, Girondins et Dantonistes écrasés sous le poids d'une minorité qui ne reculait devant aucun crime, alors qu'ils croyaient encore à la justice et à l'impartialité humaines.

En 1791, l'immense majorité de l'Assemblée Constituante est encore royaliste, gardienne de l'ordre et désireuse de sauvegarder à la fois les intérêts particuliers et l'intérêt national. Il semblait alors qu'une loi électorale, faite par des hommes intègres et de bonne foi, élaborée par des juristes de valeur, eût dû amener sur les bancs de l'Assemblée législative, des personnalités semblables à celles de notre première Assemblée. Mais si tel avait été le projet des constituants, si tel avait été le but de leur œuvre électorale, tout autre devait en être le résultat. Ils avaient compté sans les Jacobins ; ils avaient légiféré sans tenir compte des passions populaires.

Or, celles-ci s'éveillent, dès le début de la période électorale de 1791, sous l'influence jacobine. Parcourant les campagnes, semant partout la haine et la calomnie à l'égard des nobles, les Jacobins invitent les paysans à piller les biens, à brûler les châteaux de leurs anciens maîtres, à les tuer au besoin, et les habitations sont réduites en cendres et le sang coule. Ils pérorent à leur cercle, ils prennent des dispositions en vue de l'aboutissement de leurs projets ; ils votent des décrets et ceux-ci seront la véritable législation de la Révolution.

Toutes les villes de France ont leur club jacobin ou des associations affiliées à ce parti.

A l'encontre de ce pouvoir de fait, né de la Révolution et formidable dès sa naissance, aucune autre puissance ne peut s'élever ; aucun club ne peut mettre obstacle à sa politique ; toute association opposée est réduite par lui à l'impuissance et à l'inaction. Que des citoyens écœurés des procédés jacobins se séparent de leurs confrères pour fonder le club des Feuillants ; que des monarchistes désireux de maintenir l'ordre et d'éviter l'effusion du sang se réunissent au Salon français de la rue Royale ou au Wauxhall d'été, dans le but d'enrayer les effets de la politique jacobine, et les membres de ces clubs sont aussitôt assaillis par la populace, lapidés, égorgés, et les autorités constituées n'osent affronter l'émeute et cèdent sans combat la victoire à cette armée jacobine ivre de carnage et d'infamie. Toute liberté est désormais enlevée aux partis de droite, en sorte que ceux-ci, qui sont la majorité, se trouvent dans l'impossibilité de défendre par la parole leurs principes et leur politique. Bientôt accusés de trahison, on ne leur permettra même pas de défendre leur innocence devant le tribunal révolutionnaire. De Montlosier s'estime fort heureux de n'avoir reçu à la tête, en se rendant au Salon français, « que trois carottes et deux choux ». Et en effet ces injures ne sont rien. Toute manifestation libérale sert de prétexte aux violences populaires. Des gens armés de piques et de bâtons entourent rapidement le local où des royalistes

ou des modérés tiennent une réunion et c'est par des
blessés et des morts que celle-ci se termine. Ces
citoyens devaient cependant avoir la liberté de penser,
de parler et d'écrire ainsi que leurs ennemis la possédaient puisque cette liberté était contenue dans la Déclaration des droits légalement consacrée par la Constitution. Ils pouvaient compter sur la municipalité et la
police pour faire respecter leurs droits. Mais, la police
et la municipalité, tremblant devant l'émeute, la protègent et la favorisent pour ne pas en être les victimes ;
nous assistons même, avec la Législative, à ce spectacle
honteux d'une Assemblée nationale se mettant elle-
même au service d'un parti anarchiste qui viole
chaque jour la Constitution sage donnée à la France.

Il n'est donc pas étonnant qu'un parti qui, ayant pour
lui la force des brutes, s'était attribué toutes les libertés,
ait pu dominer et vaincre un rival auquel il avait enlevé
ces mêmes libertés. Aussi les élections se ressentirent-
elles de cet état de choses. Dès 1791, les élections
firent parvenir à l'Assemblée législative un grand
nombre de jacobins ; les autres membres de l'Assemblée, hommes timides et sans énergie, devaient être un
jour, bien que non inscrits au club, les serviteurs
dévoués de l'anarchie.

C'est sous une pression sans précédent, qu'eurent
lieu ces élections. Fuyant devant les perquisitions et
les visites domiciliaires, la noblesse et le clergé aban-
donnèrent la campagne pour se terrer dans les grandes
villes ou émigrer à l'étranger ; dès lors, les idées royalistes n'eurent plus de défenseurs dans les campagnes,
et, dans les villes, la noblesse et une grande partie de
la bourgeoisie s'écartèrent du scrutin afin d'échapper
à une mort certaine. Qu'un gentilhomme soit assez
téméraire pour oser affronter les bureaux de vote,

aussitôt il est mis à la porte, massacré dans la rue et traîné dans la fange. Tous les éléments royalistes et modérés sont de parti pris exclus du droit de suffrage et le parti républicain ne compte cependant qu'une infime minorité de citoyens, un vingtième à peine des citoyens inscrits. Ces faits contribuent, pour une large part du reste, à expliquer comment il y eut tant d'abstentions dans les élections de 1791 et 1792. A Troyes, il y a environ 7.000 électeurs et l'on ne recueille que 555 suffrages, dont 400 en faveur de Jacquet, jacobin militant ; or, chose curieuse, le club des Jacobins de Troyes compte précisément 400 membres. En octobre 1792, Paris compte 160.000 inscrits et seulement 10.682 votants. Sur six millions d'inscrits que comprend la nation tout entière, il n'y a pas 300.000 électeurs. Encore cette minorité n'est-elle pas dévouée complètement au jacobinisme, puisque nous trouvons des députés modérés élus par elle ; et même un grand nombre des votants ne sont devenus les chauds partisans de la Montagne que grâce aux discours de mauvaise foi des « patriotes ». Leur moyen de persuasion est, en effet, la calomnie. Incapable d'édifier, ils ne songent qu'à détruire, et pour détruire un parti, pour renverser un pouvoir, la calomnie agit plus vite que toutes les preuves du monde. Aussi vont-ils répétant que des bandits parcourent la campagne pour brûler les bourgs et égorger les paysans, et ceux-ci se cachent dans les forêts et quand la peur est passée, ils ne rapportent à leurs chaumières qu'une haine farouche contre les nobles et les prêtres, car ce sont eux les brigands imaginaires dénoncés par les Jacobins. Ceux-ci dénaturent à leur profit les actes du roi, et savent, grâce à ces calomnies habilement semées, former ce monstrueux assemblage d'esprits bornés, et réunir cette

19

meute de quelques centaines d'imbéciles qui seront, pendant trois ans, le peuple souverain et nommeront les hommes chargés de faire la loi et de gouverner la France.

Il n'est donc pas étonnant que, d'année en année, la représentation nationale se soit modifiée au point de devenir le type de la dégradation morale, intellectuelle et sociale. Considérons-les, ces législateurs, ces grands politiques de la Révolution ; que trouvons-nous dans cette brillante représentation du peuple ? Des écrivains sans talent et un nombre considérable d'avocats de bas étage, tous gens sans fortune, sans moralité, sans capacité intellectuelle, totalement ignorants en fait de politique, et incapables, pour la plupart, de devenir des hommes de gouvernement ; ils ne furent jamais que des caricatures de politiciens. Certains d'entre eux font partie des comités révolutionnaires et ce sont naturellement les sommités. Aux finances, Cambon, pour simplifier la tâche qui lui incombe, trouve un moyen fort peu compliqué ; il crée le Grand Livre de la dette publique, et réduit tout simplement la dette des deux tiers. Au comité diplomatique, Brissot médite une alliance avec l'Angleterre et trouve génial de faire, dans ce but, à l'Assemblée, une proposition tendant à céder aux Anglais Calais et Dunkerque. C'est assurément une perle qu'il n'est pas rare de rencontrer chez les grands hommes de la Révolution, et c'est à devenir fou que de lire leurs élucubrations.

Parcourons, par exemple, le discours de François de Nantes, rapporteur d'une loi d'exil contre les prêtres : « J'ai vu, dit-il, dans les campagnes, les flambeaux de l'hyménée ne jeter plus qu'une lueur pâle et sombre, ou changés en torche des furies, le squelette hideux de la superstition, s'asseoir jusque dans

la couche nuptiale, se placer entre la nature et les
époux, et arrêter le plus impérieux des penchants...
O Rome ! es-tu contente ? Es-tu donc comme Sa-
turne, à qui il faut tous les jours des holocaustes
nouveaux ?..... Partez, artisans de discordes ; le sol
de la liberté est fatigué de vous porter. Voulez-vous
aller respirer l'air du mont Aventin ? Le vaisseau de
la patrie est déjà prêt ; j'entends sur le rivage les cris
impatients des matelots, le vent de la liberté enflera
les voiles ; vous irez, comme Télémaque, chercher votre
père sur les mers ; mais vous n'aurez pas à redouter
les écueils de Sicile ni les séductions d'une Eucha-
ris » (1). Et Taine s'écrie : « Gentillesse de cuistre,
prosopopées de rhéteur, invectives d'énergumènes,
c'est ici le ton régnant » (2). Les rapports et les discours des chefs de la Révolution, des pontifes de la
république, seraient, en effet, du plus haut comique si
l'on n'éprouvait une profonde amertume à les trouver
chez des représentants de la nation qui auraient dû
avoir à cœur de remplir leur charge avec dignité et
nous apparaissent comme des fous ou des mystifica-
teurs.

Et voilà le résultat d'un régime électoral établi avec
toute la prudence d'hommes sérieux, intègres et soucieux de sauvegarder l'intérêt général. Mettre le pouvoir aux mains de la bourgeoisie et de la noblesse, tel
fut le but en vue duquel nos constituants élaborèrent
la Constitution de 1791. Le résultat fut tout autre que
celui qu'ils attendaient de leur législation, puisque le
gouvernement se concentra tout entier entre les

(1) *Moniteur*. Séances du 26 avril et du 5 mai 1792
(2) TAINE. — *Origines de la France contemporaine*, tome V, p. 123
et 124.

mains d'une petite minorité de citoyens ; rhéteurs sans
talent, avocats et littérateurs de bas étage, mathémati-
ciens utopiques, qui plaçaient leurs intérêts particuliers
au-dessus de l'intérêt national, et purent, pendant trois
ans, conserver un pouvoir qu'ils ne devaient qu'à la
violence.

II. — *Fausseté du principe de l'électorat.*

Il semble donc naturel de se demander comment
un système électoral, élaboré avec tant de soin et
paraissant avoir toutes les garanties désirables, ait pu
donner de tels résultats. Les causes de ces résultats
désastreux ne résident pas toutes, en effet, dans les faits
que nous avons examinés. La principale découle non
pas d'un système d'élections en particulier, mais du
principe même de l'électorat et de la théorie de la
souveraineté nationale qui lui sert de base.
Peut-être nous fera-t-on observer qu'il ne faut pas
conclure d'un cas particulier à la généralité et que
les applications diverses de l'électorat peuvent très
bien ne pas produire les mêmes effets que ceux que
nous avons analysés. Peut-être nous dira-t-on encore
que la Révolution fut un événement passager ; que,
dans un changement complet de régime, il se produit
souvent ce fait que la force l'emporte sur le droit, mais
que, dans une société bien organisée et surtout pendant
une période de paix, le principe de l'électorat doit être
respecté. Il y a sans doute une part de vérité dans
cet argument, en ce sens qu'il est difficile de juger
d'une réforme en temps de révolution, et ce raisonnement aurait très bien pu être soutenu après la nôtre.
Mais, plus d'un siècle a passé et, quelles que soient les
modifications apportées au régime électoral, le résultat

est le même aujourd'hui, quoique atténué par ce fait que nous sommes dans une période moins troublée et que les passions sont endormies.

Mais si les procédés de pression électorale ont varié, celle-ci existe toujours ; elle existe surtout, elle existe fatalement de la part du parti qui est au pouvoir. Quel que soit ce parti, la pression électorale ne peut pas ne pas exister. Ce n'est pas avec des théories que l'on peut convaincre la masse des électeurs ; c'est avec de l'argent, c'est avec des menaces, des promesses ou des décorations. Pendant la période révolutionnaire, la violence et l'ostracisme furent les moyens employés par les Jacobins pour s'assurer l'exercice des fonctions publiques. Aujourd'hui, c'est par des promesses que l'on se garde bien de tenir, c'est au moyen de décorations conférées à des gens qui n'ont rien fait pour les mériter, c'est avec l'argent que l'on corrompt l'électeur et que l'on achète sa voix. C'est enfin au moyen de discours prodigieux de stupidité que la majorité des candidats aux élections législatives s'attirent la populace, parce que celle-ci est toujours la même et que nos démocrates modernes ont parfaitement conservé, de leurs ancêtres jacobins, le sens de l'absurde.

En somme, depuis plus d'un siècle, les procédés de pression électorale ont peut-être été légèrement modifiés ; mais, c'est toujours le principe de la corruption qui subsiste en matière d'élections, et que nous trouvons dans le parti au pouvoir, plus que partout ailleurs, parce qu'il tient à le conserver. Aussi, de même que nous avons vu un journaliste absurde à la tête du comité diplomatique en 1792, nous voyons aujourd'hui encore des citoyens nommés à un emploi ministériel pour lequel ils n'ont aucune aptitude, détruire comme à plaisir la politique de leurs prédécesseurs et écarter ainsi toute possibilité de tradition politique, alors que celle-ci cependant est la condition la plus importante de la conservation nationale.

Puisque les résultats obtenus par l'application des systèmes électoraux de nos premières Assemblées révolutionnaires ne furent pas dus seulement à l'époque troublée de la Révolution ; puisque, depuis cette époque, les résultats de l'électorat furent loin de satisfaire à l'intérêt national, il faut donc en conclure que le principe de l'électorat est mauvais en lui-même, ou, tout au moins, ne convient pas à la nomination des citoyens chargés de la politique générale de l'Etat. Or, si nous observons le point de départ de cette législation révolutionnaire qui aboutit à la Terreur et dont se meurt la France d'aujourd'hui, nous le trouvons dans un monument historique qui est un chef-d'œuvre d'erreur ; nous voulons parler de la Déclaration des droits de l'homme, dont le titre seul est un véritable non-sens.

Je voudrais bien savoir, en effet, ce qu'est l'homme. Nos législateurs de 89 en ont beaucoup parlé, mais jamais ils ne l'ont défini. Pour moi, j'ai beau le chercher, c'est en vain ; nulle part il n'apparaît à mes sens ni à ma raison. Que je parcoure le monde et je vois des Français, des Allemands, des Russes, des Chinois ; je rencontre des individus appartenant à des nationalités différentes et dont l'état d'esprit, les mœurs et la politique varient avec chacun d'eux. Je vois partout des hommes ; l'homme, c'est en vain que je le cherche. Que je restreigne mon champ d'observation ; que je rentre en France pour ne plus m'occuper que des Français, et c'est encore en vain que je cherche l'homme.

Je rencontre des millions d'aptitudes, de besoins, de désirs et d'intérêts différents ; c'est à chaque pas la lutte pour la vie qui se dresse devant mes yeux et semble porter en elle la justification de cette effroyable maxime du philosophe anglais : « *Homo homini lupus* ». Là encore je trouve des hommes. Que je prenne maintenant une partie infime de la population, un groupe de dix individus, par exemple, et je n'en trouverai pas deux ayant les mêmes intérêts, les mêmes aptitudes, les mêmes besoins. Là encore, je trouve des hommes et quoi que je fasse, je ne pourrai jamais trouver le caractère constitutif de l'homme qui puisse s'appliquer également à chacun d'entre nous. La définition classique elle-même, la plus simple et la plus exacte : « l'homme est un animal raisonnable », ne fait que séparer à tout jamais la nature de l'homme, de celle de l'animal, de telle sorte que le moindre d'entre nous sera toujours et fatalement au-dessus de l'animal.

Mais, si chaque individu a au moins un minimum de raison qui fait qu'il est un homme, tous n'ont pas cette raison au même degré. Elle varie avec chacun de nous et nous rencontrons ici l'inégalité naturelle la plus effroyable, l'inégalité dans l'essence même de la nature humaine.

Et plus la civilisation se développe, plus le progrès augmente, plus la vie matérielle s'épanouit, et plus aussi s'accroissent les besoins individuels, les intérêts particuliers, et moins on trouve l'homme. Aussi, quand en tête d'une Constitution je trouve les déclarations que nous avons étudiées, je me demande quel peut bien être l'homme-type que nos Constituants envisagèrent un jour pour lui donner des droits et comment ils ont pu avoir la prétention d'étendre ces mêmes droits à l'humanité tout entière.

Et parmi ces droits nous trouvons l'égalité et la liberté, élevées par nos Constituants révolutionnaires à la hauteur de principes sacrés et inviolables, lesquels furent aussitôt violés comme ils le sont aujourd'hui encore par nos législateurs.

Je ne puis du reste considérer ces deux principes comme des droits. L'égalité ! Comment peut-on seulement en prononcer le mot, quand on y réfléchit un instant et quand nous trouvons chaque jour l'inégalité semée sous nos pas ? Comment l'enfant qui naît difforme de corps et d'esprit peut-il prétendre à être l'égal de cet autre que la nature aura gratifié de ses dons ? Qu'un homme vienne me dire : « Au nom de l'égalité, je vous déclare l'égal de Pascal ou tout au moins apte à le devenir », je lui répondrai au nom de l'inégalité que je ne suis pas et que je ne pourrai jamais être, quoi que je fasse, l'égal de Pascal.

Cette rêverie de l'égalité, qu'un siècle d'absurdité fit naître, a fait la France de la Révolution comme elle a fait celle du xixᵉ siècle. Nos démocrates révolutionnaires qui avaient cru établir l'égalité par l'abolition des privilèges de l'ancien régime, avaient passé sans voir que leurs efforts se trouvaient arrêtés par la nature elle-même qu'ils invoquaient, et qu'il y aurait toujours malgré eux des riches et des pauvres, des hommes intelligents et des imbéciles, et qu'en dépit de leurs désirs ils n'arriveraient pas à détruire les classes naturelles créées par le hasard.

Parmi les droits de l'homme, ils rangèrent encore la liberté et cette seconde erreur nous paraît être aussi frappante que la première. Elle est directement inspirée par cette phrase de Rousseau : « L'homme est né libre et partout il est dans les fers ». L'homme est né libre ! Sans doute cette assertion du philosophe de Genève est exacte en ce sens que tout homme est, en lui-même, indépendamment de toute société, libre d'agir ou de ne pas agir, de commettre tel acte ou tel autre, quitte à répondre un jour de ses actes et à en être récompensé ou puni dans un monde futur selon qu'ils ont été conformes ou non à la loi naturelle. Mais, cette liberté pleine et entière, nous ne pourrions la rencontrer que dans le cas utopique d'un individu situé en dehors de toute société organisée, car, dès que l'homme entre en société, il jouit fatalement d'une liberté limitée. C'est, du reste, ce qu'avait fort bien compris Rousseau, puisque, après avoir versé une larme sur les fers qui entravaient l'humanité, il prêchait le retour à l'état de nature qui précéda suivant lui le contrat social. Or, ce contrat social est un mythe ; aucun fait de l'histoire ne nous sert à le vérifier ; aussi loin que nous remontions dans les siècles passés, nous trouvons l'homme en société et, par conséquent, historiquement il nous est impossible de rencontrer l'homme avec la liberté entière que lui reconnaît Jean-Jacques, bien que cependant, au fur et à mesure que nous nous rapprochons des premiers temps de l'humanité, nous trouvions la liberté humaine de moins en moins limitée, sans pouvoir trouver une époque où l'homme fût entièrement libre, puisque l'homme naît sociable et que, par le fait même qu'il naît en société, sa liberté est forcément et fatalement limitée. Or, l'état de société est un fait naturel. Sa première cellule sociale est la famille ; ensuite nous voyons apparaître la tribu. Cette société s'agrandit peu à peu. Au lieu d'être errante et nomade, elle se fixe en un point quelconque de l'univers ; la patrie est créée avec son territoire, sa langue, ses coutumes ; au fur et à mesure qu'elle se développe, les nations voisines se développent elles aussi ; le besoin d'agrandir le territoire se fait bientôt sentir et, dès lors, les antagonismes se créent et un pouvoir central devient nécessaire pour faire régner la paix et la sécurité à l'intérieur, pour faire respecter le territoire et la nation à l'intérieur.

L'organisme est complet désormais : le pouvoir central est la tête du corps social, les citoyens en sont les membres et ceux-ci doivent obéissance à l'Etat qui a le droit de leur demander des services, puisqu'il les protège et les défend.

La liberté individuelle n'existe donc que singulièrement atrophiée, puisqu'elle est limitée par les droits de l'Etat. Or, ces droits, faibles dans une société naissante, se développent au fur et à mesure qu'elle s'agrandit, car plus une société se développe et plus le pouvoir central doit s'organiser fortement. Aussi ne voyons-nous le plus souvent invoquer comme principe premier cette liberté individuelle que, dans une société en désagrégation comme celle de 1789 et sous un pouvoir affaibli comme celui de Louis XVI au début de la Révolution.

Dès lors, puisque nous venons de constater la fausseté des principaux droits individuels invoqués par nos premiers constituants comme principes directeurs de la société, la souveraineté nationale, dont ils sont les fondements, s'écroule par sa base, et c'est en vain que se manifeste à son égard la tendresse idyllique de nos démagogues. M. Esmein met cependant tous ses efforts à prouver que « la puissance publique et le gouvernement qui l'exerce n'existent que dans l'intérêt de tous les membres qui composent la nation » et que, par conséquent, « tout ce qui est établi dans l'intérêt

de tous doit être réglé par les intéressés, par la volonté
générale, tous les citoyens participant à cet établissement, sauf à subir la loi de la majorité ».

Or, cette légitimation de la souveraineté nationale
et des idées républicaines, il suffit de raisonner un
peu pour en voir toute l'inanité.

Que la puissance publique et le gouvernement qui
l'exerce existent dans l'intérêt de tous les membres
qui composent la nation, je n'essaierai même pas de
le nier ; c'est un axiome, bien que toutefois, dans la
pratique, il soit absolument impossible à un gouvernement d'agir de façon à satisfaire tous les intérêts particuliers qui sont infiniment complexes et contraires,
puisque les hommes sont infiniment variés dans leurs
aptitudes, leurs désirs et leurs besoins. Mais, si le
gouvernement a le devoir de protéger les intérêts particuliers dans la mesure du possible, il a, avant tout,
une mission plus haute et plus importante, plus nationale enfin à remplir, celle de sauvegarder l'intérêt
national. Celui-ci est supérieur à tout intérêt particulier, quel qu'il soit ; parfois même il peut se trouver
en conflit avec les vœux de la majorité des citoyens,
parce que l'intérêt national étant au-dessus des intérêts particuliers, n'est pas dicté par la passion, tandis
que les intérêts particuliers, étant essentiellement
contingents à l'homme qui les formule, sont presque
toujours l'écho des passions humaines.

Le gouvernement se trouve donc investi d'une
double mission : celle de sauvegarder d'abord l'intérêt
national et ensuite les intérêts particuliers.

Nos démocrates du xxᵉ siècle ne nient pas que le
gouvernement n'ait la mission de protéger l'intérêt
national ; mais leur erreur consiste à croire que cet
intérêt se confond avec celui de la majorité. Nous

allons voir à quelle monstrueuse absurdité aboutit cette opinion et combien le système électoral est anti-national quand il est employé à nommer des députés représentant autre chose que des intérêts particuliers, des intérêts locaux ou professionnels.

Nous avons vu que chaque individu agit presque toujours en vue de son intérêt personnel et immédiat. La raison en est que le bonheur est le seul bien en vue duquel agit l'humanité et la majeure partie de cette humanité espère le trouver dans la satisfaction immédiate de ses désirs et de ses besoins. Quant aux hommes qui agissent indépendamment de tout intérêt, à l'encontre de leurs désirs, de leurs besoins même, ils se réduisent à quelques unités. Le sacrifice n'est le lot que d'une élite. Il n'est pas donné à tout le monde de se sacrifier soi-même pour autrui, de se sacrifier entièrement à l'intérêt national. Alors, puisque ces quarante millions d'individus qui sont la France recherchent avant tout leur bonheur dans la satisfaction de leurs intérêts immédiats, comment osez-vous prétendre, vous qui êtes les défenseurs de la souveraineté nationale, que celle-ci réside dans la nation dont chacun des membres a des intérêts distincts et souvent opposés ; comment osez-vous soutenir que les députés de quelques millions d'électeurs sont les représentants de l'intérêt national ?

Supposons, dans un pays, six millions d'électeurs, c'est-à-dire six millions d'intérêts différents, de volontés particulières, d'aptitudes différentes. Vous les prenez ces volontés particulières, vous les additionnez, bien qu'il soit absurde d'additionner autre chose que des choses de même nature ; vous en trouvez trois millions cinquante mille qui vont élire les mêmes représentants et écarter de la représentation nationale

les deux millions neuf cent cinquante mille autres
électeurs. Et voici que le nombre fait loi. Peut-être
la minorité est-elle la partie la plus instruite, la plus
intelligente, la plus raisonnable de la population ;
qu'importe ! Les cinquante mille imbéciles qui forment
la majorité vont pouvoir opprimer, selon leur bon
plaisir, les neuf cent cinquante mille individus qui
ont le malheur de ne pas être représentés au Corps
législatif.

Passons sur cette monstruosité politique et disons-
nous : « Sans doute, c'est une formidable injustice,
mais la minorité doit se sacrifier à l'intérêt national,
c'est-à-dire doit se soumettre à la majorité qui le représente, puisque la réunion des trois millions cinquante
mille intérêts représentés par quelques centaines de
députés forme l'intérêt national ». Plus j'ai réfléchi à
cette théorie bizarre et moins j'ai pu comprendre
comment et par quel miracle l'addition d'intérêts personnels différents pouvait arriver à former l'intérêt
général.

Pour qu'il y eût formation de cet intérêt par la
réunion de tous les intérêts personnels, il faudrait
qu'il y eût similitude entre ces derniers ; dans quel
cas il n'y aurait même pas besoin de représentants.
Mais comme ce cas de similitude n'est pas à envisager,
pour qu'il y eût dans la situation ordinaire un semblant de justice, il faudrait autant de représentants
que d'électeurs afin que chaque intérêt personnel soit
représenté, c'est-à-dire qu'il faudrait supprimer toute
représentation et que chaque citoyen puisse effecti-
vement et par lui-même prendre sa part dans l'exercice du gouvernement. Aussi, puisque les députés ne
sont même pas les représentants des intérêts personnels, ne représentent-ils pas la majorité qui les a

nommés. Du reste, les candidats aux élections législatives sont-ils obligés, pour se former une majorité, de s'attirer l'opinion publique, soit par des promesses électorales qui ne sont autre chose que la promesse de satisfaire les intérêts personnels, soit par la création d'un courant d'opinion capable de flatter les passions de la populace, peu importe du reste que cela soit conforme ou non à l'intérêt national.

Et ce fait n'est pas seulement celui du suffrage universel, il existe aussi dans le régime censitaire et nous avons vu cette conséquence monstrueuse du système électoral le mieux conçu, cet exemple pénible d'une nation asservie par des citoyens sans talents et sans valeur et n'agissant qu'au nom de leurs intérêts personnels et immédiats.

Mais, si pratiquement les résultats du suffrage censitaire et du suffrage universel sont à peu près les mêmes, il est bien certain néanmoins que le premier est celui qui présente le plus de garanties en théorie. Et, en effet, pour que les hommes chargés de représenter la nation au Corps législatif et de diriger notre politique extérieure et intérieure puissent le faire avec impartialité et indépendance, il faut que l'intérêt personnel disparaisse pour laisser la place au seul intérêt national. Or, bien peu d'hommes sont ainsi capables d'héroïsme, car il y a un certain héroïsme à se sacrifier ainsi dans l'intérêt de tous ; mais, s'il est difficile de trouver de tels hommes, on peut rencontrer des individus qui, par leur fortune, leurs propriétés, leurs traditions, se trouvent dans une situation telle que leur intérêt personnel se confond en partie avec l'intérêt national. Or, plus l'on monte dans l'échelle sociale et plus les intérêts des gens que nous y rencontrons se rapprochent de celui-ci. Quels sont les gens qui se soucient le moins du maintien de l'ordre, de la sécurité de la société, de l'intégralité du terri-toire ? N'est-ce pas, sans nul doute possible, cette vile populace qui est de tous les temps et de tous les pays, qui, n'ayant aucun bien au soleil, aucune moralité et aucune intelligence se soucie fort peu de la société qu'elle hait et jalouse, et du sol national dont elle ne possède rien. Elle n'a que des intérêts complètement limités à sa personne ; l'intérêt national lui est indif-férent ; son seul désir est contenu tout entier dans le « *panem et circenses* » qu'elle réclamait au bas Empire romain.

Si nous montons maintenant quelques degrés de l'échelle sociale, nous trouvons la bourgeoisie et les commerçants que leur commerce et les quelques res-sources qu'ils peuvent avoir attachent un peu au sol natal. Montons encore plusieurs échelons et nous ren-controns les petits propriétaires fonciers ; là, si l'in-térêt personnel ne diminue pas, il tend du moins à se rapprocher de l'intérêt national. Eliminons encore cette partie de la société et passons aux grands pro-priétaires, à ceux qui détiennent la plus grande partie du territoire ; nous trouvons alors chez eux un intérêt personnel qui se rapproche énormément de l'intérêt national, puisqu'il consiste chez eux à désirer le main-tien de l'ordre, le maintien de la société et le respect du territoire dont ils sont en grande partie les pro-priétaires.

Aussi, au lieu de faire sortir l'intérêt national du concours de toutes les volontés particulières, ce qui est un non-sens quand on considère que ces volontés sont presque toujours opposées les unes aux autres ; au lieu d'ériger en dogme le principe faux de la sou-veraineté nationale ; au lieu d'appliquer la loi de la

majorité, la France aurait-elle dû toujours faire résider
l'intérêt national dans une minorité de citoyens. Mais,
me dira-t-on peut-être, c'est une minorité qui a
dirigé les élections pendant la Révolution ; vous nous
en avez montré vous-même les résultats et vous l'avez
condamnée. Sans doute, répondrai-je, mais cette
minorité n'avait qu'un pouvoir de fait et non de droit ;
c'est par la violence qu'elle dominait ; or, je ne puis
reconnaître comme minorité ayant des droits que
celle reconnue légalement par une Constitution, et
encore faut-il que les droits reconnus par cette Constitution à une minorité de citoyens ressortent de la
nature même de cette minorité.

Alors, me dira-t-on, « vous demandez en réalité le
retour d'une aristocratie », et je vois déjà frémir nos
démocrates. Je répondrai naturellement que telle est
bien ma pensée, mais que le mot « aristocratie », je
ne l'emploie pas au sens vulgaire, au sens péjoratif
qu'on lui donne actuellement. Le mot « aristocratie »
a, en effet, étymologiquement deux sens. Quand Thucy-
dide parle de l'*aristocratie*, il désigne par là le gouvernement des puissants ; c'est le sens que l'on donne
généralement et admettre un gouvernement aristocratique en ce sens, serait légitimer toutes les usurpations, car il suffirait qu'un parti devînt plus puissant
qu'un autre pour que le gouvernement à la tête duquel
il se trouverait devînt légitime. Quand je parle d'aristocratie, j'emploie ce mot au sens de Platon et d'Aris-
tote, c'est-à-dire que j'entends par là le gouvernement
des meilleurs et j'écarte ainsi par le fait même, l'idée
d'une aristocratie héréditaire, puisque je range parmi
ses membres tous les citoyens dont l'intérêt se rapproche le plus de l'intérêt national. Il existe, en effet,
une aristocratie naturelle qu'il convient de respecter

et dont il sied de se servir pour la direction du gouvernement.

Cette aristocratie exclut naturellement et légitimement les classes inférieures des fonctions publiques, et ne peuvent faire partie du gouvernement des meilleurs que les citoyens qui se trouvent au sommet de l'échelle sociale, puisque plus l'on en descend les degrés et plus l'on s'éloigne de l'intérêt national.

De tous les systèmes électoraux, le meilleur nous semble donc être le régime censitaire avec un cens élevé, le suffrage restreint avec des restrictions nombreuses et sévères.

Mais, poursuivons notre raisonnement pour être complet et logique. J'ai dit qu'une minorité de citoyens riches, instruits et possédant une fraction importante du sol national formait la partie de la nation dont l'intérêt personnel se rapprochait le plus de l'intérêt national. Si, arrivé au plus haut degré de l'échelle sociale, je considère une autorité unique possédant un domaine étendu, une puissance héréditaire ; si je considère ce monarque auquel ses ancêtres ont laissé tout un passé de gloire et de traditions, alors je trouve un prince qui incarne en lui-même la nation tout entière. Sans doute, il n'est pas dépourvu d'intérêt personnel ; il est homme et, à ce titre, il a son intérêt particulier, mais celui-ci se confond totalement avec l'intérêt national. Le domaine important dont il est le maître le poussera à défendre contre les usurpations de l'étranger le sol natal ; la couronne qu'il détient et qui sera un jour le patrimoine de ses fils, il voudra la leur garder intacte ; les traditions glorieuses que les siècles ont créées, il tiendra à les conserver. Elles sont l'œuvre de sa famille ; elles ont fait la patrie, et cette patrie il l'aime comme lui-même, puisqu'elle

20

est née de l'histoire et de la tradition et que cette tradition et cette histoire sont nées elles-mêmes des mêmes
hommes dont il est le successeur légitime. La patrie
n'est pas, en effet, comme on tend à le faire croire
aujourd'hui, une population de quelques millions
d'habitants situés entre la Manche et la Méditerra-
née ; la France, c'est l'union du passé avec le présent.
Elle est même beaucoup plus ce qui a été que ce qui
est, et pourtant, ce patrimoine que dix siècles d'histoire
et plusieurs centaines de millions d'hommes avaient
formé et agrandi, leurs héritiers, enfants prodigues
de la Révolution, le déchirèrent pour s'en partager les
lambeaux et le livrèrent tout sanglant à l'avenir.
Celui-ci devait achever l'œuvre commencée en 1789
et faire déchoir la France du premier rang qu'elle
occupait jadis parmi les nations, jusqu'au sixième.

La faute en est au régime électoral que nous avons
étudié, et dont le résultat fut, comme nous l'avons
vu, d'élever aux fonctions publiques des politiciens
sans mérite et sans talents, uniquement soucieux de
leur réélection et plus occupés de satisfaire dans ce
but les intérêts particuliers de leurs électeurs, que de
prendre les mesures réclamées par l'intérêt national.
Dans le régime inauguré par la Révolution et sous
lequel nous vivons encore aujourd'hui, tout est calcul.
Vous qui vous présentez aux élections législatives, que
cherchez-vous ? Des volontés, des suffrages d'hommes
libres de toute entrave passionnelle et soucieux uniquement de nommer pour représentant un citoyen
prêt à tout sacrifier à l'intérêt national ? Non vraiment,
vous seriez sûr d'un échec ; il est plus simple pour
vous de faire un peu d'arithmétique, d'étudier les
désirs de votre circonscription, les intérêts de tel ou
électeur influent et de calculer le nombre de promes-

ses que vous devrez faire et que vous ne tiendrez pas;
mais qui seront pour vous l'égide tutélaire sous l'aile
de laquelle vous parviendrez au pouvoir. Ce n'est pas
tout : vous calculez encore le nombre de citoyens que
vous pourrez acheter et le prix que vous coûtera votre
élection à vous ou au parti qui vous patronnera. Ce
n'est pas tout encore ; vous calculez le nombre d'imbéciles que vous pourrez attirer à vous par la calomnie, l'arme la plus terrible dont vous pourrez vous
servir pour écraser vos adversaires, et vous viendrez
siéger au Corps législatif, vous, l'élu de la passion, de
la corruption, de la calomnie et de la stupidité humaine.
Votre calcul a été bon et, une fois au pouvoir, vous
calculez encore. Votre règne est bien court et il vous
faut préparer, à peine élu, votre réélection future, et
vous calculez si les lois proposées vous devez les voter,
non pas en considération de l'intérêt national, mais
en considération du vôtre et vous les votez si elles
sont conformes aux désirs de vos électeurs. Et cette
conception de l'élection, cette méthode de calcul, qui
que vous soyez : candidats de la droite, du centre ou
de la gauche, vous l'avez, à bien peu d'exceptions
près ; vous ne pouvez pas ne pas l'avoir, car c'est la
condition même de votre succès, et parce que, fondée
sur la souveraineté nationale, c'est-à-dire subissant
la loi de la majorité, votre élection sera le résultat du
concours de quelques milliers de volontés particulières et d'intérêts personnels que vous aurez promis
de satisfaire.

Mais, supposons un instant que tous les citoyens, se
laissant guider par la raison pure, indépendamment
de toute autre préoccupation, vinssent au bureau de
vote avec la seule intention de ne se laisser guider que
par l'intérêt national ; supposons, par suite, que vous

veniez poser votre candidature sans exercer aucune pression électorale, et en exposant votre programme politique sans vous occuper de plaire à tel ou tel de vos électeurs, mais seulement parce que vous le croyez conforme à l'intérêt national. Vous venez, en réalité, demander aux citoyens de se prononcer sur la politique à suivre envers telle ou telle puissance, sur les lois à voter au sujet de l'armée, de la marine, des colonies, sur toutes les lois, en un mot, que vous comptez proposer, ou sur toutes les mesures que vous jugez bonnes au sujet de la politique générale. Et comment voulez-vous que le travailleur des champs, que l'ouvrier des villes, que les citoyens qui n'ont qu'une instruction rudimentaire puissent avoir la moindre idée, aussi faible soit-elle, sur la politique générale? Parmi les hommes instruits eux-mêmes, vous n'en trouverez pas qui puissent se prononcer, sans crainte de se tromper, sur des questions aussi délicates. Mais vous-mêmes, connaissez-vous à fond ces questions au sujet desquelles les gens les plus experts, les diplomates les plus distingués peuvent errer et vous venez demander à la multitude de se prononcer à leur sujet. C'est de l'inconscience.

Un parlement élu ne devrait jamais avoir le droit, quoi qu'on en dise, de traiter des questions aussi délicates et importantes que celles concernant la politique générale d'une nation, dont dépendent sa vie et son indépendance. Un parlement élu ne devrait jamais avoir le droit de confier à des ministres instables le soin de donner à la France une politique qui peut varier avec chaque changement de cabinet, c'est-à-dire plusieurs fois par an. Agir ainsi est un véritable suicide national.

A un pays comme la France, englobé entre des

nations avec lesquelles peuvent naître chaque jour des
difficultés, qui possède des colonies et des intérêts
par delà les mers, il faut un pouvoir fort et stable
dont la ligne de conduite ne varie pas chaque année.
Cette condition ne peut se trouver que dans un pouvoir héréditaire, dont le chef, chez qui les intérêts particuliers se confondent avec l'intérêt national, agit
avec la pleine indépendance que lui confère son rang
et sa position de prince héréditaire, sans avoir le souci
d'une réélection incertaine, et désireux de laisser à ses
descendants et à la nation un héritage de gloire et
une auréole de bienfaits.

Mais, toutefois, si j'ai condamné tout régime électoral quand il s'agit d'un parlement, je conçois au contraire comme fort utile, indispensable même, de créer
un système d'élections à l'effet de nommer des citoyens
représentant les intérêts particuliers et chargés de décider si ceux-ci doivent être ou non satisfaits. J'irai
même, dans cet ordre d'idées, beaucoup plus loin que
nos démocrates.

Tout d'abord, mettant de côté les questions relatives à la politique générale, que nous avons réso-
lues, je ne trouverais aucun inconvénient à ce qu'il soit
nommé un corps de citoyens spécialement chargés
d'examiner des questions sociales bien déterminées et
ayant rapport avec des intérêts particuliers. C'est ainsi
que je trouverais fort utile que les professions s'orga-
nisassent en groupements différents et nommassent
un certain nombre de leurs membres, chargés de présenter des revendications au pouvoir central et de soumettre au chef de l'Etat des projets de loi qu'il devrait
accepter s'ils n'étaient pas contraires à l'intérêt national.
Je trouverais, de plus, indispensable une grande décen-
tralisation, et j'admettrais un régime électoral des plus

étendus concernant la nomination des membres des
administrations locales. Et, en effet, si j'ai dit que les
simples citoyens étaient trop éloignés du pouvoir central et trop ignorants des questions de politique générale pour pouvoir prendre une décision à leur sujet,
les habitants d'un département ou d'une commune, au
contraire, peuvent fort bien prendre une décision au
sujet des questions relatives aux affaires locales.

Qu'on leur propose une transformation quelconque
dans cette petite partie du territoire qui est leur
domaine, qu'on leur propose la construction d'un
tramway ou d'une route, l'élévation d'un monument,
une mesure quelconque ayant rapport à leurs intérêts
particuliers, ils peuvent facilement juger si elle est
utile ou non, se transporter eux-mêmes sur les lieux,
estimer si elle leur est favorable ou nuisible et nommer
les conseillers généraux ou municipaux qui leur paraissent les plus capables de défendre leurs intérêts particuliers. J'irais plus loin encore et ne verrais aucun
inconvénient à ce que tous les habitants du département
et de la commune soient appelés à voter directement
sur les mesures locales proposées ou les projets dépo-
sés, en appliquant ici la loi de la majorité. Et je suis
presque d'accord avec Rousseau, beaucoup plus que
ceux qui ont prétendu mettre en pratique ses ensei-
gnements. Rousseau avait déduit du principe de la
souveraineté nationale un système politique qu'il avait
déclaré lui-même applicable à de petits États, mais non
aux grandes nations. « S'il y avait un peuple de dieux,
disait-il, il se gouvernerait démocratiquement. Un gouvernement si parfait ne convient pas à des hommes ».
Je ne sais si nos démocrates se sont pris pour des
dieux ; ils ont eu, en ce cas, une étrange idée de la divinité. Quoi qu'il en soit, ils ont accepté sans contrôle

les principes de Jean-Jacques, mais ils les ont dépassés
en faisant à la France l'application de ces principes
dont le philosophe de Genève ne reconnaissait l'utilité
que pour les petits États. Pour nous, rejetant la Déclaration des droits de l'homme et le principe de la souveraineté nationale, nous sommes cependant très près
dans la pratique des idées de Rousseau, en ce sens que
nous rejetons absolument la pensée que la France
puisse être gouvernée démocratiquement, mais que
nous admettons la possibilité, pour les petites administrations locales, d'étendre le droit de suffrage jusqu'à
ses dernières limites.

Ainsi, de cette étude sur le droit électoral de nos
premières Assemblées révolutionnaires, des résultats
obtenus par l'application des divers modes de suffrage inaugurés par elles, nous avons été obligé de
conclure qu'il y avait un vice principal dans cette
législation électorale. Ce vice, nous l'avons recherché
et nous l'avons trouvé dans les principes mêmes invoqués par nos Constituants. Peut-être avons-nous parfois été dur pour les législateurs de 1793, parce que
l'Acte constitutionnel de 1793 dont ils furent les
auteurs fut un acte de haine et de parti pris. Nous avons
respecté du moins les travaux de l'Assemblée Constituante et des derniers jours de la Convention, parce
qu'ils furent entrepris sans haine et avec le désir de
donner à la France une Constitution sous l'empire de
laquelle elle pût prospérer dans une ère de paix et de
tranquillité. Nos constituants se sont trompés, qu'importe ! Tout homme est faillible ; ils l'étaient plus que
tout autre puisqu'ils construisaient dans l'inconnu.
Privés de l'expérience que donne la pratique, ils édi-
fièrent des théories qu'ils eurent le tort de faire reposer, comme celles de Rousseau, plus sur le sentiment

que sur la raison, et construisirent sans compter avec
les passions humaines un nouvel édifice social qui
devait s'écrouler à leur moindre souffle. Mais, quoi qu'il
en soit du résultat de leurs travaux, la pensée et le but
qui les dictèrent sont respectables. Ce n'est toutefois
pas une raison pour imiter leur œuvre. Elle fut trop
funeste à la France pour que nous puissions songer à
la continuer. Nous avons recherché la cause des mauvais résultats de l'électorat et nous avons cru la trouver
dans le principe électif lui-même ; dès lors, comme il
ne suffit pas de détruire un régime, mais qu'il faut en
reconstruire un autre, nous avons édifié une théorie de
gouvernement la plus capable, à notre avis, de sauvegarder l'intérêt national.

Peut-être certains de nos lecteurs seront-ils scan-
dalisés de ce que je touche parfois d'une manière un
peu rude au dépôt sacré de leurs convictions ; mais
nous sommes de ceux qui étudient l'histoire pour en
tirer des leçons et non pour la recommencer. Nous
avons trouvé dans l'établissement de l'électorat une
terrible leçon et nous avons essayé d'en profiter ; nous
l'avons fait sans autre souci que de rechercher le mode
de gouvernement le plus propre à sauvegarder à la fois
et les intérêts particuliers et l'intérêt national.

TABLE DES MATIÈRES

ERRATA

Page 53, ligne 30, lire « législatif » et non « exécutif ».

Page 63, ligne 15, lire « districts et non « dictricts ».

Page 80, en note, lire « Ternaux » et non « Tervaux ».

Page 121, ligne 10, lire « en-tête » et non « enquête ».

Page 156, ligne 30, lire « Lacroix » et non « La croix ».

Page 168, ligne 1, lire « et trois depuis cinq cent un », et on « et depuis cinq cent un ».

Page 182, ligne 21, lire « juillet » et non « janvier ».

Page 291, note 2, lire « tome II, p. 100 » et non « tome V, . 123. »

Page 297, ligne 29, lire « la » et non « sa ».

Page 298, ligne 7, lire « l'extérieur » et non « l'intérieur ».